KB135217

민족의 스승

월남 이상재

1권

민족의 스승

월남 이상재

천광노 지음

1권

한국학술정보㈜

　초고 집필 4년 만에 이 책 『민족의 스승 월남 이상재』 전5권을 출판하며 다시금 책을 쓴 목적이 무엇인가를 생각해 본다. 우려되는 것이 있다면 '책도 재미가 있어야 읽을 텐데…'라는 것이다.

　'재미없는 책은 가라.' 고생스럽게 쓴 책이 읽기도 힘들고 재미가 없다면 작가 책임이다. 이런 측면에서 접근하면 이제부터라도 열심히 공부해서 만화책을 출판해야 할 모양이다. 통계는 모르지만 일본에서는 『드래곤볼』 등 1억 부를 넘긴 만화책이 몇 가지나 있다는데 우리나라는 300만 부를 넘긴 『열혈강호』가 지금도 1위가 맞는지 모르겠다.

　'사람은 책을 만들고 책은 사람을 만든다'고 한다. 책을 만드는 것이야 작가와 출판사의 자유다. 이처럼 책은 비교적 쉽게 만들 수 있으나 과연 책이 사람을 만들기는 천 배, 만 배나 어려운 일일 것이다.

　월남 이상재, 민족의 스승, 애국지사… 과연 재미있는 책이 될 수 있을까? 또 독자들 모두가 공감하여 스승으로 모시기에 좋은 책일까? 저자에게는 큰 고민이 하나 있다. 한국학술정보(주)가 추구하는 '학술(学術)'적 가치를 넘어, 정말 재미있고 유익한 책으로서의 가치를 충족시킬 수 있을까 하는 것이다.

재미라는 본성, 잘은 모르나 감동의 눈물이 흐르게 하거나 많이 웃도록 하는 것일 수 있다. 아니, 눈물은 사양하고 웃기는 것도 아니라면 과연 관심을 가질 만한 주제가 되는지, 그 주제에 빠져드는 집중 효과일 수 있겠다. 읽어서 뭔가 충족되는 맛이 있는 책이라니 더욱 어려워진다.

부족한 저자와 한국학술정보(주)가 한국인에게 좋은 밥상을 차려 올린다. 재미도와 학술적 가치로 그만 하다고 차려내는 이 책은 가벼운 재미가 아니다. 또 어렵기만 한 고도의 학술 분야 전문서적도 아니다. 모두가 재미있게 읽고, 읽고 나면 행복해지는 책이 됐으면 하는 바람으로 세상에 내 놓는 '역사 다큐 소설'이다. 이 책의 주제를 한마디로 말하면 "당신이 곧 '민족의 스승'이 되어 달라"는 메시지다. 훌륭한 스승이 될 만한 인물과의 학술 한마당에 모시는 초대장이 될 것이다,

훌륭한 제자가 훌륭한 스승이 된다. 제자로서의 과정 없이 스승이 될 수는 없는 것이다. 이 같은 명제를 밝히기 위해, 여기 제자 중의 제자, 즉 참 제자이자 걸출한 스승 월남 이상재를 소개한다. 그는 무엇을 배웠고, 어떻게 생각하였으며, 과연 어떤 행동을 펼쳤는지 그의 '학종사행(学從思行)'을 추적해 보고자 한다. 곧 '생각하고 행동하는 모든 것에 배운 바 그대로를 따른' 이상재 선생을 통해서 말이다.

민주주의의 선봉자, 애국·애족·애민의 표상, 일찍이 다가올 세계화 시대를 미리 보고 앞서 개척한 선각자, 청렴결백의 상징, 열심히 배우라는 주장을 편 교육학의 거목, 자유언론과 의회민주주의를 일구어낸 드높은 기상, 나라가 위태롭던 구한말 자신을 던져 세운 자립·자강의 올곧은 정신, 일제에 함몰된 나라를 되찾아 세운 애국지사의

아버지(건국의 祖父), 바른 생각과 의지를 펼친 한국 언론계의 대부, 월남 이상재 선생을 단 몇 줄로 요약하라 한다면 태산 앞의 오르지 못할 벽과도 같다.

기독교인이었으나 불교를 알고 종교 간 화합을 강조하며 사랑을 실천한 분. 기독교·천도교·불교 지도자와 손잡고 3·1독립만세운동을 진두지휘, 스스로 나서기보다 민족대표 33인을 뽑아 앉힌 분이다. 이승만, 서재필, 윤치호, 이승훈, 국호(大韓民国)발안자 신석우 등 수많은 애국지사의 어버이처럼 30대 청년 지식인으로 하여금 자주독립과 새로운 대한민국 건국의 기초를 다지는 총 기획과 연출 감독을 한 분이 월남 이상재 선생이다.

홍익인간·백의민족·경천애인의 우리 대한민국 역사 속에 높이 우뚝 선 걸출한 민족의 스승은 결코 과대 포장이 아니다. 그런데 지금 대한민국은 잊으면 안 될 위대한 스승을 잊고 있다. 현대 정보화 시대에도 정신문화는 중요한 자산임에 틀림이 없다. 정신문화는 최첨단 정보통신(IT) 분야를 넘어 우주 시대가 활짝 열린다 해도 그 가치를 인정받게 될 것이다.

그럼에도 불구하고 대한민국은 세계 10위권 경제대국에 들었다지만 정신문화는 그 수준에 맞게 자라지 못하였다. 대표적으로 월남 이상재 선생의 애국·애족·애민, 민익(民益)에 대한 탐구가 부족했던 것이 사실이기 때문이다. 정신문화의 푯대, 이상재 선생을 알아갈수록 부강한 세계 일류국가, 일등국민의 기반은 더욱 견고해져 갈 것이라 확신한다.

조심스럽기도 하고 떨린다. 위대한 스승 월남 선생을 추모하며 그의 정신세계에 범접한다는 것은 어찌 보면 저자에게도 주제 넘는 일이 될 수 있기 때문이다. 월남은 저자가 감당치 못할 큰 스승임에 틀림없다. 절대자를 대하고 기록할 때의 심경이 이와 같을까? 부디 이 떨리는 마음을 전5권을 완독한 독자들도 공감하길 바랄 뿐이다.

저자는 복된 사람이다. 월남 선생을 추모하며 그의 발자취를 따라가는 것만으로도 영광이자 행운이다. 진정 겸손한 마음가짐으로 머리를 조아리게 되는 이유다. 태산명동(泰山鳴動)에 서일필(鼠一匹)일지라도 감히 한국사에 소중한 점 하나는 찍을 수 있게 되리라는 기대감도 있다.

이제 이렇게 시작하여 갈 길이 가마득한 전5권을 향해 저자의 모든 정열을 바치려 한다. 그로부터 이를 감당하기 결코 쉽지 않았던 4년의 시간이 훌쩍 지났다. 현장 답사로만 1년여가 흘렀고, 국내외 많은 자료 수집분량은 서재 벽 한쪽을 채우고도 남는다. 그럼에도 얼마나 부족한가도 안다. 하여 부족하거나 영판 다른 연구로 월남 선생을 바르게 알리지 못한 것이 있다면 용서하고 독자 여러분의 몫으로 남겨두고 싶다. 더불어 월남 선생 정신문화 창달에 후대들이 딛고 도약하는 디딤돌로 삼기 바란다.

우선 제1권을 대략 소개하면 이렇다. 몰락하여 빈곤한 선비의 후손으로 태어난 월남 선생의 출생과 유년시절, 성장과정과 민족적 스승으로서의 기초가 되는 배움의 과정, 당대의 정치 사회 환경, 특히 철종과 고종 임금 등극 당시의 시대상황 속에서 배움의 환경 조건이 얼마나 열악했는가와 더불어, 이를 극복하고 학문의 큰 줄을 잡아가는 과정을 다룰 것이다.

도입부에서는 월남 선생의 부친 이희택 공이 등장한다. 부모의 면면과 그들이 자식을 낳아 기르는 과정 등은 현대에도 인생의 충실한

교과서가 될 수 있다는 것이 저자의 생각이다. 이어 월남을 가르친 네 분의 스승이 등장한다. 아울러 구한말 당대의 역사도 다뤄지게 된다. 이 부분에서는 작가적 상상력이 동원되기도 했다. 당대의 희미한 역사적 조각을 맞춰가며 기록에는 남아 있지 않지만 재미있는 대화체로 기술해 나간 점이 특징이다. 하지만 역사의 줄기를 왜곡하거나 해치지 않도록 세심한 주의를 기울였다.

부모가 월남을 낳았다면 스승들은 월남을 우리 민족의 큰 스승으로 길러내는 역할을 감당했다고 본다. 부모는 씨요, 스승은 농부다. 좋은 씨도 중요하지만 이를 잘 길러낼 좋은 농부 역시 더없이 중요하다.

제1권을 통해 참다운 제자로서의 삶을 살기로 다짐하고, 나아가 부모와 스승의 참 역할이 무엇인지 깨닫는 독자가 있다면 더 바랄 게 없겠다.

이번에 『민족의 스승 월남 이상재』 전5권을 출판하며 특별히 감사할 곳이 있다. 한국학술정보(주)가 시대와 역사적 사명을 띠고 이 책을 출판하고 있다. 이 감사의 결실이 800만 전국 학생들과 역사 학도를 비롯, 우리 후손들의 정신문화의식 도약에 유익한 밑거름이 되길 바란다. 한국학술정보(주)의 무궁한 발전을 기원하며 편집부 조은영 선생의 노고에도 고마운 뜻을 전한다.

2011년 7월 초고 집필(2008년 하순)을 일부 수정하며…

저자 천광노

| 목 차 |

제1부

출생과 유년 시절

월남 이상재, 썩은 밀알은 싹도 열매도 못 본다

월남(月南) 이상재(李商在) 선생의 발자취를 따라 선생의 일생을 모시려니 '어디서부터 어떻게 민족의 위대한 스승으로 모실까' 로 영광보다 두려움이 앞선다.

위대한 민족의 큰 스승을 단출 5권의 책으로 모시려다 누차 벼랑에 떨어진 것은, 감히 말이나 글로 월남 선생을 쉽게 논하기에는 무리라는 점 때문에 밧모 섬 요한의 심정이다.

오랜 세월 많은 자료와 행적을 따라 채집된 증거와 선생의 제자 된 심정에서 주야로 묵상하고 기도하는 중 놀라운 체험까지 한 결과, 이 책은 월남 선생의 정신세계를 접한 눈물과 감동의 현존 실증자료 및 생생한 증언을 바탕으로 저술되었다. 이로써 월남 선생은 크게 거대한 5분류 대하(五大河) 정신세계에 계셨음을 천명(밝힘)한다.

첫째는, 대한민국 태동의 씨앗을 서구 신문명 자유 민주주의 국가로 잡아 틀어 새로운 세상을 여신 것이다(世界化·先覺者).

둘째는, 인간다운 가치중심의 삶으로 철저한 인본중심의 가장 한국
적인 정신문화의 대 스승이 되신다는 점이다(人性·師表).

셋째는, 신교육·신문화의 선봉에서 대한민국 초대 교육정신의 물
꼬를 트셨다는 점이다(新敎育).

넷째는, 나라를 잃으면 후손이 종이 되므로 어떻게든 나라를 되찾
아야 한다는 독립운동가로서의 삶을 사신 점이다(愛國·愛族).

다섯째는, 종교를 초월하고 이념을 초월하며 과·실을 떠나 과거
를 덮어 주면서 모두 한마음 한민족 한(一心)정신으로
서로 사랑하라고 하는 깊고 넓은 정신적 스승으로 사신
점이다(精神·價値).

따라서 이렇게 이해할 일이다.

인류 문명이 발달하여 대한민국(당시의 조선과 대한제국)은 청국
의 속국이라는 안일한 시대에서 세계화의 물결에 휩싸이게 된다.

1)은 기존의 청(淸)나라

2)는 일본의 거센 강공

3)은 러시아의 동북 팽창

4)는 미국의 새로운 문명으로 너울진 물결

당시 위 네 개의 세력에서 자유로울 수 없던 조선은 개혁개방의 문
호를 열지 않을 방도가 없었다.

* 청국이라는 물꼬는 현상유지이거나 이미 세계(서양문명)가 지배한 상태,
* 일본은 아예 나라를 통째로 들어먹으려 앞선 선진문명으로 쳐들어 와 나라를 빼앗으려 하며 방어 대상 최적대국이나 대놓고 적대시하지도 못하는 나라,
* 러시아로 물꼬를 열었다면 공산화되었을 것이니 끔찍,
* 영국 등 유럽은 일본이 선점(이등박문은 영국에서 공부하였음),
* 마땅히 지구 반대쪽 미국으로의 물꼬를 터야 세계 속 대한민국으로 오늘에 이르러 민주주의 대한민국의 기틀이 제대로 잡힌다고 하는, 세계를 향한 선각자의 혜안으로 지금의 대한민국 태동의 씨앗을 뿌린, 단군 이래 두 번째가 서러운 분이 바로 월남 선생이다.

그러나 한국(사)근대사는 선생의 원대한 사상과 정신세계에 대해 전모(全貌)를 보는 눈이 작은 게 사실이다. 그래서 8·15나 건국과 관련하여 미완(未完)의 독립운동가로 격하하는 시각도 있다. 또 광복 전(1927년) 세상을 떠났으므로 대한민국 태동이나 건국에 대한 꿈은 상당부분 인정하나 더 큰 실체와 보이지 않는 뿌리는 잊고 있다.

이에 월남 선생이야말로 '대한민국 건국의 씨앗', '묻힌 대한의 밀알'임을 만방에 선포한다.

"밀알은 땅에 묻혀 썩어 밀 싹이나 밀 이삭을 보지 않아야 진정한 씨앗"이다. 이처럼 선생은 밀이 발아해 생장·결실하는 데 여타 그 누구와도 견줄 수 없는 진정 '대한민국의 썩은 밀알'이라는 사실을 밝힐 것이다. 구구절절 행행간간 만날 선생의 행적 모든 것에서 "월

남 선생은 '왜?' "라는 의문을 갖고, 늘 그렇게 말하고 행동한 선생 본인의 심정으로 읽기 바란다. 정녕 스승의 정신과 만날 수 있을 것이다. 이는 곧 '나 자신' 그리고 '대한민국의 정체성'이다.

제목은 『민족의 스승 월남 이상재』이지만 원제[基調]는 '대한민국'이다. 지금은 '월남 없는 대한민국은 없다' 함에 동의하지 않아도, 완독후에는 과연 대한민국의 아버지는 월남 선생이라는 것에 동의하고, 선생의 제자로 머리를 숙일 것이다.

독립신문 · 독립협회 · 독립문은 대한민국 태동기 역사의 숨결이 가득하다. 1884년(갑신정변) 미국에 망명한 서재필만 보일 것이나 더 큰 월남 선생을 보게 될 것이다. 기미년 3 · 1독립만세운동 역시 민족대표 33인과 손병희만 보였던 눈이 밝아져 월남 선생이 보일 것이다. 상해임시정부를 볼 때도 이승만, 김구만이 아니라 보이지 않던 선생이 선명하게 보일 것이다.

1888년, 주미 초대공사관 시절 월남과, 망명한 서재필은 워싱턴에서 만난다. 1894년(갑오개혁) 복권된 서재필이 귀국하여 독립신문과 독립문을 건립하는 데 있어 월남은 의정부 내각총서 · 중추원 1등의 관으로서 독립문 건립비용을 승낙받고 건립자금을 지원하며 독립문을 세운다.

또한 청년 서재필(16세 연하), 청년 이승만(25세 연하), 청년 윤치호(14세 연하) 등 미국파 신교육 청년들을 앞세운 독립협회와 관민 · 만민공동회 배후에서 주강사가 된다.

손병희(11세 연하)에게 연통을 넣어 누차 실패하는 독립만세 운동을 3 · 1운동이라는 거대한 횃불로 태운 선생이 의암 손병희와 종로 YMCA에서 야심한 밤에 한 애국 독립운동 모의를 자세히 보자. 민족대표(33인)와 예비대표(15인)까지 48인 선발의 3·1독립운동의 정사가 선명치 못한 현실에서 위대한 스승의 높은 경륜과 애국애족정신으로 가슴이 뜨거워질 것이다.

선생의 정신과 사상체계는 대한민국이라는 세계 속의 한국을 수정·잉태하는 건국의 씨앗이 되어 깊이 묻혔다. 월남 선생 일생에 걸친 위대하고 숭고한 정신세계가 이제 그의 잉태와 출생으로부터 장엄하게 펼쳐질 것이다.

감히 대한민국 근대사에 한 점 담백(淡白)한 청정제(淸淨劑)가 되기 바라며….

월남 이상재 출생 당시의 생가
(서천군 한산면 종지리 월남기념관 내 전시화면 촬영)

출생 당시의 왕실과 시대상황

때는 지금으로부터 162년 전, 이조 제25대 임금 강화도령이라 불리는 철종 임금이 즉위하던(1849년 6월) 다음 해(1850년 2월)다. 당시 공충도(公忠道/현 충청도/1871년 개칭)라 부르던 한산 땅에 고려 말 충신 삼은(三隱:야은 길재, 포은 정몽주, 목은 이색) 중 한 사람인 목은(牧隱) 이색(李穡)의 15대손 희택(羲宅) 공(公)이 밀양 박씨를 아내로 맞아 맏아들 이상재를 잉태하던 해 겨울이다.

수북한 눈길에 눈보라가 쳐 희택 부부는 집안에 갇히고 말았다. 그날 밤 박씨 부인(월남의 어머니)은 용(龍)꿈을 꾼다. 청룡이 아니었다. 누런 금 비늘이 달린 황룡(黃龍)이다. 우렁찬 천둥소리를 내며 하늘로 솟아오르는데 갑자기 벼락이 치자 순간 날던 용의 목이 잘린다. 그런데 이상한 것은, 몸통은 아래로 떨어졌는데도 용머리는 끄떡없이 하늘로 치솟아 한없이 올라간다.

같은 시각 희택(월남의 아버지)도 꿈을 꾼다. 꿈에 희택의 중시조 목은(牧隱) 이색(李穡) 할아버지를 만난다. 궁중에 큰 잔치가 열리고 있다. 홍포를 입은 왕이 용상에 앉았고 대신들의 관복이 휘황찬란한데, 유독 희택의 할아버지 목은 이색만 관복을 입지 않아 초라하다. 그런데도 상감마마는 이색을 불러 용상(龍床) 옆자리에 앉힌다. 상감마마와 이색이 손을 잡았다. 일어서자 문무백관이 우렁차게 하례를 올린다. 그리고 둘은(부부는) 잠에서 깬다. 박씨 부인은 화들짝 놀라 깨어나고, 희택은 조용하게 서서히 잠에서 깨어난 것이다.

"꿈도 참 이상하네"

희택이 먼저 입을 열었다.

"목은 할아버지가 다 보이시다니…"

그러자 유씨 부인도 꿈 이야기를 한다.

"나도 꿈을 꾸었어요. 용은 용인데 청룡이 아니고 황룡 꿈을 꾸었어요."

"뭐야? 용꿈?"

희택이 반기며 물었다.

"용꿈이요, 정말?"

박씨가 식은땀을 닦으며 일어나 앉자 희택이 물었다.

"예, 틀림없는 용꿈이었거든요. 그런데 왜 꿈이 이렇지요?"

"이렇다니? 말을 해 봐요."

"목이 잘린 황룡이었어요."

"뭐요? 좀 자세하게 말을 해 봐요."

박씨의 꿈은 길지도 않았다.

부인은 우물가에 있었다. 순간 굉음이 울려 바라보니 장밭 뜰(월남의 생가 앞 벌판/농토지) 앞내 둑 넘어 오라리 뜰(鴨野勸農)을 가로질러 흐르는 개천에서 거대한 황룡이 용트림을 하며 하늘로 솟아오르는 것이다. 일광재(日光山)를 휘감더니 일광사(日光寺/이색이 수학한 자리)를 돌아 관모산(冠帽山) 감투봉(峰)위로 솟아오른다. 그러나 곁에서 보듯 생생하여 손바닥만 한 황금 비늘이 번뜩인다.

이때다. 한참을 솟구쳐 올라가는데 갑자기 용의 목이 부러져 몸통은 아래로 떨어지고 용머리(龍頭)만이 계속해서 하늘로 올라가더라고 하는 꿈이다.

"여보! 그런데 목이 잘린 용이 어떻게 하늘로 그냥 올라갈 수가 있을까요? 아주 잘 올라갔거든요."

순간 희택은 문득 용꿈이 불안하다.

왕손(王孫)이 아니면서 용꿈을 꾸다니 이 어인 일일까. 게다가 목이 부러져 머리와 몸통이 분리되었다는 이 괴이한 꿈이 무엇이란 말인 가. 순간 박씨가 꾼 꿈이 태몽(胎夢)이라는 생각이 들자 갑자기 무섭고도 걱정이다.

"태몽인 것 같은데…"

"글쎄요 태몽인 것도 같고… 모르겠어요. 그런데 무섭기도 해요."

박씨가 몸을 떤다. 희택도 범상치 않아 무엇엔가 눌리는 듯하다.

태몽 꿈이 여러 가지라지만 용꿈은 좋지 않은 꿈일 것 같다. 더구나 목이 부러지기까지 했다면 이게 또 무슨 징조일까? 불길한 징조일 것도 같고 아닐 것 같기도 하고…. 희택은 순간 생각이 멎는 듯하다. 문득 태몽 꿈이 아니었다면 좋겠다는 생각마저 든다.

"여보! 당신이 꾼 용꿈은 아무에게도 말하지 말고 우리 둘만 알고 있읍시다."

"왜요?"

"꿈이 좋다면 너무 좋지만 잘못하면 좋지 않을 수도 있는 꿈같아서요."

적막감이 흐르는 겨울, 눈 쌓인 깊은 밤. 박씨 부인의 몸이 움츠러든다.

"아무래도 그게 태몽같소. 용은 왕인데 우리 집안에서 용꿈을 꾼다는 것이 어디 말이 되고, 이게 반길 일이겠소? 지금 헌종(조선 24대 임금)께서 승하하시고 철종(25대) 임금이 보위에 앉으신 지 아직 1년도 안 됐지 않습니까? 조정은 이미 순원왕후의 외척들이 차지하였소. 아니라도 순조 임금 적부터 정순왕후의 섭정과 효명세자의 죽음에 따라 헌종을 보위에 앉히신 순원왕후의 안동 김씨들이 득세하고 있는 시국에 용꿈을 꾸다니 이것을 반역이라 하지 않겠소?"

"그러게요. 그런데 왜 그런 꿈을 꾼 걸까요?"

"나도 모르겠소. 좀 더 생각해 봅시다. 예사롭지는 않다고 보이니까."

여기는 한산 땅

한산군(韓山郡/현 서천군)의 영광은 1392년 고려가 멸망하자 명망마저 움츠러든 지 어언 457년이 흘렀다. 여기 작은 들판 마을에서 왕이 태어날 용꿈을 꾸었다면 이를 누가 믿을 것이며, 만일 믿었다 하면 이는 더 없는 불행이 될 수도 있는 일이다.

"그게 정말 태몽이라 한다면 만약 아이가 태어나도 당신의 용꿈은 아예 잊어버리시오. 아이에게 하나도 유익이 없소. 그러니 죽을 때까지 아이에게도 비밀로 하고 죽읍시다. 게다가 목이 부러졌다하니 이 무슨 낭패란 말이오. 나는 해몽을 못하겠소. 그런데 피는 안 납디까?"

박씨 부인이 두려움에 떤다. 겨울밤 벌판 마을의 날씨는 더 추워지는 모양이다. 전신이 굳는 것처럼 한기까지 밀려온다.

"예 피는 못 봤어요. 아무렇지도 않았어요. 황룡은 아프지도 않은지 아무렇지도 않게 하늘로 올라갔어요. 끝없이 잘 올라갔어요."

"그럼 떨어진 몸통은 어찌 됐나 모르오?"

"올라가는 용머리가 눈이 부셨어요. 그걸 보느라고 몸통은 어찌됐나 보지 못 했어요."

"이게 태몽인지 아닌지 모르겠지만 우리 이렇게 합시다. 당신이 꾼 꿈은 안 꾼 걸로 하고 내가 꾼 꿈을 태몽으로 정합시다."

"무슨 꿈을 꾸셨기에요?"

"나라에 풍년이 들고 왕실에 큰 경사가 나서 대궐에서 연회를 여는 꿈이었소."

"그래요? 그 꿈은 참 좋은 꿈같네요. 그런데 거기는 당신이 왜 갔어요?"

"내가 거기 무슨 자격으로 가겠습니까? 간 것이 아니라 보였다는 얘 깁니다. 보니까 우리 이색 할아버지가 왕의 옆 자리에 앉으셔서 만조문무백관의 엄청난 하례를 받는 꿈입니다. 어때요? 이 꿈이 좋지 않소?"

그렇다. 홍포(왕의 옷/붉은색)가 아닌 황포(황제의 옷/노란색)를 입은 황제였고, 황제는 이색을 불러내어 곁에 앉힌 것이다. 삼정승 6판서가 경하하며 모두 큰 존경을 올리는 꿈이다.

"꿈이라고 하는 것이 뭐 따지는 것이겠소? 그 광경을 똑똑하게 본 것 확실합니다."

"그러면 만약 그게 태몽이라면 할아버지가 우리 아기에게 큰 벼슬을 주시는 꿈이겠지요?"

박씨 부인이 이제야 기뻐하는데 희택이 짐짓 망설이며 입을 연다.

"그런데 우리 할아버지께서…."

입을 열다 잠시 주춤하더니 다시 연다.

"여보! 그런데 내 꿈도 좀 이상한 것은 모두가 예복을 차려입었는데 우리 이색 할아버지만 관복을 입지 않으셨더라고요."

"그래요? 벼슬이 없다는 뜻입니까? 그렇다면 그건 또 무엇을 의미한다고 봐야 되지요?"

부부는 생각에 잠긴다. 관복을 입지 않았다면 관리가 아니라는 생각에 이 꿈도 별로 좋다고 보기 어렵다는 생각이 든다.

그때에 희택이 입을 연다.

"분명 삼정승 6판서 정, 종, 1품에서 9품까지 즐비하게 가득 모였는데 우리 할아버지만 평복을 입었다는 것은 벼슬이 없다고 볼 수도 있을 것이나 내 분명히 두 눈으로 똑똑히 보았소이다. 백관들이 모두 읍(揖/인사의 예를 올림)하고 치하하며 우리 할아버지 앞에 고개를 숙였단 말이오. 영의정도 고개를 깊이 숙이고 한참 후에 허리를 펴는 것을 보았어요. 그러니 이 꿈이 좋지 않소? 꼭 벼슬을 하지 않았어도 임금이 곁에 앉히고 백관이 몸을 조아리고 하례를 올려받았다면 벼슬이 문제겠소? 내가 볼 때 우리 할아버지는 그렇게 훌륭한 분이시었소. 그러니 읍(절)을 받지요. 이 꿈 하나만 합시다."

비로소 희택이 한바탕 웃으며 상기된 얼굴을 편다.

"여보! 그런데 나는 지금 우리가 꾼 꿈이 태몽도 아니고 아이와도 상관이 없었으면 해요. 내 꿈이 너무 무서웠으니까…"

"무서울 건 없소 걱정 말아요."

"그런데 꿈에는 하나도 무섭지는 않았는데 당신 얘기를 듣고 나니까 걱정이 돼요?"

"허허 공연한 소릴 했는가 보오 그려. 걱정치 마시오. 하나만 지키면 돼요. 당신의 꿈은 안 꾼 걸로 하잔 말입니다. 원래 좋은 꿈은 입을 열지 않는답디다. 그런다고 그 꿈이 어디로 가는 것도 아니잖소?"

"그러나 아이가 생기면 꾼 꿈을 말하지 않는다고 이게 지워지겠습니까?"

"바로 그 말입니다. 입을 열어 좋지 않으니 다물자는 것입니다."

"아무튼 알았어요. 그래도 어쨌거나 저는 아이가 빨리 생겼으면 좋겠어요."

박씨는 잠이 든다. 희택은 잠이 오지 않는다.

헌종 죽고 철종 등극하다

희택이 태몽을 꾸기 여덟 달(8개월) 전 1849년, 나이 22살의 조선 24대 임금 헌종이 승하하였다. 14년 전 보위에 올라 친정(親政/섭정 받지 않음)을 제대로 펴 보지도 못하고 일찍 죽었다.

헌종의 바로 윗대 23대 왕은 순조다. 순조는 21대 왕 영조의 증손 자다. 23대 왕 순조의 윗대는 정조다. 정조는 사도세자의 아들이며 22 대 왕이다. 지난해 승하한 24대 왕 헌종은 순조의 손자로서 22대 왕 이며 정조의 증손자다. 순조에게는 외아들 효명세자(사후 익종에 추 존/정조의 손자)가 있었으나 세자 책봉 후 보위에 오르기 전 헌종을 낳고 일찍 죽었다.[1]

거슬러 당대의 왕실을 좀 더 자세히 살펴보자. 정조가 죽자 영조의 계비 정순왕후는 순조의 나이가 어리매 수렴청정을 하였으나 순조 재위 34년 중 초기 5년간 섭정을 하고 6년 만에 세상을 떠났다. 그 후 순조마저 죽자 순조의 비 순원왕후 김씨는 손자인(효명세자의 아들) 헌종을 앉히고 수렴청정에 들어갔으나, 헌종이 그만 재위 14년 만에 일찍 죽자 며느리 신정왕후 조씨(효명세자의 비이며 헌종의 생모) 가 문의 득세를 막으려, 급히 강화도령 25대 왕 철종(원범)을 보위에 앉 히고 2대(헌종+철종)에 걸쳐 수렴청정을 계속해 왔으며 그로서 지금 은 순원왕후의 외척 안동김씨가 정권을 잡고 있는 중이다.

---

1) 영조→사도세자→정조→순조→효명세자→헌종→철종→고종.

당시를 보다 잘 알기 위해 월남의 출생에서 14세까지의 임금 철종 시대와, 월남이 모신 고종황제에 이르기까지의 말기 조선왕조에 대한 이해가 필요하겠다.

거슬러올라 21대 임금 영조의 죽은 사도세자의 아들이며, 영조에게는 손자가 되는 제22대 정조 산(이름)은 수빈 반남 박씨와의 사이에서 외아들 23대 왕 순조 공(이름)을 낳았다.

영조의 계비 정순황후는 영빈이씨 소생인 정조와는 늘 사이가 나빴다. 계비 정순왕후는 정조의 생부 사도세자를 모함해 죽게 만든 정파이기 때문이다. 따라서 22대 정조가 등극하자 핍박을 견디며 정조 반대 세력 벽파와 손을 잡고 호시탐탐 권력쟁취를 위해 정조가 죽기를 기다린다(벽파는 차후 언급 예정).

24살에 보위에 앉은 정조가 재위 24년이 되는 1800년 48세로 세상을 떠나자, 대를 이어 11세의 어린 나이로 정조의 아들(수빈박씨 소생)이고 영조의 증손자 된 23대 왕 순조 공(이름)이 등극한다. 순조의 등극은 영조의 계비 순조의 증조모이자 정조의 정적이 되는 정순왕후의 수렴청정으로 5년간 이어진다.

이로써 대비 수렴청정 정치시대가 열리게 되며 조선왕조의 찬란했던 문화와 더불어 외척·처가·세도정치로 접어들게 된다. 짧은 5년이었으나 문제는 조정의 감투 요직에 정순왕후의 외척을 많이 앉혀 권력을 잡았다는 사실이다.

더불어 한국 근대사의 악폐가 되는 세도정치(妻家/外戚)의 효시 안동김씨가 60년 득세하게 되는 문이 열리게 된다. 정순왕후(경주김씨)가 안동김씨 시대를 연 것은 아니다. 안동김씨 집권은 정순왕후에 이어 순조 사망 후 다음 수렴청정 하는 순조의 비 순원왕후(헌종의 조모/헌인릉)다. 대비의 수렴청정은 이렇게 시작해 이하 4대 임금 고종 초기까지 계속된다.

순조는 1834년까지 34년간 보위에 있었고 유일한 아들이 하나 있었으나 일찍 죽으니 그가 효명세자(추존 익종)다. 다행히 익종은 아들 하나를 낳아 놓고 죽었으므로 그 아들이 순조의 뒤를 잇게 되는 24대왕 헌종 환(奐/이름)이다. 순원왕후는 헌종의 할머니로서 헌종의 생모 신정왕후 조씨(풍양조씨/조만영의 딸)가 살아 있으나 시어머니 앞이라서 등극한 헌종의 생모지만 힘을 쓸 수가 없다. 궁중의 법도가 그러하여 수렴청정(섭정)은 순원왕후가 하게 된다.

이리하여 순원왕후의 친정 안동김씨 네가 주요 권력을 잡는다. 이는 이미 남편 순조 시절부터 조금씩 뿌리내리기 시작한 외척세력을 더욱 키우게 된다. 그러나 또 재위 14년 만인 1849년, 22살의 젊은 나이로 24대 헌종이 세상을 떠나고 25대 왕 철종(강화도령)이 헌종의 뒤를 이어 보위를 오르게 된다. 이 해 1849년이 바로 월남 이상재가 잉태되기 전 해다.

잉태되기 전 해, 이때의 조정은 여전히 순원왕후의 섭정기간 이며, 헌종이 죽자 강화도령 철종(원범)을 왕위에 앉히는 사람도 순원왕후(순조의 비)다. 이런 연유로 철종재위 기간도 안동김씨 중심정권이다. 그 후 철종 재위8년이 지난 1857년 순원왕후가 세상을 떠나게 되어 신정왕후 조대비는 이제야 궐내 최고 높은 어른(안주인)이 된다.

철종 재위 14년 만이요, 순원왕후가 세상을 떠난 지 7년 만인 1863년, 다시 또 25대 왕 철종마저 후사 없이 죽자 궐내 제일 어른이 되는 순원왕후의 며느리+헌종의 모친+효명세자, 즉 익종(효명세자)비 되는 신정왕후가 다음 26대 임금(고종)을 보위에 앉히는 일에 직접 참여하게 된다. 대원군 이하응과 합심하여 26대 왕 고종을 옹립하면서 첫째로 안동김씨 세력 약세에 접어들게 된다. 대원군과 신정왕후는 안동김씨에 대해 거부감이 많던 사람이기도 하였다.

그러나 이로써 풍양조씨 외척세력이 강해지지는 못하였다. 신정왕후와의 권력싸움에서 이긴 대원군이 외견상은 신정왕후의 수렴청정이라 하나, 실권적 섭정을 하게 됨으로 인하여 60년 무소불위의 권력 안동 김씨네와 동시에 신정왕후의 권력도 힘을 잃는다.

그러나 대원군은 신정왕후로 인하여 고종을 세우는 데 성공했고 섭정까지 하게 되니 두 마리 토끼를 다 잡았다.

고종은 사도세자의 4남 은신군의 아들 남연군의 장남 흥선대원군 이하응의 차남 명복(고종)이다. 바로 월남 이상재가 14세부터 58세까지 44년간의 임금이며 오랜 세월 섬긴 임금이다.

보위에 오르던 때는 고종의 나이 12세로서 월남 이상재는 14세가 되는 해다. 그 후 신정왕후 조씨는 1890년 83세까지 장수했으나 고종 옹립 후 곧 권력과는 멀어졌으며 고종 재위 38년이며 이때 월남의 나이 41세에 세상을 떠났다.

이렇게 대비정치, 수렴정치 시대는 막을 내렸다. 하지만 근대사에는 또 하나의 여인이 등장한다. 외척(왕의 외가) 세도정치에 한이 맺힌 흥선대원군 이하응이 다시는 대비나 중전의 입김이 부는 여성정치를 뿌리째 뽑고자 하여, 거의 몰락하다시피 한 아주 보잘것없는 여인을 고종의 왕비로 삼기 위해 선택한 사람이 명성황후(초기는 '왕' 후였음) 민씨(민자영)다.

한국사에서 중요한 여인 정순왕후+순원왕후+신정왕후에 이어 4대 핵심 인물이다. 뜻밖에도 가문은 부실한데 그만 상상도 못하게 아주 똑똑한 여인이 며느리로 들어온 것이다.

그리하여 시부(媤父)와 자부(子婦) 간 역사에 없는 기상천외의 권력 싸움이 시작된다. 시부는 쇄국정치요, 며느리는 개혁정치여서 왕조 역사상 유례가 없는 싸움이 시작되어 이를 고종의 우유부단이 원인이라는 등 학자들의 평가는 엇갈리나, 결국 이 틈새에서 일본 낭인들의 손에 명성황후는 죽고 조선은 일제의 압정 속에 멸망하게 된다.

이 정도로는 턱없이 복잡다단, 상상도 다 못할 大혼란·국란의 시대를 월남 이상재가 함께 살아가며 놀라운 기개와 의기로 나라를 건져내려 하는 중대한 임무를 수행하게 되는 터라 월남을 바르게 알면 과거는 물론 현재와 미래까지 밝히 보인다고 하는 점에서 다시 보는 월남의 일생을 재해석하는 글월이 많이 부족함은 아쉬운 일이다.

왕비의 수렴청정

수렴청정(垂簾聽政)이란 발 렴(簾)자와 드리울 수(垂)이므로 발을 치고(드리우고) 정사를 들으며 왕의 결정을 돕는다는 뜻이다. 임금이 어린 나이로 즉위하였을 때, 대비나 왕대비나 대왕대비가 이를 도와 정사를 돌보던 일이며 왕이 신하를 접견하며 정사를 펼 때 그 앞에 발을 쳐 늘어뜨린 데서 유래한 말이다. 곧 왕권을 거머쥐고 좌지우지하며 전권을 행사, 왕을 대신하여 정사를 이끈다는 뜻에서 나온 말이다.

주로 왕후이며 대비(母), 또는 왕대비(祖母), 대왕대비(曾祖母)가 수렴청정을 하였으므로 조선말기 근대사를 이해하려면 왕보다 수렴청정 하였던 대비에 대한 이해를 곁들여야 올바르게 이해하게 된다.

이렇게 본다면 근대사는 수렴청정 사(史)이며 동시에 외척(外戚/외가)정사이며 여성주도 정치라고 보아야 한다.

다시 말하면 왕은 어려서 결정권이 약하고, 그보다 중요한 것은 누가 왕을 세우느냐고 하는 왕권옹립권한(소유)자의 문제다.

당연한 것은 누군가가 왕을 세우면 조정의 권력핵심은 왕을 세운 이들의 것이 된다. 왕은 상징일 뿐 마음대로 정승판서를 임명하지 못해, 왕을 세우고 수렴청정 하는 왕대비나 대왕대비의 친인척이 포진하게 되고 이로써 권력쟁탈과 매관매직의 권세가 쥐어지게 되는 것이다.

조선은 원래 이렇게 시작한 왕조는 아니었다. 27명의 왕 가운데 8대 예종, 9대 성종, 13대 명종, 14대 선조 4명을 제외하고는 줄이어 23대, 24대, 25대, 26대(순조, 헌종, 철종, 고종)로 국권침탈에 이르기까지 연이은 대비의 수렴청정 정치가 조선 후기의 특징이다. 어쩌면 나라가 망하는 데 일조했는지 모른다. 왕통보다 외가의 혈통이 왕권을 지배하고 좌지우지하였다는 것은 문제가 있다고 보겠다.

이는 태조 이성계나 태종 이방원, 세종 등등의 왕은 여성휘하가 아니었으나 대를 내려갈수록 손이 귀하거나 끊기게 되면서 전임 왕비들이 궁궐의 주인이 되는 까닭에 자연히 왕대비에게 힘이 모이고 권력이 집중되어 심지어는 왕마저도 대비가 세우고 내릴 권한을 가졌기 때문에 어쩔 방도가 없었다. 요는 백성을 위한 선정(善政)을 베풀어야 하는데도 가문의 입지와 권력 잡기에만 집중했다는 것이 문제다. 그러다 보니 내치에 몰입되어 국제적인 안목이야 당연히 어두울 수밖에 없는 일이다. 조선 27명의 임금은 7명씩 3번을 꼽으면, 태·정·태·세·문·단·세, 예·성·연·중·인·명·선, 광·인·효·현·숙·경·영을 마치고 나면 6명이 남아 정·순·헌·철·고·순·으로 마치게 된다.

정조까지만 해도 세도정치가 심하지 않았으나 순/헌/철/고까지는 왕의 등극 원인이 일체 수렴청정에서 이루어진다. 하지만 정조와 마지막 임금 순종을 제외하면 왕은 4명이다. 누가 4명의 왕을 앉혔는지 그 배경에는 세 사람만 이해하면 된다.

① 먼저 21대 영조대왕 비 정순왕후로서 사도세자의 죽음에 관여하고 정조의 등극을 방해했으며 정조가 죽자 순조를 옹립/섭정한 사람이다. 순조 재위 34년 중 6년 만에 61세로 세상을 떠났다.

② 다음은 순조의 비로서 순원왕후다. 순원왕후는 24대 헌종의 생모로서 헌종을 옹립하였으며 헌종이 후사 없이 죽자 철종도 옹립하여 두 사람을 임금에 앉히고 60년간 안동김씨 세도정치의 터를 다진 영안부원군 김조순의 딸이다.

③ 고종을 왕위에 앉힌 사람은 익종의 비이며 헌종의 모 신정왕후다. 이들 세 사람은 4명의 왕보다 더 막강한 궁궐의 60년 안주인이었으나 최장수한 신정왕후는 대원군과의 권력싸움에 져서 그러하지 못했다.

월남 이상재의 잉태

그것은 태몽이었다. 기대 반 우려 반으로 자주 깊은 생각에 잠겨 꿈을 해석하던 희택은 억지로 아내가 꾼 용꿈을 지우려 하였건만 박씨 부인의 태기가 확연해졌다. 자식이란 무엇인가? 희택은 자식을 낳고 잘 기르는 것이 얼마나 어려운가도 알고 있다. 대비섭정 수렴청정

정치로 가난이 극심하여 잉태하고도 낙태하는 여인이 많았고 출산하고도 잘 기르지 못해 놓쳐버리는 집도 많았다. 아이들이 일찍 많이 죽어 아이의 원혼을 달래는 장소도 건지산(乾芝山/현 건지산성)에 있다.

아이가 죽으면 애장(哀葬/아이의 죽음이란 뜻/애청이라고도 함)이라 하여 몽달귀신을 눌러야 한다고 돌무덤을 만들었고 원혼을 달래는 장소를 정한 것이다. 그러나 애써 꿈을 지우며 불길한 생각도 지우며 봄을 맞았다. 봄이 되자 박씨 부인은 입덧을 심하게 한다. 잘 먹지 못해 더한 모양이다.

희택과 박씨 부인은 동시에 꾸었던 태몽을 통해 분명 아들이 태어날 것으로 믿게 된다.

"여보! 내가 그때 꾸었던 꿈도 말이요, 아들이 태어나면 앞에만 말할 것이니 꼭 그리 알아요."

희택이 염려되어 부인에게 말했다.

"앞에만 말하다니 그게 무슨 소리예요?"

"관복을 입지 않았더라는 말은 빼고 만조백관이 경배하더라는 말만 할 것이란 말이오. 같은 값이면 관복을 입으시지 않고 왜 평복을 입으셨는지 이해가 안 갑니다."

희택은 자꾸 불안하다. 목이 잘린 용머리가 하늘을 날아 올라간 것이 무엇을 뜻하는 것인지 알지 못하는 것과 왜 관복을 입지 않은 할아버지를 뵈었는지도 풀리지 않는 의문이다.

희택은 '목은' 같은 충직한 신하가 태어나는 것이 자식에게 바라는 소원의 전부다. 백성의 편에서 하늘 같은 왕을 모시고 왕의 총애를 받고 백성의 존경을 받는다면 그 이상 바랄 것이 없는데 꿈이 마음에 들지 않는다. 오랜 날 고심하던 희택은 산에 가서 붉은 소나무 두 그루를 캐 울 안 우물가에 심었다. 박씨가 물었다.

"웬 소나무예요? 홍송(紅松) 아닙니까?"

"이따가 말해 줄게요."

소나무를 심은 희택은 그날 저녁상을 받고 말했다.

"소나무는 백성의 나무요. 만약 태몽 꿈이라면 백성을 위해 조선 소나무같이 커 달라는 내 마음이오. 황금송도 있고, 백송도 있고, 해송이다, 왜송이다 소나무가 많지만 우리 조선의 기상을 닮은 소나무는 홍송입니다. 만약에 태몽이라면 그 꿈을 누르자는 뜻입니다. 그저 붉은 소나무처럼 백성을 위한 자식으로 잘 자라기를 바라는 소원을 심은 것입니다. 사계절 백설에도 푸르른 소나무같이 크고 그렇게 살아달라는 내 소원이란 말입니다."

박씨가 고개를 끄덕인다.

그 후 10년이 지나 상재 나이 10살이 되었을 때 희택의 부친이자 상재의 조부인 경만(慶万) 공(公)의 병세가 위중해졌다. 곧 세상을 떠나실 것 같은 노쇠한 병석에서 경만 공이 입을 열었다.

"내가 너를 제대로 가르치지 못하고 이제 곧 저세상으로 가게 될 모양이다."

아, 어쩌면 지금 희택은 유언을 받들게 될 것 같다.

"아버님! 저는 이만하면 만족합니다. 벼슬을 못하였어도 학문이 무엇인가는 잘 알고 있고 아버님의 뜻을 후대에 이룩하면 되지 않겠습니까?"

희택은 경만 공을 위로하며 지금까지 굳게 닫았던 입을 열어 박씨 부인과 자신이 꾸었던 태몽을 아뢰었다.

"그 꿈이 좋은 꿈이다. 사람이 꼭 관복을 입어야만 하는 것은 아니다. 관복을 입고 아첨하느니보다 평복을 입고 속이 제대로 들어찼다면 그것이 올바른 것이다."

경만 공은 또

"용의 몸통은 육체라 욕심이며 탐관오리다. 용의 머리가 올라갔다면 그것은 정신이다. 정신은 선비의 올곧은 생각이며 가장 중요한 덕목이다. 학자의 본분은 배를 채우는 데 있지 않고 머리를 채우는 학문과 정신에 있느니라. 그러나 네 말대로 그런 꿈은 혼자 간직하는 것이 옳다."

이윽고

"너는 내가 못다 한 꿈을 이루는 자식으로 잘 낳고 잘 길러 조상님들 앞에 내 면을 세워주기 바란다."

라는 말씀을 남기고 경만 공은 세상을 떠나고 만다.

삶이 힘겨운 세월

헌종과 철종 재위 기간 내내 순조대로부터 이어진 천주교를 앞세운 서양문화가 들어오려는 끈질긴 시도가 이뤄졌다. 때는 월남의 조부 이경만 공 시절이며 순조 시대다. 순원왕후는 조선 초 제3대 임금 태종 때부터 시행되다 말다 하였던 오가작통법(五家作通法)을 강력 시행, 천주교인을 색출하여 수만 명을 죽였으나, 천주교는 여전히 밀려들어 와 새남터에서 김대건 신부를 처형하고 영국군함 사마랑호는 제주도와 서해안일대를 무단 측량하고 도면을 만들어 가져갔다.

이때(1800년/정조승하)부터 순원왕후의 안동김씨 세력이 강력하게 일어나기 시작하나 재위 기간 무력하고 어린 헌종에게는 대처할 능력이 없다. 기근, 홍수, 전염병, 도적이 횡행하여도 대책이 없는 상태에서 조정은 안동김씨의 먹잇감이 되어가고 있다.

이제 이런 헌종이 세상을 떠나고 강화도령 철종이 보위에 앉은 것이다. 21대 왕 영조의 계비 정순왕후는 30여 년 전 이미 세상을 떠났으므로 헌종과 철종을 왕위에 앉히고 섭정을 시작하는 사람은 헌종의 어머니 순조비 순원왕후다.

철종 즉위 한 해 전 이상재 출생 바로 전 해의 일이다. 마침내 철종(1831년생/월남보다 19세 연상/흥선대원군보다 21세 연하)이 보위에 앉아 새해를 맞으니 이때가 1850년이며 이상재는 이해 10월 26일에 출생한다. 역산하면 1850년 2월에 잉태한 계산이 나온다. 이해 겨울 혹독하기 더없이 추웠다.

월남이 잉태되던 1850년 2월은 강원도 울진에 이양선(異樣船/안 보던 배, 서양어선 등)이 출몰하여 우리의 후망선(候望船/날씨를 관찰하는 배)에 발포하여 군과 민을 살상하는 사건이 일어났다.

상재가 태어나던 그달 10월에는 서울 장안에 도적이 극성을 부렸다. 백성은 살기가 힘든 때였으나 안동김씨 네는 뿌리를 깊이 내려 벼슬을 독차지하였다. 바로 그 2월에 잉태하고 10월에 이상재가 태어난 것이다.

이상재는 고려 말의 충신 목은(牧隱) 이색(李穡)의 16대손이다. 7대손 토정(土亭) 이지함(李之菡) 이후 이색의 왕대밭에는 아직 왕대가 나지 않던 중에 민족의 스승 월남 이상재가 왕대의 순을 내민 것이다. 이것이 어느덧 162년 전이다.

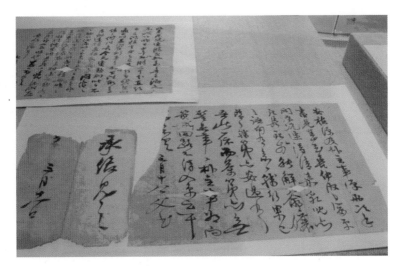

막내 승준(이차순의 부친)에게 쓴 월남의 친필 편지

제2부

성장과 수학(修學)

선공감가감역(繕工監假監役) 이상재의 부친 이희택

한산은 언제부터였는지 정확하게 아는 사람이 없는 오래된 모시의
고장이다. 고려시대부터라고도 하고 삼국시대부터라고도 하여 1500
여 년의 역사를 지녔을 것이라 하니 이 또한 더 일찍부터였는지도 모
른다.

남자들은 모시풀을 재배하고 여자들은 삼을 저었다(마/베 껍질을
가늘게 가르다). 앞니로 찢다 송곳니로 저어 일일이 올을 찢(가르)느
라 여인들의 이빨이 성하지 못하고 점점 닳아 작아진다. 월남은 어려
서 주로 모시 찢고 모시 짜기와 소곡주 담아 거르기(酒造) 하는 것을
보며 자랐다.

집집마다 저마(苧麻/모시풀)전(밭)을 가지고 있어 저마를 베어다 껍
질을 벗기고 속껍질을 이빨로 가르는데 이것이 삼베가 되고 아주 가
늘게 가르고 또 가르면 세모시라 한다. 소곡주는 고온숙성이 아니라
저온숙성방식이다. 막걸리는 단 일주일 이내 걸러내지만 소곡주는 몇

달씩, 근 100일을 숙성시켜 얻는다. 저마는 밭에 심지만 비가 와 논이 되어도 견디어 습지에서도 잘 자라는 습생식물이기도 하다.

희택은 농토가 없어 저마를 심고 거두고 삼을 겻는 일을 하지 않고 베틀을 들이지도 않았다. 그저 관아에 근무하는 말직 관리다. 태생이 조용하고 예를 중시하여 고려 말의 충신 목은 이색의 후손으로서 겸손과 학문을 두루 갖추고 성실하여 관아와 이웃들이 지식이 풍부한 선비라는 뜻을 담아 이 '석유'(碩儒/학자)라 부른다. 자나깨나 학문을 존중하고 배우는 일에 열심이고, 묻는 사람에게는 늘 친절하게 가르쳐 주기를 즐겨 한다.

'어떻게 하든지 상재는 내가 다 못한 공부를 제대로 시키리라'

희택은 어느 하루도 다짐하지 않은 날이 없다. 별 병치레 없이 상재는 잘 자라고, 둘째 성재도 태어났다. 두 아이의 아버지가 된 희택은 박씨 부인의 말을 늘 떠올린다. 상재를 낳고 했던 말. 박씨 부인은 성재를 낳고도 역시 똑같은 말을 했다.

"애썼고, 고맙소."
하자,

"낳기만 해서 자식이라 하겠어요? 잘 키워야 자식이지. 안 그래요?"

"허허, 참 낳아야 잘 키우든가 하는 거지. 그럽시다. 잘 키워 봅시다."

"저는 낳았으니 먹이고 키우는 일이야 제가 하겠지만 잘 가르치는 것은 당신이 하셔야 해요."

"알았어요, 알았어."

희택은 웃으며 들었지만 두 번이나 뒤통수를 연달아 맞은 기분이다.

'어떻게 제대로 가르쳐 가문을 다시 일으킬 것인가?'

살아온 지난날들이 종종 머리를 감싸고돈다. 공부는 때가 있다는 사실이다. 부친 경만 공께서 자신을 가르치려 어려운 형편에 사다 주신 책들이 지금은 제법 모여 있으나 그때는 책을 제때 사지 못하고 어려서 제때 공부를 못해 그만 실기하여 세월을 잃었다. 경만 공이 손수 가르치기도 하다 사숙(私塾/글방)에 보내다 말다 하기를 여러 번 반복했다.

"우선 글방에 가지 말고 당분간 집에서 공부하거라."

그럴 때마다 처음에는 왜 가지 말라고 하는지 잘 몰랐으나 제때 글삯을 보낼 형편이 안 되었던 것이다. 혼자서 하는 공부는 한계가 있었고 원하는 책을 사 주는 것도 형편이 어려웠던 탓에 원 없이 공부를 하지 못하였다. 희택은 곧 형편이 어려운 눈치를 채고 독학으로 열심히 공부하였으나 과거를 보러 갈 정도의 여건이 되지 못하였다.

'상재와 성재는 어려서 제때에, 어떻게 하든지 책도 사주고 공부를 시켜야 한다.'

다짐은 이미 굳어졌다.

그러나 가진 재산은 없고 벼슬도 벼슬이라 하지 못할 선공감가감역으로 상재의 뒤를 제대로 대주기는 버거웠다. 선공감이란 토목(건축포함)직 관리다. 가감역이란 비정규직이다. 가감역만 떨쳐버려도 낫겠는데 관아의 재정이 쉽지 않은 모양이다. 일이 있을 때는 녹봉이 나오지만 일이 없으면 몇 달씩 쉬어야 하니 녹봉도 없다.

한산성(城)

한산은 둥근 원형으로 둘러싼 성(城) 안에 동헌(군청)이 있어 관아라 한다. 성곽은 희택이 관리한다. 허물어지면 보수를 하는 일도 희택이 하는 일이다. 때로는 저수지 둑을 손보기도 하고, 때로는 제방 둑을 쌓고 고치기도 하는 일이다. 일은 역부(役夫)들이 하고 희택은 감독을 하는 관아소속의 관직이기는 하다.

희택은 한산군내(관내) 모든 이들이 이 석유님이라 부르는 이름에 걸맞게 학문은 높은데 벼슬을 하지 않은 지방 선비로 민/관에서 인정을 받기는 한다. 그러나 겉이나 속에 들어찬 실속은 없다. 하지만 누구에게 뒤지지 않는 뜻이 가득한 희택이다. 목은 이색의 15대손이라고 하는 자존심이며, 이색과 같이 훌륭한 자식을 낳고 길러내겠다고 하는 뜻을 품었다. 언젠가는 그런 날이 올 것이라고 굳게 믿는다.

서천군 한산면 월남 이상재 생가(현재는 완공되었음)

상재가 6살이 되자 희택은 그때부터 틈틈이 공부를 시켰다. 7살이 되자 천자문을 떼 집에 있는 책으로 가르치다 '이래서는 안 되겠다' 싶어 사숙으로 보낸 지 2년이 지나 8세다. 봄이 지나 보리 수확 때면 보리쌀 한 말, 가을 추수 때에는 쌀 한 말이 상재의 글 삯이다.

선공감으로 청에서 매달 녹봉이 나오면 이 정도는 걱정하지 않아도 되나 가감역이다 보니 일이 없을 때는 수입이 없어 그도 쉽지 않아 때로는 맨 상추쌈에 아욱죽으로 끼니를 때우면서도 그러나 상재가 배울 책은 어떻게든지 사다주고 사숙에 내는 학비는 한 번도 늦추지 않았다. 있던 책과 사온 책이 몇 권 있으나 부족하다.

박씨 부인은 자주 저마 밭일과 저마 젓기 품을 팔아 모은 돈으로 상재가 볼 책을 사게도 하였다. 성재가 어려 일을 못하고 있으나 희택의 생각은 또 다르다. 언제까지고 사숙에만 보내서는 안 될 일이다. 비 오고 눈 쌓이면 못 가고, 오가는 데 시간이 많이 걸려 다잡아 제대로 공부를 시키려면 기숙/숙식을 하며 공부만 할 데로 보내야 한다. 어느덧 나이는 11살이나 되었다.

그래서 생각한 것이 이색 할아버지의 위패를 모신 문헌서원으로 보내면 어떨까 하는 것이었다. 문헌서원은 240년 전(1610년) 광해군 시절 이색의 생가지이며 거주지이기도 했던 고촌리에 개인 사당 효정사를 세우고 후일 제사만 모시다가 서원기능이 추가되어 영모리로 옮겨 20리 밖에 있다. 그러나 자신이 자주 가 보기에 멀고 상재의 스승으로 누군가를 모시기에는 차라리 은밀한 곳에서 아무도 모르게 면학에 정진토록 하는 것이 낫겠다고 생각한 희택은 봉서암(鳳棲庵/현 봉서사)으로 간다.

현만(顯滿) 스님을 만나 상재를 먹고 재우며 봉서암에 맡기려 하는 것이다. 일찍이 복시(覆試)에까지 급제하고 전시(殿試)를 준비하다 불가(仏家)에 입문하여 유망한 아이가 있으면 한 명만 가르치려 한다는 말을 들은 지 몇 달인데 이제야 찾아가는 것이다.

이미 누굴 결정했을까 불안하다. 흙으로 만든 소조(塑造) 불상이 있어 전국에서도 유명한 봉서암은 규모가 큰 사찰은 아니어서 여러 명의 제자를 둘 형편이 아닌 줄 알기에 서둘러 찾아 상재를 맡긴다고 한 것이 늦었다.

"아~ 이 석유님! 전에 한번 뵈었지요? 아니라도 제가 들어 익히 잘 알고 있습니다. 목은(牧隱/李穡)의 후손이시라니 어련하시겠습니까? 어서 오시지요?"

"제 맏아이가 상재입니다. 제가 보기에 학문에 재주는 있습니다. 스님의 제자로 과거에 응시할 만큼 잘 가르치고 싶은 욕심에서 찾아 뵈었습니다."

"안 그래도 여기 온 지 얼마 되지는 않았지만 이 석유님 아들 얘기는 들었습니다. 영특하여 목은이 환생했다고도 하던데요. 이름이 상재입니까?"

"예, 아 그저 보통아이일 뿐입니다. 맞아요. 상재입니다."

"왜 상재(商在)라고 하셨는지요?"

"예. 학문도 결국은 두루 아우르는 게 아닌가 하여 그런 아이가 되기를 바라는 뜻에서 저의 부친이 상재라 하자 하셔 그에 따랐습니다."

"그렇지요. 장사꾼이 돈이 된다면 가리지 않듯이 학문의 세계에도 서로 다르지만 치우쳐 한 군데만 머무는 소인배 학자가 되지 말고 '모두를 감싸 안는 학자가 되어라' 뭐 이런 의미시로군요. 이름이 참 좋습니다. 부르기도 편하고… 일단 언제 한번…"

"예, 상재를 한번 데리고 오겠습니다. 보시고 큰 신세를 지고자 하는데 받아 주시면 고맙겠습니다만 눈에 드실지는 모르겠습니다."

"예, 한번 만나나 보고 결정하겠습니다. 아시다시피 저는 제자라고 여럿을 둘 일이 없습니다. 하나라도 제자답게 가르쳐 제가 보람을 느낄 아이를 찾습니다. 이건 제가 좋아서 하려는 거니까 저 자신을 위해서지요. 또 여기 머물 데가 넓은 곳도 아니고요. 다만…"

현만이 무슨 말인가 하려다가 멈추고 희택을 뚫어져라 바라본다.

"무슨… 하실 말씀이 있으십니까?"

"잘 아시겠지만 공부는 나이가 맞아 제때 해야 합니다. 그러니 당사자가 중요하지만 더 중요한 사람은 가족입니다. 아버지가 자식을 가르쳐 훌륭하게 키우려 한다면 당사자보다 더 큰 관심을 가지고 아이의 기를 끌고 가 줘야 합니다. 그러므로 본인, 부모, 스승 셋이 하나가 되어야 하는데 제 역할은 어떨지 모르겠으나 모든 게 맞아야 해요. 이 석유님이 어떤 자세로 상재에게 어떤 기력을 불어넣어줄 것이냐의 문제가 중요하다 싶어 결례가 될지 모르겠으나 각오를 얼마나 단단히 가지셨는지 짚어야 한다는 말씀입니다."

"아, 예. 무슨 말씀인지 알겠습니다. 자식에 대한 제 열정이 상재의 미래를 결정한다는 뜻으로 겸손히 받겠습니다. 잘 알았으니 형편이 어렵지만 아이가 맘에 드시거든 친자식 같은 마음으로 스승님이 되어 주신다면 아비 된 몫은 제가 어떤 일이 있더라도 감당해 나가겠습니다."

"일단 아이를 보고 말씀 드리겠습니다. 문제는 아이를 맡으면 끝을 봐 드려야 하는데 제가 나이 들어 몸이 안 좋습니다. 오래 살 자신이 없어 그게 걱정입니다."

"예, 건강하셔야지요. 그런데 예우는 어떻게 해 드려야 할는지요?"

"예우라니요? 아! 글값 뭐 이걸 말씀하시나 본데, 이 석유님의 형편은 제가 잘 압니다. 부자라면야 짐짝으로 준들 마다하겠습니까마는, 하하하 다 부처님의 공덕이 있어야 뭐든 되는 일입니다. 있으면 후히 주시고 없으면 한 푼도 안 주신들 상관없습니다. 제가 잿밥 꾼이 아니니까요. 그저 부처님의 연을 따라 가는 것이지요. 상재를 보고 결정을 내려야 되는 것이 첫째입니다. 제가 먹으면 먹고, 굶으면 상재도 굶어야지 도리가 있겠습니까? 설마 하니 그 집도 굶는 판에 글값 안 준다고 상재를 내려 보낼 일은 없을 것입니다. 제가 무슨 글 팔아먹고 사는 글장사도 아니지 않습니까?"

한산관아

천둥번개가 치고 강풍이 불어 한산성곽 여러 곳이 붕괴되었다. 아문(衙門/관아를 일컫는 말)은 동서남북에 4대문이 있고 둥근 성곽 원안에 동헌을 비롯한 관청이 있는데 성벽은 건지산성 축성방식이 진흙에 돌을 넣어 쌓은 것과는 달리 석성(石城)이다.

희택은 건지산성을 여러 번 눈여겨 살피고 성의 특징을 여러모로 깊이 관찰하였다. 백제시대 쌓은 성으로 어언 1000년의 세월을 견뎌낸 건지산성의 축성구조는 그 비밀이 무엇인지 아직도 희택이 의문을 갖게 한다. 들쳐도 보고 헤쳐도 보아도 기단은 돌이고 상단은 흙인데 돌보다 흙이 더 많지만 수백천 년 풍상에도 상당 부분이 무너지지 않는 비결을 알아내기 위해 백제 산성을 찾아 타 지역도 둘러보았으나 성

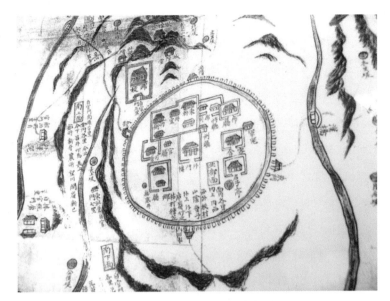

월남 선생 유년시절 한산성, 관아도면

이란 드러난 거죽보다 보이지 않는 기초가 중요하여서 아직도 숨은 비결을 다 찾아 내지 못했지만 기초를 어떻게 했는지도 알았다.

그에 비하면 얼마 안 된 한산성곽은 처음 누가 기초를 놓고 쌓았는 지 모르나 보수하는 일이 가장 중요한 책무이다. 전문직이다 보니 관복을 내 주어 입고 다니지만 희택은 선공감 이연석 아래 민철식과 둘이서 가감역에 임명된 지 오래다.

물론 4대문도 관리하고 연못이나 군내 저수지와 둑을 쌓고 관리하는 일도 한다. 수로 둑을 쌓고 새로 내고, 때로는 산사태가 나면 이를 복구하기도 하지만 한산 지역은 산이 낮아 산사태는 흔하지 않으나 건지산 월명산 기린산 취봉산 계점산 일광산 숭정산 원산 어리성산 용두산… 등등 무너지거나 산불이 날 때에도 역시 희택이 속한 공방의 일이며 희택은 앞장서 역부와 잡부를 데리고 성 내와 성 밖의 선공 관련 일에 참여해야 한다. 그러나 가장 중점을 둘 일은 홍수가 나면 둑을 지키는 일이며 관아 성벽을 보수하는 일이다. 물론 가뭄이 들어도 물꼬와 둑에 관련된 일을 하기도 한다.

한산성안 관아는 남향으로 앉아 북쪽 건지산 밑에 동헌이 자리 잡고 있다. 동헌 뒤 북문은 산 밑이라 관리용일 뿐 사람이 별로 드나드는 문이 아니고, 정문은 남문으로 금강 방향 쪽에 자리 잡고 있다. 정문인 남문보다는 서문으로 출입하는 사람도 많은데 서문에 맞닿은 길이 희택이 사는 종지리는 물론 마산, 홍산, 등 한양으로도 가는 주도로였기 때문이기도 하고 향청(鄕廳/민원실) 출입은 서문이 가깝기도 한 데다가 인구도 서쪽이 많기 때문이다. 그러나 시전(市典/상가)은 남문 밖이다.

남아문(정문)으로 들어서면 성안에는 바로 연못이 있다. 대궐의 형식을 본뜬 연못으로 경복궁으로 치자면 경회루와도 비슷하나 얕고 작으면서도 풍수에서 중요한 역할을 하는 곳이다. 관리들의 마음을 부드럽게 하고 성내 공기를 편안하게 하며 찾아오는 백성들의 느낌도 안정감을 주자는 것이다.

건지산 아래 제일 높은 곳이 동헌이다(현재의 한산면 사무소 자리) 연못 왼쪽(서문방향)이 향청이요, 연못을 지나 우측, 동헌 좌편에는 성을 찾아온 관리가 묵는 객사와 옥거리라 불리기도 하는 형청(刑廳)이 자리 잡고 있어 죄를 지으면 여기로 가고, 형청 앞도 입구의 연못이 닿아 있다. 동헌(東軒/군수집무실)으로 들어가려면 남향으로 자리 잡은 외문루(外門樓)를 통과해야 하고 서문으로 들어서면 오른 쪽으로 연못을 지나 돌아가야 한다. 희택이 속한 관아 공청(工廳)은 향청

(鄕廳) 안에 있다.

가감역이 하는 일은 역부(役夫)와 잡부(雜夫)를 관리하고 현장에서 직접 일을 시키는 것이다. 그러나 직속아전 이연석 선공감은 축성이나 성 보수에 대해 희택과 생각이 달라 자주 부딪치는 일이 있었으나 공방나리가 자주,

"이 가감역 말이 맞네. 그대로 하게."

하는 바람에 이연석이 불만을 많이 했으나 이제 이연석도 희택의 말이라면 순순히,

"자네 생각이 그렇다면 그렇게 하시게나."

하고 인정받아 윗사람으로부터 곤란을 당하는 일은 없어져 하는 일에 특별한 어려움은 없다.

월남이 본 아버지 희택의 불을 뿜던 눈빛

비가 그치지 않고 보름이나 계속된다. 상재를 데리고 봉서암 현만 스님께 간다는 날짜가 장맛비로 인해 희택이 짬이 나지 않아 늦어지고 있다.

밤낮이 없었고, 어두워야 집에 돌아오고, 날이 새는 즉시 관아로 등청해야 한다. 수방대책을 근본적으로 세우려면 둑을 축조해야 하는 곳이 골골마다 하나 둘 있는데, 그중에서도 오라리들과 축동 사이의 벌판이 상습 범람 지역이다.

그나마 앞내둑이 있어 종지골과 관아(한산성) 쪽으로 넘치는 물을 막아는 준다지만 해마다 몇 번씩 침수되는 바람에 폐농하기 십상이

어서 앞내둑을 높이고 마산리에서 내려오는 물길을 오라리 벌판 쪽으로도 앞내둑처럼 쌓기는 해야 하는데 희택의 생각일 뿐, 없는 예산으로는 할 수도 없는 노릇이다.

오늘일까, 내일일까. 비가 멈추고 일이 끄지막 하면 하루를 잡아 봉서암에 가 보려 하는데 그칠 기미가 없다. 그러던 오늘 아침, 민철식이 우중에 희택의 문간을 들어선다. 장대비를 맞으며 도롱이(짚으로 만든 비옷)를 덧입은 철식이다.

"석유 어른 계십니까?"

빗소리가 요란하여 대답이 없다.

"선공감님!(구태여 가감역은 빼고 부르기도 함) 저 민철식입니다!"

희택이 방문을 여니 장맛비는 끊임없이 내리고 있어 앞마당에 빗물이 홍건하다.

"아니 민 감역! 이 사람 아침 일찍 웬일인가? 나는 이제 등청하려는 참일세 마는…. 어서 올라 오시게나. 조반은 하셨는가?"

"예! 일찍 관아에 갔더니 바로 선공감님 댁으로 가라 해서 이리로 왔습니다."

상재도 따라 마루로 나온다.

"누추하지만 앉게나. 앉아서 얘기하자구."

철식은 상재가 고개 숙여 인사하니 받고 마루에 걸터앉는다.

"공방나리께서 오늘 비가 안 그칠 것 같으니 등청하지 말고 장밭들 앞내둑으로 바로 나가시랍니다. 앞내둑 무너지지 않게 보(補)하라 하시네요."

"그래? 그럼 동문 쪽 축성 보 하던 작업은 어쩌고?"

"거기는 제가 맡아 하라 하셨습니다. 제가 가서 출근하는 대로 역부를 보내 드리겠습니다."

"그래? 알았네만 북문 아래도 해야 하는데… 그래서 일부러 왔구먼… 그러면 역부배치를 어떻게 하지?"

"오늘은 보조 잡부까지 20명입니다. 이쪽으로 7명을 보내라 하셨습니다."

"알았네. 그럼 가마니 짝을 많이 보내야 하겠어. 보해야 할 곳이 여러 군데일 테니 말이야. 일단 역부부터 몇 명 먼저 보내고 가마니랑 말뚝이랑 장비는 달구지에 실어 보내게."

"알겠습니다. 우선 이 동네 역부 오거든 2명 데리고 먼저 앞내둑으로 가 계세요."

"알았네. 고맙구먼."

"예, 그럼 저는 빨리 가 봐야 하겠습니다."

"그러시게 나도 마음이 바빠. 아니라도 앞내둑이 걱정됐거든. 잘됐네. 자, 그럼 어여 잘 가시게."

희택은 민철식이 대문을 나서자 상재에게 말한다.

"오늘도 사숙(私塾/글방)에는 못 가겠구나. 어차피 봉서암으로 옮길 거니까 집에 있거라. 아버지 마음 알지? 네가 공부에 재미를 붙이고 학문이 늘어난다면 비 아니라 하늘이 무너져도 나는 좋다는 것."

"아버지! 앞내둑 저도 가면 안 돼요?"

"뭐? 네가 거길 왜간다는 것이냐? 집에서 공부해야. 며칠 전에도 아버지 뭐 하시나 본다고 공연히 한산성 보수하는 데는 왜 와가지고 비를 맞더니 그날 밤에 너 앓지 않았어? 공부나 하고 있거라. 아버지 걱정할 것 없다. 다녀 올 테니까."

비가 세차게 쏟아져 내린다. 마당에 물이 넘쳐 박씨 부인이 호미로 물꼬를 파내고 있다. 상재가 다리를 걷어붙이고 집을 나선다.

"너 이 우중에 왜 나오느냐? 들어가라 어머니가 해도 되니까."

"아버지가 걱정돼서 앞내둑에 가 보려고요."

"뭐야? 위험한데 거기는 왜 간다는 거야?"

"제가 위험하다면 아버지는 얼마나 위험하겠어요. 제가 가 봐야지 비가 너무 많이 오니까 걱정돼서 안 되겠어요."

"아니다. 들어가라."

그러나 상재는 도망치듯 집을 나선다. 불러도 빗속으로 달려가 버린다.

물이 바다를 이룬다. 과연 앞내둑은 물이 차올랐다. 물이 둑 위로 넘쳐 모래가마니를 올려 쌓기에 정신이 없다. 말뚝으로 모래가마니를 지지하려 하지만 불어나는 물살을 감당하기 어렵다. 희택이 숨이 넘어가게 가마니와 말뚝을 가져오라 하는데 수레가 싣고 온 말뚝이 바닥나 버렸다. 여간 위험한 게 아닌데 희택이 가마니를 잡고 버티고 있다. 가마니 여러 개 밀기를 거듭하는데 그중에 가마니 한 개가 뒤로 넘어가려 한다. 순간 상재가 뛰어들어 가마니를 잡는데도 희택은 상재를 알아보지도 못한다. 순간 상재가 둑 아래로 나뒹굴어 떨어진다. 그제서야 희택은 상재가 가마니를 잡고 있었음을 알고 크게 놀란다. 그러나 희택은 손을 떼면 안 되기에 굴러 내린 상재에게로 내려가지 못한다. 상류 쪽에 얼마나 많은 비가 쏟아지는지 아차 하면 둑이 통째로 무너질 지경이다.

흙투성이가 된 상재는 얼굴을 닦으며 둑을 기어오른다. 상재가 잡았던 가마니가 위험하다. 희택의 눈빛-상재가 처음 보는 눈빛이다. 상재를 걱정하랴, 둑 무너짐을 막으랴 희택의 눈에 불빛이 번뜩인다. 저쪽에 수레가 오고 있다.

"상재야! 상재야아!"

가마니를 부여잡고 상재를 보는데 옆 가마니가 또 밀려 내리려 한다. 상재가 그 가마니로 급히 기어올라 있는 힘을 다해 막는다.

"상재야! 네가 여긴 왜 왔어 둑이 터지면 죽는다. 상재야아! 빨리 비켜라. 저쪽으로 가라."

하더니마는

"상재야, 그 옆에 가마니를 잡아라."

희택도 정신이 하나도 없다.

상재가 두 개의 가마니를 바꿔가며 밀고 선다. 말뚝을 들고 와 희택이 미는 가마니에 때려 박으려 하자 상재 가마니부터 말뚝을 치라고 소리친다. 마침내 희택이 나뒹굴고 밀던 가마니 하나가 떠내려가 물이 쏟아져 내린다. 상재가 있는 힘을 다해 희택이 밀던 가마니 옆의 밀리는 또 다른 가마니를 잡으며

"모래가마니 2개를 가져오세요!"

있는 힘을 다해 소리친다. 희택이 흙투성이가 된 채 둑으로 기어오르며 두 개의 가마니를 틀어 밀어 물길을 다시 잡았다. 상재는 수없이 보았다. 아버지의 번뜩이는 눈, 그리고 굴러 내리던 모습, 흙투성이가 되어 둑으로 오르던 모습, 그때마다 불을 뿜듯 무서운 눈빛을… 상재는 영원토록 그 눈빛을 잊지 못할 것이다.

그날 밤

　상류 쪽에 비가 좀 그치나 보다. 순식간에 6단을 올려 쌓은 가마니 한 계단 밑 5계단으로 물길이 내려간다.

　"꼭 이 자리가 문제라니까. 여기가 다른 곳보다 이렇게 낮으니까 말이야. 큰일 날 뻔했다."

　역부들도 한숨 돌리고 희택도 안도의 숨을 몰아쉬자 상재를 부른다.

　"너는 왜 여기 왔니? 이게 얼마나 위험한데 큰일 날 뻔했다. 어서 집으로 가거라."

　이제야 정신이 든 모양이다.

　"아니 이 얼굴하며 머리 속에도 이게 전부 흙덩어리 아니냐? 휴~ 그런데 참 네가 안 왔다면 이거 둑이 다 무너진 건 아닌지 모를 일이긴 하다마는… 그래도 그렇지 넌 겁이 없는 거니, 철이 없는 거니?"

　그날 밤, 늦은 밥상에 앉아 박씨 부인이 입을 연다.

　"상재 얘기를 들어 보니 정말 큰일이 날 뻔했더군요. 그만 하길 천만다행입니다."

　"죽고 사는 것이 일각에 달린 순간이었어요. 그런데 당신은 왜 상재를 가게 두었습니까? 부자지간에 오늘 제삿날이 될 뻔했어요, 정말."

　"그러게요. 달려가니 잡을 새도 없었어요. 가기를 잘한 건지 못한 건지… 이제 열한 살짜리가 힘을 쓴들 얼마나 쓴다고…"

　"그게 아니라, 상재 너 말이다. 너는 너 할 일이 있고 나는 나 할 일이 있다. 사람은 자기가 할 일을 하다가 죽어도 죽는 것이고 성공도 하는 건데 너는 공부하다 죽어도 죽어야지 아버지처럼 들판에서 죽어서야 되겠느냐? 혼쭐이 나야 정신을 차리겠니?"

"걱정이 되어 도저히 공부를 할 수 없어 갔어요. 저는 아버지의 아들입니다. 말리셔도 안돼요."

"허허, 참. 운이 좋았기 망정이지 내가 네 꼴을 안 보고, 네가 내 꼴을 안 봐야 큰일 낼 아이로구나."

상재가 수저를 내린다.

"왜 어디 아프니?"

"아니에요."

그러나 기진맥진이다.

"상재야! 너 아버지의 소원이 뭔지 아니? 내가 못한 공부를 해서 너는 나처럼 힘들게 살지 않기를 바라는 것이다. 첫째도 둘째도 너는 네 길로 가야 한다. 아버지가 힘든 건 관계없다. 굶어도 상관없다. 그렇다고 큰 욕심도 없고, 네가 만약 공부가 하기 싫다면 하라고도 않겠다. 머리가 좋은 너를 내가 잘못해서 공부를 못 시키면 내가 산들 무엇 하며 더 살 이유도 없다. 아버지께 최고의 효도는 네가 가야 할 학문의 길이다. 욕심대로 말하면 빨리 과거에 급제할 실력을 가지는 것이고."

"그래서 봉서암으로 보내시려는 거지요? 알기는 알아요. 그런데 공부는 해서 어디다 쓰겠습니까? 첫째는 효도요, 다음은 충성이고, 그 다음이 백성 아니겠어요? 저는 아버지 때문에 마음이 아픕니다."

"뭐라? 아파? 별 소리를 다 한다. 열한 살밖에 안 된 녀석의 말치고는 참 고맙기는 하다마는 너 이러다 큰일 낼라. 그러면 아버지는 살 맛이 없어요. 그게 효도라 하겠느냐?"

그날 밤 상재는 혼수상태에 빠져 잠을 못 잔다. 머리에 수건을 얹은 상재.

"밥을 안 먹고 자도 되겠어요?"

박씨 부인이 이불을 올려 주며 혼잣말을 한다.

"뭐가 되려고 그러는지… 상재의 마음 씀씀이가 기특하기도 하고 걱정도 되고… 저런 애를 혼자 보내도 되겠어요?"

"걱정하지 말아요."

하는데 순간 잠이 들다 말고 상재가 소리를 치며 벌떡 일어나 앉는다.

"가마니 밀려 내려요! 저기도 밀려 내려요!"

놀란 모양이다. 다시 쓰러지는 상재가 외마디를 지른다.

"아버지! 아버지! 위험해요… 위험…."

현만 스님과 상면하는 상재

희택이 봉서암에 다녀 온 지도 보름이 지났다. 장마가 멎었다고는 하나 아직도 믿지 못한다. 무너진 성곽도 일단은 보수작업을 마쳤다. 봉서암에 곧 가야겠다 하면서도 늦어진다.

"먼저 현만 스님을 만나 봐야지 아직은 간다, 못 간다 결정을 못하니까 너는 마음으로 준비나 잘하고 있거라. 같이 다녀와서 승낙을 하시면 옷가지랑 책이랑 준비를 하고 가야 될 터이니까."

상재는 긴장하고 있다. 만약 현만 스님이 자신을 만나 보고 이 아이는 맡고 싶은 생각이 없다 하면 아버지가 얼마나 크게 실망하실까를 생각하니 걱정하지 않을 수가 없다.

마침내 희택과 상재는 봉서암에 도착하여 현만 스님과 마주앉았다. 아버지 희택도 긴장하는 눈빛인데 그날 보았던 불이 튀는 눈빛과는 또 다른 눈빛이다. 부디 상재가 학문을 닦아 선공감가감역으로서 채우지 못한 뜻을 성취하고자 하는 열망이 상재에게 집중되어 있어, 높고 깊은 자식에 대한 지극정성이 넘치는 눈빛이다.

"상재라고 한다지?"

"예, 그러하옵니다."

두 무릎을 단정히 꿇고 허리를 약간 숙이고 앉아야 한다는 것은 이미 누차 받은 가르침이며, 말씀을 듣거나 올릴 때는 눈빛을 편하게 하고, 올려 뵙되 절대로 눈동자를 굴리지 않아야 한다는 것과, 자세가 기울거나 뒤로 젖혀지거나 너무 숙여서도 안 된다는 것 등등은 이미 사숙에서도 배웠고, 아버지가 잡아주셨던 터라 단정하고도 편안한 몸 추스름이 얼마나 중요한 것인가의 정도는 몸에 밴 상재다.

"본인 소개를 해 보거라"

이 또한 익히 숙지한 지 오래여서 막힐 것이 없다. 빨라도 안 되고 느려서도 안 되고 톤이 높아도 안 되고 낮아도 안 되고 말의 선후가 바뀌어도 안 되되 말속에 공손함이 있어야 하고 말씨에 우쭐함은 절대 피해야 하며 그렇다고 기가 약해도 안 된다.

"저는 이가 상재라 하옵니다. 본관은 한산입니다. 시조는 권지호장공 휘(諱) 윤자 경자이오며, 23세손 이옵고, 중시조 문정공 호는 목은 휘 색의 16세손입니다. 문정공의 장자 문양공 휘 종자 덕자의 15손이옵니다."

"그래? 그런데 말이 좀 빠르구나. 괜찮으니 급하게 말하지 말고 이번에는 중시조 문정공 목은과 문양공에 대해 아는 데까지 하나도 빠트리지 말고 다 말하여 보거라. 급할 것 없으니 아는 대로 천천히…"

목은 이색

"예, 휘 색(穡) 목은(牧隱) 문정공(文靖公)께서는 1328년 5월 신미일, 아버님이신 가정공(稼亭公)께서 문과급제하시고 8년이 지난 31세의 나이가 되실 때, 외가인 경북 영덕군 영해에서 외아들로 태어나셨습니다."

"으흠."

"자(字)는 영숙(穎叔), 호(号)는 목은(牧隱)입니다. 두 살 때 선조들의 고향인 한산으로 돌아오십니다. 목은께선 어려서부터 총명과 지혜가 남달리 뛰어나 9세에 여기 숭정산 독서당에 입문, 학문을 시작한 후 일광사 등 여러 이름난 산사에 다니며 학문을 탐구하셨습니다."

"그래서?"

"1342년 고려 충혜왕 복위 2년, 14세의 나이에 진사 성균시에 수석

목은 이색과 16세손 월남 이상재(월남기념관 촬영)

으로 급제하여 사람들을 놀라게 하였습니다. 16세의 나이에 별장(정7품)의 벼슬을 받게 됩니다. 이러한 사실은 이제 가정공 이곡·이색 부자가문이 고려 최상층 명문가로 부상하였음을 증명한 사실이었습니다. 아버님이신 휘 곡 가정 문효공께서 어렵게 발신하여 재상의 지위까지 올라간 것에 비하면 아드님이신 휘 색 목은 문정공께선 부친보다 월등했던 본인의 타고난 능력과 또 아버님의 음덕으로 어렸을 때부터 이미 그 탁월한 실력을 만천하로부터 인정받을 수 있었으며 수월하게 벼슬길에 나가시게 되는 경로를 밟게 되신 것입니다."

"잠깐, 말이 또 빨라지고 있구나."

"예, 알겠습니다. 목은께서 19세의 나이에 장가를 들려 하자 당시 최고 명문 집안에서 서로 사위를 삼고자 하여 혼례 당일까지도 서로 다투었을 지경이었다 합니다. 결국 공께선 당대 제일 명문 집안 중의 하나인 안동권씨에게 장가드는데, 그 장인은 중대광(重大匡) 화원군(花原君) 중달(仲達), 그 처조부는 우정승(右政承) 일재(一齋) 한공(漢功), 그 증조부는 첨의평리(僉議評理) 책사(策士), 그 외조부는 선도전서(都典書) 윤길손(尹吉孫)이었습니다."

"문정공 어른은 너 상재가 아니니 결코 자랑하는 말이 되어서는 아니 된다. 담담하게 계속 하여라"

"예, 26세 때인 공민왕 2년(1353)에 고려 문과에 을과 1인으로 장원 급제하시고 다음해 3월에는 원나라에 들어가 정동행성 향시에 장원 급제, 황제가 친림하는 전시(御殿試)에 2등으로 합격하여 한문의 본고장인 중국천하를 또 한 번 놀라게 하셨습니다. 그 아버지에 그 아들이다, 라고 할 수 있는데, 전시에서 차석을 하신 건 원나라 사람이 아니면 장원을 할 수 없었기 때문입니다."

"그렇지…."

현만은 눈을 지그시 감고 상재의 말을 듣는다. 희택이 상재를 그윽이 내려다본다.

"그 후, 원과 고려에서 문한을 담당하는 온갖 청요의 직책을 두루 거치다가 결국 공민왕 20년(1371) 7월 16일, 공의 나이 44세 되실 때 정당문학의 재상반열에 오르고, 우왕 8년(1382) 11월 55세에 판삼사사(종1품)가 되며, 우왕 11년(1385) 58세에 검교 문하시중이 되십니다."

"으음… 그래서?"

"우왕 11년(1388) 목은께서 환갑이 되시는 해에, 이성계가 위화도에서 회군해 와서 6월 8일 우왕을 폐하고 신왕을 옹립하고자 할 때 우왕의 세자인 창왕을 세우는 것이 당연한 것이었음에 공께선 조민수 등과 함께 6월 9일 창왕을 옹립하셨습니다. 이 해 8월 7일, 공의 나이 61세에 최고의 벼슬인 문하시중에 오르시고, 이성계는 그다음 자리인 수문하시중이 됩니다."

"그래… 잘 듣고 있다."

"그러나 새 왕국을 세우려는 딴 뜻을 품었던 이성계 일파는 결국 우왕이 신돈의 혈육이라는 말도 안 되고 터무니없는 억지 누명을 씌워 창왕 2년(1390) 11월 15일엔 창왕까지 다시 폐위시키며…."

라고 말 하다가 목이 메여 콜록콜록 상재가 기침을 하다가는 겨우…

"공양왕을 세웁니다."

하였다.

"허허… 이 녀석 봐라 왜? 아는 것을 말하는데도 힘이 들어? 그러면 모르는 것을 말하라 하면 죽겠구나? 좋다. 첫날이니까 물 한 컵 마시게 하겠다. 극락전 아래 샘이 있으니 벌떡벌떡 마시지 말고 반 모금 마신 후에 숨을 세 번 쉬고 나서 딱 두 모금 반만 더 마시고 오거라. 천하에 물 욕심내면 못 쓴다."

상재가 물을 마시고 들어왔다. 희택이 상재의 안색을 살피며

"그래야지 어른 앞에서 어려움을 모르면 상재답지 못하고 말고."
하자, 현만이 혀를 찬다.

"상감마마 앞이 아니길 다행이지. 이래가지고서야 전하 앞에 무슨 말을 올릴꼬, 쯧쯧… 계속해 보거라. 문양공에 대하여서도 말해야지?"

문양공 종덕

"예, 목은의 장남이신 휘 종덕(種德) 문양공(1350~1388)께선 추성 익위공신 봉익대부 동지 밀직사사 벼슬을 지냈는데, 아버님 목은 공께서 창왕을 세우신 것이 죄가 되어, 조정에서 극형으로 국문하여 장형으로 즉매를 맞아 숨지게 할 정도로, 이때 문양공의 나이 39세이셨습니다. 슬하에 4남을 두셨습니다."

"…옳거니…"

"목은께서 이성계 일파의 뜻에 따르지 않고 끝까지 고려에 충성을 다하며 절의를 꺾지 않으시자 12월 1일에 목은과 그 차자인 휘 종학 (種学) 인재공(1361~1392)을 역모로 몰아 유배 보낸 다음 공양왕 3년 (1392) 4월 4일 이성계 일파는 선죽교에서 포은 정몽주를 때려죽이고."

"타살하고…"

"예 타살하고, 다음 7월 17일(1392년 양력 8월 5일) 이성계가 결국 왕위에 올라 새 왕조을 개국하니 이것이 바로 지금의 조선입니다."

"됐다. 아직 많이 남았느냐?"

"아닙니다. 제가 아는 것은 이제 얼마 남지 않았습니다."

"그럼 이제 문정공으로 가서 세 마디로만 결론을 지어 보아라."

"예. 문정공께서는 1373년 한산군(韓山君)에 책봉된 후에는 신병으로 관직을 사퇴했으나 1375년(우왕 I) 우왕의 청으로 다시 정당문학 (政堂文学) 등을 역임했습니다. 1377년 추충보절동덕찬화공신(推忠保節同德贊化功臣)의 호를 받고 우왕의 사부(師傅)가 되었습니다."

"자 한마디…"

"1388년 철령위(鐵嶺衛) 사건에는 화평을 주장하였고 이듬해 위화도회군(威化島回軍)으로 우왕이 강화로 유배되자 조민수(曺敏修)와 함께 창(昌)을 즉위시켜 이성계(李成桂)의 세력을 억제하려 하였으나 이성계가 득세하자 장단(長湍)·함창(咸昌) 등지에 유배되었습니다."

"그래 두 마디… 한마디만 남았다."

"1391년(공양왕 3년) 석방되어 한산부원군(韓山府院君)에 책봉되었으나 다시 여흥(驪興) 등지에 유배되었다가 풀려났습니다. 조선 개국 후 인재를 아낀 태조가 1395년 한산백(韓山伯)에 책봉했으나 사양, 이듬해 여강(驪江/여주강)으로 가던 중 돌아가셨습니다. 문하에 권근(權近)·김종직(金宗直)·변계량(卞季良) 등을 배출, 학문과 정치에 커다란 발자취를 남겼습니다. 저서로는 『목은시고(牧隱詩藁)』, 『목은문고 (牧隱文藁)』가 있습니다."

제3부

인격의 여명(黎明)

민족의 스승 월남 이상재(신문기사)

義氣尋心(의기심심) 自彊氣槪(자강기개)

"옳지, 됐다. 그런데 『목은시고』와 『목은문고』는 읽어봤겠지?"

황급히 희택이 입을 연다.

"아닙니다. 제가 마련해 주지 못했습니다. 아계공파 대부님 댁에 있다는 것은 알고 있으나 구해다 주지를 못 했습니다."

"아, 그랬구나. 그건 네 탓은 아니니 됐다만 듣고 보니 허허 그 녀석 참…"

대견한 눈빛을 하고 상재를 저윽이 내려다본다.

"잘했다. 그러나 입으로 말하고 머리로 알아야 하는 것보다 중요한 것은 체험으로 알아야 하는 것이다. 아버님이 들으셨으니 책은 구해다 주실 것으로 믿고 머리로만 아는 수준을 벗어나야 한다."

"자, 그러면 어디 저 탁상을 가지고 오너라. 네 글씨하고 서예 자세와 심중을 보고 알고 싶구나. 네가 배운 책에서 베껴 쓰지 말고 네가 좋아하는 문장 4글자씩 2줄만 써 보거라."

상재가 붓을 들었다. 상재가 글자를 쓰기 시작한다. '긴장하지 말자' 몇 번 다짐을 한다. '빨리 쓰지도 말아야 하고 느리게 쓰지도 말아야 한다.' '마음에 평정이 무너지면 글씨가 기울어 버린다.'

누차 받은 교육이었다. 그런데도 왜 전신이 후들거린다지? 상재는 애써 매무새를 누르는데,

"이번에는 긴장해서 글자가 삐뚤어져도 개의치 않으려니 안심하고 쓰거라."

상재의 전신이 이제야 안정된다. 글씨도 안정감 있게 써지고 있다.

義気尋心(의기심심) 自彊気概(자강기개). 상재가 썼다.

"어디서 배운 말이냐? 베껴 쓰지 말라고 했거늘…"

"창문(創文)입니다. 차문(借文)이 아니옵니다."

"허허 이런 맹랑한 녀석 봤나… 이것이 어찌 창문이냐. 조립차문(빌려다 맞춤)이지 이게 창문이야? 창문은 신조어(新造語)여야 하는데 여기 창문은 심심(尋心)하나밖에 더 있느냐? 이것은 그냥 네가 좋아하는 문구라고 해야 맞다. 안 그러냐?"

"예, 제가 모르는 탓입니다."

"그래 됐다. 선택한 문구라 치고, 그러면 이것이 네 마음이라면… 어디 한번 네 마음이 왜 이러한지, 무슨 뜻인지를 말해 보거라"

"옳고 바른 것을 찾아 그를 굳게 세우기 위해 스스로를 다듬고 가꾸어 두려움 없이 몸을 던지겠다는 뜻입니다."

"옳거니 알아들었다. 이 석유님! 저 녀석 제가 버릇을 고쳐버리겠습니다. 쓸 놈도 같고 안 될 놈도 같고, 일단은 맘에 들었어요. 하하하… 하여간 1차로 제 뜻을 상재에게 쏟아보겠다고 하는 결심을 세워보겠습니다."

합격이다.

정든 집, 떠나는 상재

상재는 이제 봉서암으로 가기 위해 태어나 자란 정든 집을 떠나야 한다. 조선 25대 철종 임금 재위 당시 지금 조선 인구는 450여만 명이지만 기근이 가장 큰 문제였으며 이 문제는 상재가 태어나고 자라는 시기도 마찬가지다. 자주 전염병이 돈다. 어린 생명들이 피지도 못하고 죽는다. 홍수가 심해 폐농하는 때가 흔하다. 흉년으로 굶어죽고 떠돌이가 많다. 가난한 선비 이색의 후손인 상재네도 별반 다르지 않다.

희택과 박씨 부인 부부는 이와 같이 굶어죽는 사람들의 이야기를 하며 걱정하고 월남은 말귀를 알아듣기 시작하는 나이에 자주 많이 들어야 했다.

"어디서 병으로 사람이 죽었다."

"누구네 어린아이가 굶어죽었다."

"그 집 아이도 돌림병으로 다 죽어간단다."

"수해로 집이 떠내려갔다."

"가뭄으로 흉년이 들었다."

"누구네 아들이 배고픔을 못 견디고 목을 매어 죽었다."

"도적이 무엇을 훔쳐갔다."

차마 들어서는 안 될 이야기들을 많이 들으며 자란다.

왕실에 대한 불만의 소리도 많다. 배운 바 없어 허수아비 같은 강화도령(철종)이 보위에 앉았으나 정조로 인하여 죽을 고비를 여러 번 넘겨 모질기 한없는 정순왕후가 죽자 이번에는 뒤를 이어받은 현종의 모 순원왕후가 정권/정사를 꿰어 찬 것이다.

"대비가 나라를 제대로 다스릴 수가 있겠는가?"

민심은 반기지 않았다.

23대 순조의 비 순원왕후는 아비 김조순과 오라비 김좌근으로 이어지는 권력을 앞세워 세상은 이미 안동김씨 일문이 장악하여 백성을 위한 선정을 베풀지 않았다.

나라에 질병이 돌고 가뭄이 심하고 도둑이 극성을 부려도 조정에서 대책을 세우는 것이 거의 없다. 돈 받고 벼슬자리를 사고팔며 점차 부귀에 빠져만 든다. 백성이 죽어나가고 어린 생명들이 젖을 굶어도 조정에서는 별 대책을 세우지 않는다. 어디에 쌀이나 보리를 몇 만석 보내 허기를 채워주었다는 얘기는 듣기 어렵다. 의원을 보내고 약재를 보내 치료해 주었다는 말도 들리지 않는다.

"왕이 허깨비인데 안 그렇겠어?"

철종은 임금이 아니라 상징일 뿐이다. 백성을 사랑하고 아끼는 환상의 조선왕조가 아니다. 세종대왕같이 백성을 위해 일하는 왕은 정조대왕을 끝으로 막을 내렸고, 순조, 헌종에 이어진 현재의 철종도 역시 어리고 왕재(재목/깜)가 아니었으며 백성관(牧民觀)이 전혀 없는 왕이라고 보아도 되는 시기가 정조 죽은 1800년부터 50년이 넘도록 이어져 계속 왕대비 대왕대비의 정치가 내려져 오는 중이다.

이런 시기에 상재는 그래도 잘 자라나고 있다. 가난했지만 희택 부부의 정성으로 굶는 일 없이 커 왔다. 그러나 이제는 집을 떠나야 한다. 상재가 집을 떠나가는 곳은 멀지 않은 봉서암(峰棲庵)이다. 집에서 마주보이 곳, 암자는 보이지 않지만 벌판에 우뚝 솟아 10리가 좀 못 되는 남서쪽 건지산(乾芝山) 9부 능선에 자리 잡은 곳이다.

상재는 봉서암으로 가면 이제 거기서 먹고 자면서 공부하게 된다. 봉서암에는 대웅전이 없고 극락전이 법당이다. 극락전 아래에 요사채 하나가 전부다. 상재의 집에서 일직선으로 장밭들을 지나 앞내둑이 나오면 둑에 올라 오른쪽으로 가다 좀 더 넓은 신작로가 나오고, 좀 걸어가다 오른쪽 건지산 입구에서 밭길을 지나면 암자로 오르는 산길을 따라 올라가면 된다.

상재도 봉서암에 갔던 일이 있다. 어울려 친구들과 가다 보니 봉서암이었고, 그래서 알게 된 봉서암에 가끔은 가 보았으나 때로는 극락전에서 목탁소리와 예불소리는 들렸지만 누군가의 얼굴을 본 일은 없다. 지금은 새로운 스님이 오셨다니 누구인지 알지 못한다.

상재는 요사채로 오르는 언덕길이 좋았다. 굳은 모래밭 길이 뒹굴어도 될 정도로 깨끗한데 나무가 우거진 사이에 큰 느티나무 3그루가 요사채를 내려덮었다. 집 옆에는 연자맷돌만큼 큰 바위가 여러 개 있어 거기에 앉아 느티나무를 보며 나무 사이로 보이는 벌판을 내려다 보기도 하였다. 이제 이 집을 떠나 그곳으로 가야 한다.

그렇게 먼 곳도 아니지만 봉서암에서는 오라리나 장밭들이나 앞내둑 같은 종지골이 보이지 않는다. 그래서 집을 떠나게 되는 어린 마음에도 정든 이 집을 떠나기 싫다.

상재네 집은 남향집이다. 동네 20여 호 가운데서 앞이 툭 트인 벌판 쪽 첫 집이다. 햇살이 내리쬐고 있다. 남향에는 4개의 기둥이 힘에 겨운 듯 초가지붕을 받치고 비스듬히 세워져 있다. 동쪽 벽은 수수깡에 진흙을 발라 마르고 금이 많이 가있고, 부엌은 서쪽이다. 넓지 않은 마룻장 한 장 한 장 마다 상재의 성장과 기억들이 배 있다. 사랑채와 외양간과 동쪽은 허드레간이다.

마루 위에는 선반이 걸려 있고 선반 위에는 그릇이나 안 보는 묵은 책을 올려놓기도 했으나 상재는 높아서 닿지 않는다. 한번은 선반에 올라가려고 기둥을 탔다가 떨어진 일도 있다.

정든 집과 벌판, 그리고 마주 보는 산

안채는 2칸 집이라 방문이 둘인데 서쪽이 안방이고 동쪽이 윗방이다. 부엌 쪽 마루 아래 뜨락(뜰)이 움푹하게 많이도 파였다. 무수한 사람들이 드나들며 밟다 보니 패이고 다져진 것이다. 가운데 기둥 2개 중 동쪽기둥은 주춧돌이 없고 서쪽기둥은 듬직한 주춧돌을 놓고 세웠다.

바로 이집 이방에서 상재가 잉태되고 출생하였다. 서쪽으로는 나무가 두 그루 지붕 위까지 자라있다. 동남쪽에는 우물이 있다.

집 뒤 북쪽은 나즈막한 동산이다. 산이라고 하기에는 너무 낮아 그저 언덕이라고 보아야 한다. 허허벌판에 솟은 언덕처럼 낮은데 소나무 숲이 있으나 동산처럼 보인다.

상재의 집 왼쪽은 실개천이 우물 옆으로 동에서 남으로 흘러간다. 20리는 좀 못 되는 맞은편 남쪽에는 산이 병풍처럼 펼쳐 있어 이를 일광재라고 부른다. 상재는 눈만 뜨면 일광재를 보아야 했다.

산맥을 이루는 봉우리 10개다. 봉우리마다 이름이 있어 일광산, 관모산, 감투봉이라 하여 제각각의 이름이 있는데 관모봉은 벼슬아치가 쓰는 모자의 모양처럼 한쪽이 1자로 잘려나가 관모(官帽) 형상을 보여준다. 목은 이색은 관모처럼 잘린 자리에 독서당을 짓고 여기서 공부를 했다. 해는 왼쪽에서 떠올라 늘 앞 일광재 위로 솟아 오른쪽 서산으로 넘어갔고 집 앞 장밭들은 나무 하나 산 하나 없는 벌이다.

남서쪽에도 산이 있다. 일광재가 200m 높이라 한다면 이산은 150m 정도다. 그러나 산맥과 연결되지 않아 벌판에 홀로 솟은 제법 큰 산이다. 건지산(乾芝山)이라 부르는데 하늘 건, 지초지(잔디)이다. 서쪽은 일광재보다 더 멀리 떨어진 기린산이다. 일광산 일광재는 두 번이나 갔었으나 기린산은 바라만 보고 아직 가 보지 않았지만 친밀한 산이다.

상재네 집 북쪽은 구릉지다. 동쪽은 더 낮은 언덕이요, 마을은 종지 모양으로 생겼다 하여 종지골이라 불렀고, 공충도(현 충청남도) 한산군 북부면 종지리(種芝里)이다.

한양이라도 아주 가는 것도 아닌데 상재는 처음 집을 떠나는 것이라 초가지붕 한 올도 다시 보게 된다. 울타리 밖에 붙어 있는 연자방아 연자 맷돌도 쓰다듬어 본다.

"집에 자주 오면 안 되지. 아예 집을 잊고 올 생각은 하지 마라."

희택은 상재에게 공부만 하기를 바라는 말을 했기 때문에 장마가 그치고 희택의 일이 뜸문해지면 바로 가자고 하였기 때문에 온 것이다.

봉서암(鳳棲庵)

상재가 봉서암에 온 지도 1년이 지난 어느 날. 극락전을 내려오며 현만이 입을 연다.

"상재야! 너 예불 드리는 것이 별로 내키지 않으냐?"

"예? 내키고 말고는 없습니다. 다만 저는 조상대부터 유교의 가르침을 받고 자라 익숙하지는 않습니다."

"그래? 그래서? 예불은 건성으로 들일 참이란 말이냐? 어디 한 번 방에 가서 나하고 얘기 좀 해 보자꾸나."

등잔불을 밝히고 앉는다.

"그래서 불교에 대하여는 별 관심이 없다? 뭐 이런 뜻이냐?"

"스승님이 드리시는데 제가 그럴 수는 없습니다. 다만 저는 유교의 가르침을 좀 더 배울 생각을 가지고 있습니다."

"네가 유교를 얼마나? 아니다, 너는 유교란 것이 무엇이라고 알고 있는지 말해 보거라."

"예, 유교는 인간이 인간다운 도리를 가르치거나 배워 마땅한 것이라고 알고 있습니다. 그러기 위하여 먼저 부모를 알고 조상의 음덕을 기리며 뭇사람들과 예를 지키며…."

"그만 해라 이놈아! 길게 말할 것 없고 내가 간단히 말해줄게. 유교란, 사람이 짐승과 다른 사람다운 생각과 행실을 가르치는 것이다. 다시 말하면 개돼지와 다른 인간다운 것이지. 그러나 사람이 똥오줌이나 가릴 줄 안다고 사람이냐? 유교란 인격의 기반이다. 기반만 탄탄하고 반듯하다고 해서 다 된 것이 아니야."

"그럼 불교란 무엇입니까?"

"불교는 기반 위에 짓는 집이다. 터를 닦는 이유가 집을 짓기 위함이라 한다면 유교가 중요한 만큼 어떻게 숙성할 것이냐 하는 실체도 중요한 것이다. 물론 유교가 이걸 안 가르치거나 없다는 말은 아니지만, 불교는 유교에서 배우지 못하는 수도의 길이 있고, 참선과 예불을 통한 성불의 도가 있느니라."

"하지만 유교를 숭상하는 사람이 불제자의 길로 바꾸지 않고서야 어찌 불제자가 되겠습니까?"

"허허, 이런 놈 봤나. 또또 앞서가고 자빠졌네."

"예?"

"아 내가 언제 너보고 유교를 버리고 불교로 오라더냐? 가라더냐? 너는 배우고 알아야 한다는 말이다."

"제대로 배우고 알려면 저도 불제자가 되어야 하지 않겠습니까? 유교는 아버님과 조상님의 명령이나 마찬가지입니다."

"말귀를 못 알아듣는구나. 너 천주학이나 동학에 대해서는 들어 봤느냐?"

"천주교는 일찍부터 들었고, 동학은 요새 처음 듣는 말입니다."

"너는 천주교도 알고 동학도 알아야 한다. 특히 세상이 지금 어떻게 돌아가느냐고 하는 것을 모르면 공부도 소용없다."

"지금 세상이 어떻게 돌아갑니까?"

"이제 막 새로 돌아가겠다고 하는 것이 동학이다. 그러나 동학을 안다고 해서 꼭 동학도가 되는 것은 아니란 것이지. 알아야 가타부타 판단을 할 게 아니냐? 공부는 왜 한다는 것이냐? 판단하고 실천하기 위해서다."

"동학이 뭐지요?"

"이 녀석이 호기심은 많아가지고…. 먼저 하나만 알아두거라. 꼭 동학도가 되고 천주교도가 되고 않고 와는 다른 얘기라는 것이다. 사람이 남의 종교를 알지도 못하면서 핍박부터해서야 쓰겠느냐? 믿고 따르고, 선택하고 말고의 문제도 마찬가지다. 알지도 못하고 믿지 않는 것하고, 알고도 선택하지 않는 것하고는 근본적으로 다른 것이다."

"아, 예…."

"세상을 알고 학문을 한다고 하는 사람이 무식하고 속좁게 네 종교 내 종교 따지고 금을 긋고 거들떠도 보지 않고서야 어찌 올바른 판단을 할 것이냐? 믿으라는 말이 아니다. 이 녀석아, 네 맘대로 살아. 다만 알건 알고, 배울 건 배워야지. 학자가 내 학문만 알고 고집하면 그게 온전한 학문이냐? 중심을 잡지 못한 학문은 이미 학문이 아니야."
하고 나서

"법당에 불 안 껐으니 가서 삼배만 다시 올리고 내려오너라. 이놈 그냥 얘길 해줘 봤자 머리에 들어 갈 것 같지를 않으니… 원. 아무 생각 없이 절만 꾸벅하고 오지 말고 지금 들은 말을 묵상하며 아주 느린 자세로, 그리고 절대 빨딱 일어서지 말고…."

현만은 동학에 대하여 틈틈이 가르쳐 주었다.

알아야 판단한다.

서학의 반대로 자생한 종교가 동학이다. 창제자는 최제우(1824~

1864)이며, 조선 23대 순조 24년 경주최씨 '옥'의 서자로 태어났다. 몰락한 양반가문 출신인 그는 젊은 시절 의술, 복술 등 여러 방면에 관심을 보이기 시작한다.

그러다가 세상의 어지러움이 바로 천명(天命)을 돌보지 않은 것임을 깨닫고 천명을 알아낼 수 있는 방법을 찾기 시작한다. 서얼출신이라 과거응시 자격이 없는 그였지만 전통적인 유교(儒教) 가문에서 태어나 어릴 때부터 유교 경전을 배워, 성년이 되어서는 지방의 유학자로 이름이 나 있었다.

당시 조선은 어린 헌종의 즉위로 외척(外戚)의 세도정치가 계속되면서 정권다툼으로 지배층의 알력이 극에 달하였고, 양반과 토호(土豪)들은 백성들에 대한 횡포와 착취를 자행함으로써 도탄에 빠진 백성들이 각지에서 농민봉기를 일으키는 등, 사회는 매우 불안한 상황에 있었다.

더구나 일본을 비롯한 외세(外勢)의 간섭이 날로 심해져 국운이 위기에 처하는 한편, 국민의 정신적 지주라고 할 수 있는 유교/불교가 극도로 부패하여 조정은 민중을 제도(濟度)할 능력을 상실하였다. 게다가 새로 들어온 서학(西学/천주교)의 세력이 날로 팽창하여 그 이질적인 사고(思考)와 행동이 우리의 전통적인 그것과 서로 충돌을 일으키게 되었다.

이때 최제우는 서학에 대처하여 민족의 주체성과 도덕관을 바로 세우고, 국권을 튼튼하게 다지기 위해서는 새로운 도(道)가 필요하다고 판단하였다. 그리하여 그는 구세제민(救世濟民)의 큰 뜻을 품고 양산(梁山) 천수산(千寿山)의 암굴 속에서 수도하면서 도를 갈구(渴求)한 지 수년 만에 '한울님(上帝)'의 계시를 받아 '동학'이라는 대도(大

道)를 깨닫게 되었다.

동학은 서학에 대응할 만한 동토(東土) 한국의 종교라는 뜻으로, 그 사상의 기본은 종래의 풍수사상과 유(儒)/불(佛)/선(仙/道敎)의 교리를 토대로 하여, '인내천(人乃天) 천심즉인심(天心卽人心)'의 사상에 기초를 두고 있다. '인내천'의 사상은 인간의 주체성을 강조하는 지상천국(地上天國)의 이념과 만민평등의 이상을 나타내는 것으로, 여기에는 종래의 유교적 윤리와 퇴폐한 양반사회의 질서를 부정하는 반봉건적이며 혁명적인 성격이 내포되어 있었다.

최제우가 '한울님'으로부터 받았다는 계시는 '동학'이란 교명(敎名)과 영부(靈符)와 주문(呪文)이라고 한다. 영부란 백지(白紙)에 한울님의 계시에 따라 그린 일종의 부적(符籍)으로, 궁을형(弓乙形)으로 되어 있고 때로는 태극부(太極符), 궁을부(弓乙符)라고도 부른다. 주문은 13자로 된 시천주조화정 영세불망만사지(侍天主造化定 永世不忘万事知)의 본주(本呪)와 8자로 된 지기금지 원위대강(至気今至願為大降)이라는 강령주(降靈呪) 등이 있다.

이 영부와 주문은 동학을 포교하는 데 중요한 방편으로 사용되었는데, 예컨대 주문을 외면서 칼춤을 추고 영부를 불에 태워, 그 재를 물에 타서 마시면 빈곤에서 해방되고, 병자는 병이 나아 장수하며 영세무궁(永世無窮)한다는 것 같은 다소 무속적인 요소도 있기는 하다.

그러나 동학은 신분/적서(嫡庶/적자와 서자)제도 등에도 반기를 들어 이를 비판하였으므로, 그로서 대중적이고 현실적인 교리는 현실사회적 불안과 질병이 크게 유행하는 삼남지방에서 신속히 전파되어가고 있다. 교세는 경상도/충청도/전라도 지방으로 확산되고 있으며, 이 같은 추세를 지켜보는 조정에서는 안동김씨 세력들이 동학도 서학과 마찬가지로 불온한 사상적 집단이며 민심을 현혹시키는 또 하나의 사교(邪敎)라고 단정하고 탄압을 가하기 시작하는 중이다.

"적자와 서자를 차별하지도 말자는 것인가요? 어찌 서자와 적자를 같다 하겠습니까? 그것은 최제우가 서자 출신이라 자기입장에서 하는 말이 아닐까요?"

상재의 물음에 현만이 대답하였다.

"사람은 적자나 서자의 선택이 자기에게 있지 아니하다. 왕후장상의 씨가 따로 있다는 말과는 다른 것이다. 아버지가 첩을 들이고 왕이 후비를 들인 것이 태어난 자식의 책임은 아니며, 그러기에 적자나 서자나 똑같은 하나의 인간으로서의 권리는 동일하다고 보는 것은 그르다 하지 못하고 이에 찬성하는 것이 서자들뿐만 아니라 적자나 학자들도 많다는 것은 판단의 균형이 잘 잡힌 것이라고 보아 그르다 할 수는 없는 일이다."

"그런데 왜 조정에서 그렇게 좋은 일에 압박하고 반대하는 것일까요?"

"그 이유가 있지. 인간은 누구나 자기 능력에 따라 적재적소에서 맞는 일을 하는 데 있어 과거제도나 입신양명에서도 차별이 없어야 한다는 것이 얼마나 좋으냐. 그러나 그렇게 되면 자기들의 권력이 나누어지고 평등이라는 이유로 인하여 특권층, 즉 지금으로 말하면 안동김씨 네 세도가 약해질 것을 우려하는 것이니 누가 옳고 그른가를 판단하는 것은 백성의 몫이요, 그것이 학자가 학문을 배우는 목적이 되어야 한다는 것이다."

"인내천 사상이라 한다면 천주교와 같은 사상 아닙니까? 하느님을 믿으면 양반이나 상인이나 임금이나 평민이나 똑같이 하느님의 아들이라 하여 하느님 안에서 영적으로 형제가 되고 자매지간이 된다는 논리는 부모자식도 형제가 된다는 말과 같아서 이것은 유학의 근본을 망각하는 것이라 과연 막아야 하지 않겠습니까?"

"그것은 어려운 질문이다. 나는 불가(佛家)에 들어와 수행으로 자비를 얻는다는 것에 동의하는 입장인데 천주를 믿는 사람들은 수행과는 상관이 없고 오로지 믿음으로(믿기만 하면) 구원을 받는다 하니 성불이라고 하는 것이 어찌 거저 주어 얻는 것이라는 얘긴지 나는 설명을 하지 못한다. 이해도 못하겠고 다만, 내가 인정할 것은 나는 천주교인이 아니므로 과연 천주교인이 되어 보지 않은 상태에서 단면만 보고 판단하고, 아니다 그르다 반대하는 것은 자격을 갖추지 못한 행동이라고 본다는 것이다. 책도 고루 배워 학문을 닦는 것이 중요하지만 세상이 돌아가는 현실을 제대로 알고, 각각 상대가 처한 위치에서 상대를 제대로 다 이해하지 못하면서 거부하고 들으려고도 않고 틀렸다거나 악하다 평가하는 것은 옳다고 보기 어렵다는 것을 말하는 것이다."

"스승님! 동학은 스승님의 말씀을 들어 약간은 알겠으나 서학(천주교)은 감도 잡지 못하겠습니다. 다만 김대건 신부를 죽여야 했던 왕실의 입장에서만 보아 왔던 것이 균형 잡힌 학자로서의 판단이냐, 아니냐의 문제는 좀 더 세월이 가야 터득할 것 같습니다마는 저는 천주학이 싫습니다."

"그래 알지도 못하면서 좋을 수는 없는 것이 당연하다. 그 점은 나도 모르니까 나도 싫다. 수천 년 호국불교로 나라를 지킨 불교를 누르고 숭유억불(崇儒抑佛) 정책으로 나가던 왕실이 지금은 천주교도를 죽이는 현실까지 잘한다는 말은 하기 어렵구나."

鳳棲寺 (봉서사)

소재지 : 서천군 한산면 호암리 195
(전통사찰 제26호)

鳳棲寺 (봉서사)는 曹溪宗 (조계종) 마곡사 末寺 (말사)
庵子 (암자) 이다.

봉서사의 규모는 정면 5 간, 측면 2 간의 규모로 비가리
개가 있는 맛배집인 극락전과 승방겸 요사채가 있다.

극락전에는 아미타불 (阿彌陀佛) 을 주존불로 봉안하고
좌측은 觀世音 菩薩 (관세음보살) 우측은 大勢至 菩薩
(대세지 보살) 인데, 불상은 모두 土佛 (토불) 에 금 도금을
했다.

특히 이 사찰은 우리고장의 인물, 石北 申光洙 (석북
신광수), 月南 李商在 (월남 이상재) 石艸 申應植 (석초
신응식) 선생이 머물며 웅지를 키웠던 사찰이다.

봉서사(월남 당시 봉서암), 하단 월남 이상재 선생 웅지 키움)

월남이 수학한 봉서암(현, 봉서사 전경)

현만의 식견

상재는 자주 깊은 생각에 잠긴다. 희택이 자신을 보는 학문에 대한 열정, 이것은 들은 말로는 다 설명하지 못한다. 어쩌다 잠결에서 들은 어머니의 말도 일편단심 상재가 훌륭한 사람이 되기를 바라는 것은 말할 것 없는 일이고, 봉서암에 보내기 위해 가졌던 간절한 바람도 상재는 알고 있다. 어떻다고 이루 다 말로 할 수 없는 아버지의 심정과 어머니의 정성을 생각하면서 오랫동안 학문의 길과 살아갈 일생의 목적을 떠올리게 되는 것이다.

이를 위한 해답은 막막한 것 같아도 간단하다. 우선은 좋은 책을 정복하는 것이다. 그러나 그 후에 대하여도 생각이 멈추지 않는다. 농군이 되어 많은 식량을 생산한대도 그것은 아버지가 뜻하는 것과 달라 나 자신만이 부자로 사는 길이고, 의원이 되어 많은 사람을 치료한대도 역시나 한계가 있으며, 둘 다 이룰 수 있는 방향과도 거리가 있다.

아버지가 하는 선공(繕工/토목) 관련 지식이나 기술을 배우는 문제도 생각해 보았다. 그러나 이 역시도 힘으로만 하는 것도 아니고 지식도 멀기만 하다.

상재가 결론을 구해내기는 했다. 이색 할아버지처럼 출중한 학문으로 14세에 과거에 합격하고 벼슬길로 나가기만 한다면 그 길은 마음에 든다. 정사에 참여하여 한산과 같은 작은 고을의 살림만이 아닌 나라 전체의 살림을 바르게 펴는 것이다. 조정은 한산 관아에서 많은 곡식을 거두어 가고 있다. 전(토지)세만 받는 것이 아니라 추수 때마다 주렁주렁 세목을 달아 거두어 가서 그 수를 다 셀 수도 없어 자그

마치 연간 내야 하는 세금이 40가지나 된다는 한탄의 소리도 들었다.

때가 되면 어마어마한 양곡이 쌓이는 아전에서 수레를 끄는 우마차에 실려 쌀, 보리, 콩 심지어는 채소까지 한양으로 올라가는데 모두 대궐로 들어간다는 말을 들으며

"가나마나 반은 임금이 알지도 못하는 사이에 안동김씨들 곡간으로 들어간다"

는 말을 들어 충격이다.

임금을 앞세운 세도가들은 전국의 소출을 이렇게 사복을 채워가면서 인삼과 금 은 동을 탐내 탐관오리가 임금을 앞세워 세상을 지배하는 까닭에 백성은 피죽으로도 연명키 어려우나 인정사정없이 빼앗겨 이에 항거하면 그냥 물볼기를 맞고 옥에 갇히는 세월이다.

'오로지 조정으로 들어가 백성을 위한 정사를 펴시도록 임금의 힘을 강화하고 썩은 벼슬아치들을 설득해 그러지 못하게 하고 백성을 위한 정치를 하도록 하여야 한다.'

상재의 꿈은 입 밖에 내지 않지만 조정의 신하로 들어가는 것이라는 결론을 얻었다. 하지만 조정이 어디인지도 모르고, 한양은 말만 들었고, 대궐은 어떻게 생겼는지 감도 잡지 못한다.

벼슬은 또 어떠어떠한 자리가 있는가도 모른다. 특히 현재의 조정은 어떤지도 알지 못한다. 한산에서 듣기만 한 것 가지고는 안다고 할 것이 없다. 그래서 희택은 입만 열면 말했다.

"혼자만 잘되는 사람은 학자도 아니고 관리도 아니고 벼슬아치라고 할 것도 없는 백성의 적이다. 너는 너의 학문의 목적을 알아야 한다. 훌륭한 사람이 되어 백성들을 보살피는 백성을 위한 벼슬자리에 앉아야 한다."

하는 것이 골자다.

'훌륭한 사람' '큰 인물' 이 말속에는 희택의 큰 뜻이 가득 담겼다. 문정공 이색 할아버지처럼, 문양공 종덕 할아버지처럼 길이 아니면 막고, 터야 할 길이라면 여는 것이다. 오로지 임금님의 뜻을 받들고 그로써 백성을 위한 정사를 펴시도록 큰 지식과 올바른 정신을 가져야 한다는 것이다.

단 세 글자로 '훌륭한'이라고 한 그 말속에 자주 들어가 보는 상재는 그래서 모두 3가지 조건을 함께 갖춰야 한다는 것을 안 것이다.

첫째는 학문이며, 둘째는 조정의 현실을 아는 것이며, 셋째는 나라가 돌아가는 현실 백성의 실상이다.

다행히도 현만 스승님은 이 3가지에 탁월한 지식을 모두 갖추셨다.

"스승님은 그런 것을 어떻게 아세요?"

상재는 그런 현만의 말을 들으며 몇 번 물어보았다.

"왜 이 놈아 난 그런 거 알면 안 되니?"

도무지 알 수가 없든 상재는 마침내 이유를 알아냈다.

"좀 나가 있거라."

알고 보니 찾아오는 분들이 알려주었다. 스님도 있고 스님이 아닌 친구도 있고 먼 친척인 듯 보이는 이들도 있었는데 놀라운 것은 아주 해박한 사람들이 찾아와서

"건강은 어떠신가?"

하고 나눈 대화를 들어 보니 조정 이야기, 지방관리 이야기, 백성들 이야기, 벼슬아치 이야기로부터… 요컨대 현만은 보고를 받듯 소상한 상황을 듣고 있는 것이다.

"병이나 신경 쓰시게. 나는 성불은 못하더라도 병이나 나으면 좋겠어."

며칠씩 묵다가 가면서 하는 말은 현만의 건강 염려였기는 하였으나 두루 종합상황본부처럼 보였을 때가 많았다.

"스승님! 한 가지만 말고 세 가지를 같이 가르쳐 주세요."

상재가 입을 열었다.

"학문과 정치와 세상을 동시에 알아야 아버님의 뜻을 이루는 자식이 될 것 같아서입니다."

요즘 들어 병세가 더 위중한 현만은 힘이 나는 대로 상재에게 세상을 알고 조정이 돌아가는 것을 알고 학문을 알도록 가르쳐주었다.

"조정을 모르고 백성의 형편을 모르고야 글을 읽고 붓을 놀린 듯 무엇에 쓸 것이냐. 균형을 잃어도 안 되고 치우쳐도 안 되니 세상을 모르고 백성을 모르는 지식은 반드시 사복(私腹/자기 배)만 채우게 되어 있어서 학자가 부패하면 무지랭이만도 못 하느니라."

현만은 노령에 병약한 몸으로 늘 강조하며 상재를 훈육한다.

"중심을 잡으려면 넓게 보고 전체를 알아야 하고, 삐뚤어지지 않은 정도(正道)를 가려면 상하를 알아야 한다. 그러나 위아래만 알고 좌우를 모르면 수평이 어긋나 말과 행실이 못쓰게 된다. 탐관오리라는 게 결국은 이 세 가지 중 하나가 허술해 삼발이 다리 하나가 부러진 것이다. 넘어지게 돼 있고, 넘어지는 최대의 피해자는 첫째가 백성이요, 다음은 임금이다. 대신 본인의 결국은 효수(梟首/목을 베어 높은 곳에 매달아 놓던 형벌)이거나 능지처참당하고 멸족이 된다."

나라가 무엇인고 하면

"스승님! 나라가 무엇입니까?"

"나라? 나라를 알려면 먼저 부모를 알아야 한다. 우리가 충효(忠孝)라 하는데 이건 순서가 충이 먼저가 아니라 효가 먼저다. 부모는 가족의 기초다. 가족이 모이면 그것이 나라가 된다. 그러므로 나라가 되려면 백성이 있어야 하는데 백성은 살아갈 땅이 있어야 한다. 땅과 백성은 나라의 절대 요소다. 이 백성과 땅에는 임금이 있다.

임금은 나라의 주인인데 실은 백성이 주인이기도 하다. 임금은 어떻게 그 자리에 앉느냐 하면 하늘이 앉힌다 하여 천제(上帝)를 대신한다고도 한다. 그래서 땅과 백성을 위하여 전쟁을 하게 되고 전쟁에서 지면 나라는 멸망한다. 고구려를 세운 주몽이나 고려를 세운 왕건은 장군이었다. 그러나 전쟁에 이기고 지는 것은 그 명운이 하늘에 달렸다. 춘추좌씨전(春秋左氏伝)에서 말하고 네가 배우는 것이 바로 그런 것이다."

"처음에 나라는 어떻게 생겼지요?"

"가족이다. 가족이 모여 씨족사회를 이루고 씨족사회가 모여 부족사회가 된다. 이때는 부족국가라고도 하지. 씨족과 부족 간에 전쟁을 하게 된다. 여기서 이기면 이긴 나라가 새로 서고 지는 나라는 없어지고 만다."

"그러니까 장군이 싸움을 잘해야 나라가 생기는 것이군요."

"옳거니. 패장은 죽고 패장의 아내는 승리한 장군의 첩이 되고 자식들은 노비가 된다. 그러니까 땅은 승장(勝将)의 땅이 되는 것이다. 논밭이 모두 우리 것이 아니라 전쟁에서 이긴 장군의 것이고 장군은 왕으로 추대된다. 이것이 네가 묻는 나라다.”

“그러면 나라의 주인은 무조건 왕입니까?”

“전쟁에서 이겨 땅을 차지했으니 당연히 모든 산야가 다 왕의 것 맞지. 그러나 왕이 농사를 다 짓지 못하여 백성에게 지으라 하고 추수한 작물의 얼마를 받는 것이 세금이다. 왜냐. 이겨서 땅을 차지하고 땅을 대 주었고 다시는 이 땅을 뺏기지 않도록 지켜 주니까. 이것을 군사가 하는 것이고 나라는 그래서 많은 돈이 있어야 유지가 된다.”

“그럼 백성은 모두 땅 주인이 아닌가요?”

“왕이 땅을 나누어 주면 주인은 주인이지만 빼앗아 다른 사람에게 주면 주인이 아니다. 또 왕은 군사가 있어야 전쟁을 하고 이기게 되니 백성과 왕은 떼지 못한다. 일단 여기서부터 왕에게 아부하는 간신배가 나오게 된다. 왕에게 잘 보이면 일개 군이나 현을 다 가지라고 주기도 하니까. 그러나 나라의 주인은 원래 백성이다. 하지만 한편 임금이다. 알아듣겠느냐?”

“예.”

“임금은 논, 밭, 산, 강, 바다 전체의 주인이다. 임금이 맡겨서 농사를 짓도록 하고 백성은 임금이 나누어준 땅에 농사를 지어 임금에게 바쳐 충성한다. 그러니까 임금과 백성 간에는 화목하고 원망이 없어야 한다. 만약 백성이 이에 대해 불만을 가지게 되면 군령으로 다스리기 위해 나라에는 군제를 편성하고 군율로 다스리게 되기 때문에 한산관아를 지키는 것도 군사다. 성문을 지키고 산성을 지키고 외침을 막으며 도적을 막아 백성의 목숨을 지키는 것도 군사다. 그래서 나라가 제대로 안정되려면 군이 튼튼해야 하기 때문에 군사로 부르면 나가야 하는 것이고 나라에서는 군사들에게 훈련을 시키는 것이다. 그러니까 나라의 존재에 절대적인 것이 군사들이다. 군사가 부실하면 언제든 누구도 모르는 침략에 그만 나라가 무너지고 만다."

"그렇다면 나라가 무너져 새로운 왕이 된 사람이 임금이 되면 백성도 새로 세운 왕에게 충성하면 되는 것을 목은 선생께서는 왜 새로 나라의 주인이 된 이성계를 거부하고 우왕을 세우려 하다 유배를 다니고 결국은 죽음에 이르며, 포은 정몽주는 왜 맞아죽으면서까지 이성계를 거부하였습니까?"

"전쟁이나 반역이나 나라의 왕이 바뀌는 것에는 법도가 있는데 그 법도가 무너지면 안 되니까 그렇지. 그러나 그때처럼 새로운 임금이 우리 민족에서 나왔다면 그래도 그나마 다행이다. 만약 300여 년 전에 일어났던 임진왜란으로 왜군이 우리나라를 차지했다면 어떻게 되었겠느냐. 이런 것을 제대로 알지 못하고 학문을 닦는다는 것은 뿌리 없는 나무와 같다."

"어떻게 되었을까요?"

"우리나라는 외침이 아주 많았던 나라여서 그 수를 다 헤아리지 못하나 아마 1천 번은 될 터이라 다 알지도 못한다. 이것은 지금도 마찬가지여서 북으로는 중국과 북방민족들이, 남으로는 왜놈들의 침략이다. 만약 왜놈이 이 땅을 쳐들어와 모든 성을 빼앗고 군사를 세운다면 당장에 있는 곡식을 다 내 주어야 한다. 청년들은 전부 왜놈의 군사가 되어야 하고, 아녀자들은 왜놈들의 품에 안겨 고통을 받아야 할 것이며, 우리나라의 근본이 되는 부모공경과 같은 효가 무너지고 만다. 가정 유지가 안 된다. 그것은 종이 되는 것이다. 노예처럼 일해도 값을 못 받아 머슴은 거기다 대면 후한 대접이다. 먹는 것, 입는 것, 일하는 것에서 전부 종의 신분으로 추락하게 되어 정상적인 부부와 자식들로 구성된 우리의 전통가정이 부서지는 것이다. 특히 보이지 않는 인간의 권리에 해당하는 인권이 사라져 전쟁에 진 나라는 종보다도 낮은 짐승으로 전락한다. 소처럼 아무리 일해도 곡식은 먹지 못하고 풀만 먹어야 한다면 외침이 얼마나 무서운 것인지 알겠지?"

"그렇다면 나라의 근본이 군사력이라 하겠습니까?"

"그렇게 생각하는 게 큰 폐단이다. 물론 무력/군사력이 나라의 힘이지만 우리는 무문백관(武文百官)이라 하지 않고 문무백관(文武百官)이라 하여 무(武)보다 문(文)을 우선하는데 武가 文을 무시하는 경향이 있어 잘못이다. 전쟁은 무력이 승리로 이끈다고 보기 쉽지만 무전승(無戰勝), 즉 싸우지 않고 이기는 것을 최고의 가치로 여겨 손자병법은 백전백승보다 싸우지 않고 이기는 것을 윗자리로 본다. 이성계가 무장(武將)이라면 목은이나 포은은 문장(文將)이시다. 문무가 형평을 유지해야 나라가 제대로 선다고 할 것이다."

제4부

상재의 과거 준비

쌀 1가마니

가을이다. 현만의 건강이 좋지 않다. 누워 있는 날이 많아 예불도 드리지 못하는 날도 있다. 상재를 봉서암에 보낸 희택은 상재가 공부를 잘하고 있는지 궁금하여 봉서암을 몇 번 다녀갔다. 주로 밤에 찾아와 조용히 문밖에서 상재의 거동을 살피기만 하다가 책 읽는 소리를 들어 보고 돌아가곤 했다. 그런 희택이 오늘은 쌀 1가마니를 지게에 지고 산을 올랐다. 가을 단풍이 곱게 물든 가을이다.

"관아에서 녹봉과는 별도로 쌀 1가마니를 주어 받아가지고 스님께 왔습니다. 몸도 편치 않으신데도 우리 상재 가르치시느라고 애쓰시는데 아비 노릇을 제대로 못해서 지고 왔습니다."

"아 이 석유님 댁도 어려우실 텐데 받아야 할지 모르겠습니다."

"받으셔야지요. 제가 압니다. 상재 때문에 애써 책을 구하신다는 말도 들었습니다. 감사한 마음 뭐라고 올려야 할지 모르겠어요."

"아, 예… 제가 전에 책을 다 나눠 주었습니다. 이제 속세를 떠나는 몸이니 별 필요가 없겠다 싶어 버리고 왔더니 다시 찾기도 어렵고 구하기도 어렵습니다."

"천천히 구하셔도 되십니다. 상재가 한 번에 다 볼 수도 없는 거고요."

"아닙니다. 어떤 책은 두 달 만에 떼어버려서요. 이대로 가면 24권을 계획하는 데 5년도 안 갈 것 같아요. 벌써 3권째 들어갔습니다."

"감사합니다. 욕심 부린다고 해서 되는 것도 아니지만 일단 스님의 계획보다 늦지 않아 마치고 복습을 하게 하면 얼마나 좋겠습니까? 그러나 암자에 일을 해서 스님의 도움을 드리기도 해야 하는데 상재가 게으르지는 않은지요?"

"그렇지 않습니다. 나보다 일찍 일어나 마당 쓸고 불당 소제도 미리하고 땔나무도 챙기고. 하여간 제 몸이 편치 않으니 상재가 공부하랴, 일하랴 고생이 많아요. 그런데 상재가 좋은 습관이 있더군요."

"예?"

"상재는 할 일을 미뤄 놓고서는 책을 안 폅니다. 일단 청소하고 정리정돈 다 해 놓고 주변 정리를 다 해 놔야 공부가 되는가 봐요. 이 습관이 좋습니다."

"당연히 그래야지요. 스님 건강도 좋지 않으신데… 요즘은 좀 어떠세요?"

"글쎄요. 상재 공부를 마칠 때까지 괜찮아야 할 건데 걱정입니다. 열성을 다하는 아이한테 몸이 안 좋아 할 일을 못하고 죽을까 그게 걱정입니다. 좋은 날을 꼭 봤으면 좋겠는데…."

희택은 봉서암을 돌아 보며 여기저기 손을 댄다. 쌓인 장작도 패고 나무더미도 손보고 법당 뒤 물매도 잡고 입구 도랑도 손을 본다.

"스님! 내려가 봐야 하겠습니다. 우리 상재를 위해 쏟으시는 정성에 꼭 보답을 해 올려야 하겠으니 오래 건강하셔야 합니다. 언제 뜻을 이룰지 모르지만 아비가 부족해서 뒷바라지를 못하는데도 상재 공부가 잘되는 것을 보며 감사드립니다."

희택이 봉서암을 내려가려 인사하자 현만이 인사를 받는다.

"아직 상재한테는 과거가 어떤 건지도 가르쳐 주지 않았습니다. 오히려 애가 실망할까 봐서 말이 안 떨어지는데 이젠 과거(科擧)에 대해서도 말해 줄 생각입니다. 조급해하시지 말고 잘 내려가세요."

과거에 급제하기란

홍수가 심하면 겨울은 반대로 폭설이 심하다. 서해바다에서 가까운 한산은 눈이 잦고도 많이 내린다. 봉서암에도 겨울이 왔다. 현만이 입을 열었다.

"상재야! 너 과거라는 것이 무엇인지 말해 보거라."

"과거는 나라에서 유능한 사람을 뽑아 쓰기 위해 실력 있는 사람을 뽑는 시험 아닙니까?"

"허, 이 녀석 보게. 그거야 당연한 얘기고 현실 과거제도는 어떻게 생겨서 지금은 어떤지를 아느냐고 물은 것이다."

"과거는 고려 때부터 시작되었고 조선이 개국되면서 몇 차례 수정 보완되어 내려온 것으로 알고 있습니다."

"아하, 아직도 나하고 말발이 제대로 서지 않고 있다. 네 말대로 한다면 공부만 열심히 하면 된다고 하겠는데 그렇지 않다. 물론 그렇지만 과거에는 복잡한 구조와 체계가 있다. 네가 말하는 것은 문과라고 하겠는데 무과도 있고 잡과(雜科)도 있다는 것은 아느냐?"

"예, 알고 있습니다."

"네 어차피 과거를 보아야 할 터이니 과거에 대한 공부를 해야 한다. 무턱대고 천자문이다, 대학이다 할 게 아니라 과거가 뭔가 알아야 응시하고 급제도 할 터이니 들어 보아라. 중요한 것은 적으면서 들어라."

현만의 눈빛이 따뜻하다. 상재는 그런 스승님의 눈빛이 한없이 고맙다.

"과거제도를 안다는 것 역시도 중요한 학문이다. 나라를 다스리고 인재를 뽑아 쓰는 방법을 체계화하여 어떻게 시작하고, 어떻게 변천하고, 지금은 어떠하며 무엇이 골격이며, 어디에 어떤 문제점은 없는가를 살펴 고치면 그것이 곧 나라를 운영하고 다스린다고 하는 정치고, 나라가 하는 일이라고 하는 정사다. 그러니까 과거제도를 실시하는 당사자가 아니라면 거기까지 꿰뚫고 명확하게 알려면 한도 끝도 없다 하겠으나 핵심 골자는 알아야 네가 갈 길을 정하게 된다. 간단히 요점부터 말할 테니 들어 보아라."

고려와 조선 초기의 과거제도

고려(高麗国)의 과거제도는 광종(949~975) 때 중국인(人) 쌍기(双翼)의 건의에 의해 처음 실시되었다. 지금부터 약 900년 전이다. 처음에는 제술과(製述科), 명경과(明経科), 의과(医科), 복과(卜科)를 두었으며, 제술과는 조선의 초시/진사과라고 보면 되고 명경과는 조선의 생원과와 같다. 약 150년 후 인종(1123~1146) 때에 대략적인 정비를 하였다. 제술과와 명경과는 유교의 경전으로, 잡과는 법률, 의학, 천문, 지리 등의 기술 과목으로 시험을 보았다. 과마다 차등이 있어 제술과가 중요시되고 기술관 등용을 위한 잡과는 그 격이 가장 낮았다. 성종(981~997) 때에는 과거제도가 한층 강화되어 복시제(覆試制/再試)가 시행되었으며, 무신의 등용 시험인 무과시(武科試)는 약 500년 후 공양왕 2년(1390)에 비로소 설치되었다. 그러나 고려의 과거 제도는 관리의 등용이라는 측면에 있어서 음서(蔭敍) 등의 제도 때문에 그리 절대적인 위치를 차지하지는 못하였다. 음서제도란 공신이나 전·현직 고관의 자제를 과거에 의하지 않고 관리로 채용하던 특권층 특별 통과, 특혜제도라고 보면 된다.

"과거에서 얼마나 많은 사람을 뽑는지 모르지만 특혜를 준다는 것은 몰랐습니다."

상재가 말했다.

"아 얼마나 뽑느냐? 특혜가 있느냐? 그래 차근하게 들어 보아라. 일단 공양왕 이야기까지 나왔으니까 이로써 고려는 끝나고 조선으로 가야지?"

"예 공민왕, 우왕, 창왕, 그다음에 이성계가 세운 마지막이 공양왕이니까 그렇군요."

"그럼 조선초기로 넘어가 보자."

조선의 개국 당시 이성계(1335~1408)는 그 자신의 즉위교서에서 '첫째, 문/무 양과를 균형적으로 운영한다. 둘째, 고려의 과거제의 유풍인 좌주문생제(座主門生制)와 국자감시(国子監試/초시)를 없앤다. 셋째, 관학(官学/공교육)을 육성하여 과거제와 유기적으로 연결시킨다'는 내용을 발표하였다. 그러나 실질적으로 무과가 최초로 실시된 것은 태종 2년(1402) 정월에 가서였다. 이렇게 문과와 아울러 무과가 실시됨으로써 문무 양반 체제를 지탱하는 제도적 기반으로서의 관료 공급원이 확보되게 되었다.

조선의 개국 초 고려의 국자감시(国子監試/제술과와 명경과의 개칭), 즉 진사시는 일시적인 폐지와 부활을 거듭하였으며, 태종 13년 (1413)부터는 생진과와 문/무과의 급제자 명단을 작성하는 등의 제도적인 철폐를 가하여 과거에 공정을 기하고자 하였다. 관학[官学/나라에서 인재를 양성하기 위하여 세운 학교. 국자감, 성균관, 사학(四学), 향교 따위]을 부흥시키려는 노력은 고려 말 신진 사대부(士大夫)들에 의하여 이미 추진되어 왔으며, 본격적인 실시는 조선의 개국과 함께 이루어졌다. 관학은 조선조 질서 유지의 기본 틀인 주자학을 보급하는 중추적 역할과 함께 새 왕조에 필요한 새 인재를 양성하는 요람으로서의 역할을 담당하였다.

이러한 과정을 거친 조선의 과거 제도는 대체로 세종조(1418~1450)에 정비되었으며, 이때에 제도화된 것은 성종 5년(1474)에 반포된 경국대전(経国大典/통치의 기준이 된 최고의 법전)에서 대부분 법제화되었다. 문·무과는 고급관료를 뽑는 시험이었고, 잡과는 하급·직능 관료를 뽑는 시험이었다. 이러한 의미에서 과거는 초입사(初入仕/첫 관료)로서 중요한 관문이었다. 초입사로는 과거 이외에 문음(門蔭/蔭敍=특혜) 천거(薦挙/추천)가 있었으며, 특히 문음은 초입사에 있어서 과거제와 쌍벽을 이루는 두 가지 중요한 관문이었다.

"음서는 고려에서 생겨 조선 초기에 활발했군요. 지금도 문음이 있습니까?"

상재가 말했다.

"있지. 이름만 바뀌었고… 그러나 철종임금은 과거를 치를 정신이 없는 상태라 있기는 있어도 방식이 아주 다르다. 네가 아는지 모르겠다만 세도 정치세월이니까."

"예, 압니다. 외가, 처가집 식구들이 높은 벼슬을 한다는 것 말씀이지요?"

"세도정치란 원래 勢道가 아니라 世道였다. 勢道정치라고 하면 올바름도 힘으로 꺾는다는 뜻의 비판하는 말이고, 고려시대 世道政治란 말이 처음 도입된 의미는 백성을 위한 정치라는 것인데 이렇게 비판어로 쓰는 것이지."

"결국 실력 대 실력이 아닐 수도 있는 것이 과거제도라고도 볼 수 있는 것입니까?"

"뭐라? 별소리를 다 한다. 쓸데없는 소리 마라. 실력이 최고라고 알아야 한다."

"예, 그러면 과별로 시험은 어떻게 치르게 되는 것입니까?"

"그래, 들어 보아라. 네가 바라보는 문과부터 말하겠다."

과거, 문과

문관 등용 시험인 문과는 크게 대과(大科)와 소과(小科)로 나누어지며, 이 두 가지 시험은 식년시(式年試)라고 하여 3년에 1차씩 정기적으로 시행되었다. 초급 문관 시험인 소과에는 생원과(生員科)와 진사과(進士科)가 있었고 이를 생진과(生進科)라고 통칭하기도 하였다. 이 시험에는 초시(初試)와 복시(覆試)가 있었고 여기에 합격한 자를 생원, 진사라 불렀다.

중급 문관 시험인 대과에는 진사와 생원, 하급 관리, 성균관 유생들이 응시하였으며, 초시와 복시를 실시하여 급제자를 선발한 후에 전시(殿試/임금 앞에서 보는 과거시험으로 최정상 과거제도)에서 그 등급을 결정하였다. 즉, 문과의 경우 생진초시, 생진복시, 문과초시, 문과복시, 문과전시로 단계가 나누어졌다.

제술(製述/시+글을 지음) 시험은 시나 글을 짓는 능력을 보는 시험으로 상상(上上)에서 하하(下下)까지의 9등급으로 채점하게 되어 있었다. 급분(給分/급별) 평점은 上上에 9분을, 下下에 1분을 주었다. 강경(講経/경서의 대목을 외이다), 또는 회강(会講) 시험은 경서(経書)를 강독하여 외우는 시험으로 대통(大通/아주 잘함), 순통(純通/잘함)으로 사서오경(四書五経)과 그 외의 책을 세밀하게 이해하고 통달하는가의 여부를 보는 것인데 평점은. 통(通)이라 하면 훈석(訓釈/해석)이 능숙, 정통하고 완전히 이해했으며, 변설(辯設/해득함)은 의문의 여지가 없다는 뜻으로 좋은 점수를 받는다는 뜻이며 이하, 약(略)은 구두와 훈석이 모두 분명하고 대의가 통하기는 하나 아직 완전히 이해하지 못함, 조(粗)는 구두와 훈석에 틀림없고 일장의 대의를 잃지 않았으나 강론이 완전하지 못함, 불(不)은 불합격을 말한다.

생진과(小科), 진사과(進士科)

소과인 생진과(生進科)는 생원과와 진사과로 구분되어 있었으며, 첫날에 초장인 진사시를 실시하고 다음날에 생원시를 실시하였다. 주로 중국의 경전을 가지고 보았으며, 합격한 자를 생원이라 한다. 여기에 합격한 자는 선비로서의 사회적 지위를 공인받았으며, 성균관에 입학할 자격 및 하급 관리에 취임하는 자격이 주어졌다. 시험 문제는 사서의(四書義)와 오경의(五経義)를 각 1편씩 출제하였다.

사서의는 사서(四書)에서 통틀어 한 문제를 출제하는 것으로 응시자들에게 긴 논문을 제술(製述)하게 하였으며, 오경의는 오경(五経)에서 각 한 문제씩 총 5문제를 출제하는 것이었다. 후에 오경의는 응시자들에게 오경 중에서 어느 한 과목만을 택하게 하는 것으로 변경되었으며, 인조 11년(1633)부터는 사서의 에서와 같이 통틀어 한 문제만 출제하였다.

생원과와 같이 소과초시(小科初試)의 한 분과로 서울과 지방에서 실시하였으며, 합격한 자를 진사라고 한다. 역시 성균관에 입학할 자격과 복시에 응시할 자격을 주었으며, 초급 문관에 임명될 수 있었다. 시험 문제는 시(詩), 부(賦/사물이나 그에 대한 감상을, 비유를 쓰지 아니하고 직접 서술하는 작법)를 각각 한 문제씩 출제하였으나 조선 후기에 들어서는 현재는 응시자가 둘 중에서 하나를 선택할 수 있도록 하였다.

조선 초기에는 생원시의 격이 진사시보다 우위에 있었다. 하지만 중기 이후에는 서로의 비중이 거의 같았으며 지금은(조선후기) 오히려 진사시의 선호도가 높다. 이는 늙은 유생(儒生)을 생원이라고 부르는 것이 점점 일반화됨에 따라, 생원시보다는 진사시에 합격하여 늙은 일반 유생과의 호칭을 구별하고자 하였던 응시자들의 필요성에 의해서 비롯된 결과다.

"그러면 제가 볼 시험은 진사시입니까?"

"進士란 벼슬길로 처음 나가는 사람이란 뜻이니만큼 당연히 진사시를 보아야지. 지금은 아예 왕이 참석하여 실시하는 전시는 없어졌다. 그러니까 향시(사는 곳 향교에서 보는 시험)부터 보아야 한다."

향시(鄕試)는 각 지방의 관청에서, 회시(会試/覆試와 같음)는 예조에서 실시한다. 원래 초시 전체의 시취(試取) 인원은 240인이었다(경국대전). 이 숫자는 후에 영조 20년(1744)에 간행된 『속대전(續大典)』에서 18인이 감원된 222인으로 변경되었다. 각 도의 향시에서 선발하는 인원은 경기 60인, 강원 45인, 충청 90인, 전라 90인, 경상 100인, 황해 35인, 평안 45인, 함경 35인이나 뽑기도 하였다.

지금은 몇 명을 뽑을지 때마다 숫자가 다르니까 정하지 못하고, 이제 말한 도별 숫자는 410명이다. 점점 늘어나고 있는 중인데 지금 철종 임금(1849) 시대에 와서 이보다도 훨씬 더 늘어나는 추세에 있다.[2]

"왜 그렇게 늘리지요?"

"나라에서 하는 일에 이렇게 말하면 안 되지만 그것이 병폐다. 향시에 숫자가 늘면 실속보다 허세의 세월로 가게 되니까. 문제는 향시에 합격해도 별무소용이다. 왜냐하면 복시의 문턱이 너무 높으니까. 물론 향시에 부패요소도 없다고 보기는 어렵기도 하고."

"그러니까 향시란 초시와 다른 말이군요."

"그렇지. 복시도 말했고 하나만 더 알아두자 다음은 관시다. 관시

2) 1894년, 고종 때까지 계속 늘어났다.

(館試)란 성균관시(成均館試)의 준말로서 성균관 유생들만이 응시할 수 있었던 문과 초시의 한 부분이었다. 관시의 선발 인원은 국초에는 30인이었으나 태종 17년(1417년) 이후로는 50인으로 증원되었다. 응시는 원점(圓点) 300점 이상인 사람에 한하여 가능하였으나 자격을 가진 유생이 모자랄 때에는 원점을 그때그때 조정하기도 하였다. 관시는 성균관 유생이 목표로 하는 가장 중요한 정규 문과 시험이었다."

"그러니 무과도 있고 잡과도 있고 과거제도를 제대로다 이해하려면 어렵습니다."

"무과나 잡과는 더 복잡하다. 그러나 너하고는 직접 관계가 없으니 차츰 알아도 될 것이고, 참고로 조선 초기와 후기에는 각각 10학이라는 제도가 있었으니 들어두어라."

초기의 10학은, 유학(儒学), 무학(武学), 이학(吏学), 역학(訳学), 의학(医学), 음양풍수학(陰陽風水学), 자학(字学), 산학(算学), 율학(律学), 악학(楽学)이며, 후기의 10학은, 유학(儒学), 무학(武学), 역학(訳学), 의학(医学), 음양학(陰陽学), 산학(算学), 율학(律学), 화학(画学), 도학(道学), 악학(楽学)이다. 학문의 길이 이렇게 멀고 험하다고 해야 할지⋯. 아무튼 역사를 뒤돌아보면 이렇게 뽑힌 응시자가 어마어마하다. 그러나 이들이 모두 충신이고 백성을 위한 정사를 폈다고 보기는 어렵다.

최고로 많이 뽑은 경우를 보면, 숙종 2년(1676) 3월 팔도정시(八道庭試) 18,251人, 인조 5년(1627) 2월 산성정시(山城庭試) 5,464人, 광해 10년(1618) 7월 정시(庭試) 3,200人, 광해 12년(1620) 7월 정시(庭試) 3,000人, 광해 13년(1621) 9월 정시(庭試) 4,301人이나 되었으니 병폐라고 봐야 한다. 그래서 심지어는 또 무과에서 수백 人을 뽑는 것을 천과(千科), 수천 人을 뽑는 것을 만과(万科)라고도 하였다.

병석(病席)의 현만

 겨울이 지나면서 현만은 위중한 때를 여러 번 맞았다. 상재는 병석에 누운 현만의 병시중을 들며 걱정이 많지만 그래도 설마하니 스님이 세상을 떠나실 것이라는 생각을 하지는 못하고 곧 일어나시게 될 것으로 생각하며 곁에서 공부를 하였다. 다행히 봄이 되자 현만은 다시 자리를 걷고 일어났고 병색이 깊은데도 상재의 학문에 신경을 많이 쓴다.

 "스승님! 편찮으셔서 걱정이 많은데 이제 다시 거동하시니 다행입니다. 그런데 제가 배워야 할 책은 어찌 구해야 할지 걱정입니다. 포은시고와 포은문고는 아버님이 구해다 주신다고 했으나 배워야 할 책이 너무 많아 미리 계획을 짜지 못 하겠습니다."

 "그래 일단은 중국고전 36권이면 더 좋겠으나 24권만 생각하자. 1년에 한 권을 떼면 24년이 걸리는데 그래서는 안 되고, 네 나이 12살 들어가니까 7년 잡아도 4달에 한권을 떼야 18-9살에나 과거를 보러 가게 된다. 그러니 목은 문정공(이색)께서는, 네 입으로 말하기를 이미 14살 때 진사 성균시에 수석으로 합격했다고 하지 않았느냐? 너는 불과 천자문 떼고 동몽선습 떼고 얼마 전에 겨우 소학(小学) 마치고 사서(四書/大学+中庸+論語+孟子)오경(五経/詩経+書経+易経+禮記+春秋)에서 대학을 배우는 중이니… 1년에 몇 권이나 떼겠느냐? 그러나 공부가 욕심대로 되는 것이 아니고 네 몸과 기력과 맞아야 마치게 돼 있다."

 "명심보감도 떼었잖습니까?"

 "뭐야? 다산의 명심보감 말이냐? 그것은 교양서지 학문서라고 하기에는 좀 다르다. 아무튼 잘못 하다가는 나이 30이 돼도 초시(初試/진사+생원시)에도 못갈 터이니 어찌 문정공 목은의 후손이라 하겠느냐. 일단 대학을 빨리 떼야 한다. 그리고 논어와 맹자나 오경에 이어 한비자를 거쳐 순자, 근사록, 다음에 춘추좌전 통감으로 계속 나가게 할 생각인데 그러려면 네 나이가 지금 이미 너무 많은 편이다. 지금 쯤은 학문의 방향을 잡아 정치냐, 교육이냐, 아니면 천문지리냐 등등 학자의 길에 접어들었어야 하는데 아직 길도 다 못 닦고 방향을 찾아 헤매고 있으니 나도 생각이 많다."

"그런데 제 걱정은 심지어 어떤 책은 책 한 권에 쌀 한 가마를 줘도 구하지 못한다 하셨으니 아버지가 그 많은 책을 어찌 구해 주실지 걱정입니다. 그렇다고 날품을 팔아 봤자 1년 가도 책 한 권을 못 사는 터라 저 자신이 배워 감당하는 것도 문제지만 책이 더 걱정입니다. 머슴 사는 칠덕이가 나이 갓 스물인데 1년 새경(품값)이 겨우 쌀 반가마니에 보리 반가마니 아닙니까?"

"그래, 알고 있으면 됐다. 그래서 공부는 아무나 못한다. 첫째는 부모가 공부에 대한 집념이 있어야 하고, 자식이 재주가 있어야 하고, 세 번째는 돈이 넉넉해야 하는 것이 공부다. 그 책을 다 사려면 네 나이 30 되도록 날품을 팔아도 살 수 없을 것이다. 어떤 책은 돈이 아무리 많아도 구하지도 못하고 그걸 가르칠 스승님을 만나 배우려면 그 수고비를 돈으로 계산하겠느냐? 그래서 나도 생각이 있기는 하다만 잘될지는 모르겠다."

상재는 이게 무슨 말인지 궁금하다. 생각이 있다면 책을 사주신다는 것일까?

"좋은 생각이 있으시다구요?"

현만이 눈을 내려뜨고 상재를 보며 싱긋이 웃는다.

"있긴 뭐가 있어 이놈아! 내가 네 선생이 되어 주면 됐지 뭘 더 바라느냐? 양반 가문에 개인 스승을 모시면 돈이 얼만지나 아느냐? 자식 공부시키려면 저 아래 오라리들과 장밭들이 다 네 집 땅이라 해도 부족할 정도라는 것을 알기나 하느냐? 아마 황소 백 마리를 팔아도 안 될 것이다. 돈보다 스승이고 스승보다 자신이 더 중요하다니까 그러네."

"그럼 생각이 있으시다는 것은 무슨 말씀입니까?"

학문보다 심성(心性)

"그것은, 공부를 아무리 해 봤자 소용없다는 말이다."

"예? 소용이 없다니요?"

"학문이 높더라도 심성이 거칠거나 더럽다면 비록 학문은 낮아도 심성이 고운 것만 못하다는 말이다. 혹 알아듣기 어렵지는 않느냐?"

"예! 스승님 알아듣습니다."

"허허, 알아듣긴 네가 뭘 알아듣느냐? 알아듣지 못하는 말이니 이담에 가르쳐 주겠다. 다만 공부하지 말라는 말은 아니다. 그러나 공부는 해서 뭣 하느냐는 말이기도 하다. 심사가 고약하여 제 입만 알고 더러우면 배울수록 역적질이나 하고 간신배가 되어 임금을 힘들게 하고 백성을 괴롭게 한다는 것인데 아직 알아들을 턱이 없다. 이담에 얘기하자."

대학도 중용도 마쳤다. 시경 서경을 떼어 작문에도 놀라운 재능을 보여준다.

"글이란 말의 또 다른 표현수단이다. 말로 할 게 있고 글로 해야 할 말이 있다. 같은 말도 글로하면 말 격이 달라져 글 격이 갖는 효과를 거두게 된다."

현만이 입을 열면 상재는 책을 살짝 덮고 다소곳이 그 앞에 앉는다. 누운 채로 가르칠 때가 부쩍 많아졌다.

"잘 알아듣고 있느냐?"

천정을 보고 누워 상재가 알아듣도록 가르쳐 준다.

"글이 말이라면 말은 생각이다. 말은 생각을 전달하는 것이며 글은 말을 대신 하는 수단이다. 그러므로 좋은 말과 글은 생각의 결과라고 보아야 한다. 생각이 바르지 못하면 말이나 글은 절로 삐뚤어진다. 생각이란 무엇이냐. 생각은 앉을까 누울까, 일어설까 걸을까, 뛸까 말까를 결정하기 전 단계가 된다. 손을 올리고 내리고를 결정지어 주는 것도 생각이다. 같은 말을 듣고 공손하게 '예'라고 할지, '그건 아닙니다'라고 할지를 결정해 주는 것도 생각이다. 생각이 잘못된 사람은 글을 배워도 소용이 없다.

그러므로 무엇을 생각하고 어떻게 정리하고 어떤 말을 하거나 글을 쓸까의 주인은 생각이라 하겠다. 지금이라도 공부를 하지 말자는 생각이 들 수도 있을 때 '그래야겠다', '아니 그러면 안 된다' 등등 생각의 다듬기 여하에 따라 모든 것이 달라진다. 이런 생각의 이치는 세상을 살거나 나라를 다스리거나 과거를 볼 때나 모든 행동과 결과의 전부가 된다. 그러면 지금 너는 무엇이 알고 싶은지 말해 보거라. 그 생각에 따라 내가 말을 할 것이고 그것이 바로 너의 장래로 연결될 것이다. 무슨 생각을 어떻게 하느냐에 따라 세상이 달라지고 나라

가 달라지기에 네가 배우고자 하는 것이 무엇이냐에 따라 너의 일생
도 달라지는 것이다."

국력이 약해지고 있다

"스승님! 얼마 전에 '이성계가 무장(武將)이라면 목은이나 포은은
문장(文將)이다. 문무가 형평을 유지해야 나라가 제대로 선다고 할
것이다.' 하셨습니다. 그 말씀 듣고 아직도 많은 생각을 해 보는 중인
데 잘 모르겠어요. 그러니까 문과 무를 겸비하면 나라가 안정되었다
하겠습니까?"

"그렇지 않다. 무(武)가 안보라고 한다면 문(文)이 정치다. 정치 국
방이 첫째라고 한다면 버금가는 것이 '경제'다. 백성이 먹고살고 군사
도 먹어야 사는 것이로되 또 백성을 가르쳐야 하는 '교육'이 필요하
고 인간다운 삶을 살도록 하는 '사회구조'를 갖출 것이며 병들면 치
료받는 '의술'도 있어야 한다. 더불어 수재(홍수)나 한재(가뭄)가 들면
그로서 농사가 흉년이 들지 않도록 네 아버지처럼 농로를 만들고 농
기구를 만들고 수로를 내고 수확한 것을 탈곡해 들여야 하는 것이랑
나라가 나라답다 하려면 이러한 절대적 기능이 안정되고 무한대로
발전해야 옳다."

"정치란 무엇입니까?"

"정치는 덕(德)이다. 백성을 아끼고 보살피는 덕치를 하지 않고 백
성의 피와 땀으로 지은 식량을 과대하게 거두어 가면 백성은 살기가
어려워진다. 물론 나라를 유지하려면 백성이 세금을 내야 하는데 인

간으로 비유한다면 머리만 잘 먹어서는 안 되는 것처럼 사지(四肢)가 다 튼튼하고 건강해야 하니 여기서 지혜롭고 덕망 높은 임금이 요구되는 것이다."

"임금이 좋으려면 어떻게 해야 하는지요?"

"임금에 대하여는 제왕학이 있다. 너도 언젠가는 제왕학을 배우게 되겠지만 왕이 왕도를 따라 치세하지 못하면 왕의 곁에서 나랏일에 참여한 썩은 신하가 왕의 심기를 혼란하게 하거나 가로채어 간신배가 임금과 백성, 나라 모두를 무너뜨리고 만다. 목은이나 포은은 이러한 이치를 따라 아니라고 한 것이며 이러한 가치를 지키려다 죽었다고 봐야 한다. 간단하게 가르쳐주기는 참 어려운 문제다. 네가 자라면 이런 이치를 제대로 행동에 옮겨야 그게 훌륭한 사람이며 네 아버지의 소원이 바로 그렇게 큰 인물이 되라는 것이다."

"자꾸 민란이 일어나면 어찌되나요?"

"지금 자주 민란이 일어나는데, 먼저 알아야 할 것은 민란으로 인해 국력이 약해지면 그것은 공멸(共滅)이라는 것이다. 모두가 죽을 수도 있지. 같은 나라 안에서 우리끼리 싸우다 보면 기력이 소진되고 심하면 군사력과 군 기물을 잃게 되고 민심이 흩어져 우리끼리 피차 원한을 맺게 되기 때문에 그것이 곧장 외침의 기회를 주어 망할 우려가 있다. 현재 우리나라는 민란이 곧 나라의 적이 될 지경에 이르렀다. 그로서 우리끼리 싸워 만만하게 보이면 외세가 넘보게 마련이다. 너는 어부지리(漁父之利)를 알 것이다. 노력하지 않고 거저 주어다 구워 먹기만 하면 되는 것이 어부지리다."

"그런데 왜 민란이 일어납니까?"

"살기가 오죽이나 힘들면 일어나겠느냐. 민란이 일어나는 가장 큰 이유는 가난이다. 가난의 원인은 주로 과대한 징포와 지나친 수곡이다. 그래서 괭이를 들고 논밭대신 관아를 습격해 무기고를 점령하고 군사를 죽이고 왕권/관권을 무기력하게 만들어 관아의 곡창을 열고 탈취하는 것이다. 오죽하면 그러겠느냐. 한번 기울어지면 감당이 안되게 쓰러지고 마는 것이 나라여서 백성의 마음을 헤아려 무너지지 않도록 하는 것이 조정이며 관아이다."

"지금 처처(곳곳)에서 그런 민란이 일어나고 있다고 걱정하시는 말씀 들었습니다. 무섭습니다. 우리끼리 죽이고 뺏고 우리의 관아를 우리가 쳐부수면 또 왜놈이나 중국이 쳐들어올지도 모르지 않겠습니까?"

"허허, 너는 지금까지 그걸 몰랐단 말이냐? 이미 외침이 끊이지 않고 있다. 특히 서양 천주교나 이양선의 노랑머리 양위들은 잘 모르겠으나 왜놈들의 속셈은 뻔하다. 나라를 거둬 통째로 먹어치우겠다는 야심은 의심의 여지가 없다. 그래서 민심을 다스려 물 한 방울도 새지 않게 해야 하는 중요한 시기라고 하는 것이다."

"예…."

"모든 것이 욕심과 심성의 문제다. 임금이 욕심을 내고 신하가 욕심을 내고 심성이 나쁜 학자가 욕심을 내면 백성은 골병이 든다. 백성이 골병들면 나라는 전신마비를 앓게 된다. 다리가 부러지고 팔이 부러지고 머리가 깨지고… 이런 식으로 반신불수가 돼 가지고서야 나라를 어떻게 지킨단 말이냐."

철종의 대민 노력

"저는 전부터 임금이 계신 대궐이 보고 싶었습니다. 신하들의 얼굴도 보고 싶습니다. 철종 임금의 용안도 보고 싶고 지금 대궐에서는 무슨 일이 벌어지는지도 알고 싶습니다. 백성들이 살기 어려운 것이 백성 탓이고 운명이라고 생각해왔는데 스승님의 가르침에 따르면 백성은 임금이 어떻게 다스리느냐에 따라 삶이 달라진다는 것에 충격입니다. 제가 할 수 있다면 임금님 곁에서 백성을 위해 이렇게 하시면 좋겠다는 말씀을 드리고 싶고 그래서 임금님이 존경받고 백성의 생활이 좋아지면 참 좋겠습니다."

"그런 날이 와야 하고 그러기 위해 네 아버지가 너를 이곳에 보내셨으니 마음은 바쁘더라도 욕심만 내서는 안 된다. 대궐은 아무나 들어가는 곳도 아니다. 한산 관아에도 아무나 들어가지 못하는데 대궐이야 말해 무엇 하겠느냐. 벼슬을 받아야 출입하는 것이다."

"그럼 지금 임금님은 백성들이 올려 보낸 양곡으로 수재를 당하거나 병든 백성들을 위해 쓰기나 하는 것입니까? 탐관오리들이 임금님의 눈을 속이고 사복을 채우기나 하는 것은 아닙니까?"

"꼭 그렇지만은 않다. 철종 임금이 천수(보령/나이)가 낮아도 친정을 시작한 다음 해인 지난 1853년, 네 나이 4세 때 봄에는 관서 지방의 기근 대책으로 선혜청(대동미와 대동목, 대동포 따위의 출납을 맡아보던 관아. 선조 41년/1608에 두었다가, 고종 31년/1894에 없앴다) 전(錢) 5만 냥과 사역원(외국어의 번역 및 통역에 관한 일을 맡아보던 관아. 고려 말에 통문관을 고친 것으로, 고종 31년/1894에 폐하였다) 삼포세 6만 냥을 민간에 대여해 주도록 하였고, 또 그해 여름에 가뭄이 심해지자 재물과 곡식이 없어 구휼(救恤/구제)하지 못하는 실정을 안타까이 여겨 재용의 절약과 탐관오리의 징벌을 엄명하기도 하였다. 1856년, 네 나이 7세 되던 해 봄에는 화재를 입은 1천여 호의 민가에 은전과 약재를 내려 구휼하게 하였으며 함흥의 화재민에게도 3천 냥을 지급하였다. 그해 7월에는 영남의 수재 지역에 내탕금(內帑金/임금이 사사로 쓰는 돈) 2천 냥, 단목 2천 근, 호초 2백근을 내려주어 구제하게 하는 등 빈민 구제에 성의를 보이기도 했다."

"아, 그러셨군요. 그런데 우리 한산성에도 내려왔었나요?"

"그건 모르겠고, 아무튼 큰일을 하려면 나라가 돌아가는 기본 구조를 잘 알아야 한다. 그것이 바로 세금이다. 토지세에 대한 징수인 전정(田政/조선시대 세금중 하나)은 본래 토지 1결(結/1결은 10동/1동은 논두렁 둑)당 전세(田稅/농지세) 4두(말)에서 6두로 정해진 전세보다도 부가세가 훨씬 많았다. 부가세의 종류만 해도 총 43종류에 달했는데 본래 그것은 토지를 소유한 지주층이 물게 되어 있었으나 전라, 경상 지방은 모두 땅을 빌려 농사짓고 있는 농민들이 물고 있었다. 또한 지방 아전들의 농간으로 빚어지는 허복(虛卜/실제(實際) 없는 논밭을 있는 것으로 잡음/토지주가 아닌 사람이 무는 세금), 방결(防結/아전들이 세금을 깎아주는 대신 선 돈을 받고 후에 채워 넣는 부정행위로 배임의 성격), 도결(都結/과대하게 물림) 등이 겹쳐서 전정(세무행정)의 문란이 고질화되었다."

"농사를 아무리 지어도 나라에서 다 빼앗아 간다면 지으나 마나 아니겠어요? 그러고는 또 그 돈이 어디로 가는지도 모르게 잘못 쓰여진다면 백성이 고생이고요. 그런데 무슨 세금이 조세(기본세)보다 부가세가 더 많습니까? 저는 그 세금 이름도 다 모르겠습니다."

"나도 다 모른다. 뿐이겠느냐? 한편 군정(軍政/병역제도)은 균역법(均役法)의 실시로 군포(돈/베 등을 내고 군역을 면제받음) 부담이 줄긴 하였으나 양반층의 증가와 군역 부담에서 벗어나는 양민의 증가로 말미암아 계속 가난한 농민에게만 부담이 집중되었다. 정부에서는 고을의 형세에 따라 차등을 두어 군포를 부과하기 때문에 지방관은 그 목표량을 채우기 위해 죽은 사람에게 군포를 부과하는 백골징포(白骨徵布/죽은 사람의 이름을 군적과 세금 대장에 올려놓고 군포/軍布를 받던 일)나 어린 아이에게 부과하는 황구첨정(黃口簽丁/군정이 문란해져서 어린아이를 군적/軍籍에 올려 군포를 징수하던 일) 등을 감행했다."

"환곡(還穀)은 본래 관에서 양민에게 이자 없이 빌려주게 되어 있는 곡식인데 여기에 비싼 이자를 붙이거나 양곡의 양을 속여서 가을에 거두어들일 때 골탕을 먹이는 등의 수법을 사용해 농민 생활을 파탄으로 몰아넣는 관리들이 비일비재했다. 이 같은 일은 세도 정권의 공공연한 매관매직을 통한 관기의 문란과 더불어 세도 정권을 뒷받침하고 있는 지방 토호 세력의 횡포 아래 빚어진 일이었다. 이런 삼정(전정/田政, 군정/軍政, 환곡/還穀)의 문란이 겹쳐 백성들이 부담해야 하는 결세가 높아져만 갔고 그것이 결국은 민란의 커다란 원인이 되었다."

제5부

스승 현만(顯滿)의 사망

민란

"그래서 그처럼 민란이 일어난 거군요."

"내가 민란 얘기를 해 줬던가?"

"예, 민란 걱정 많이 하시면서 지금 나라가 무너질 지경이라 하시고…. 한번 말씀해 주셨습니다."

"그래? 대체 하기는 한 모양인데, 내가 어디서부터 뭔 얘길 하다 말았나 모르겠구나. 왜 통 기억이 없지? 죽을 날이 다 돼서 그런가 보다. 어디 들은 얘길 해봐라 어디까지 뭐라고 했나 잊어버렸다."

"제가 태어나던 해 울릉도에 민란이 나서 주모자를 처형하였고, 그해 황해도에서 채운재가 주동이 되어 민란이 일어났고, 제 나이 3~4세 때는 흉년이 들어 셀 수도 없는 사람이 죽었다 하셨고, 7~8세 때는 전염병이 돌아 역시 많은 사람이 죽었다 하셨습니다."

"그럼 민란이 일어나면 어떠한가를 말하지 않았단 말이지?"

"예, 여러 말씀 하셨지만 다하신 것 같지는 않습니다."

"그러냐? 중복 돼도 들어두어라. 민란이란 정말 무서운 것이다. 백성이 관아에 쳐들어가기가 다반사이니 이는 임금이나 왕실에 대드는 것으로서 목숨이 위태로운 것이지. 그러나 성난 민심은 불길과 같아 잡기가 여간 어려운 것이 아니다. 너 혹 장자(莊子)에서 백성은 물이라고 하고 배에는 임금이 탔다는 것 알지?"

"예, 압니다. 백성은 임금으로 하여금 태우고 띄우기도 하지만 배를 뒤집기도 하는 것이 물이라고 하신 말씀이지요?"

"그렇다. 백성이 일어나면 노도(怒濤)요, 화마가 된다. 그러니 왕은 백성이 일어나면 용서치 않는 것이지"

그리고 민란이 무엇인가 말했다.

민란의 직접적인 발생 계기는 대개 관리들의 착취에 있었다. 모든 민란은 일어나기 전 몇 년 동안 착취한 돈만도 몇 만 냥에 달하여 쌀로 환산하면 약 수만 석이나 되는 엄청난 양이 된다. 게다가 지방 관리들이 불법적으로 축낸 공전(수조권/收租権이 국가에 있었던 토지)이나 군포(병역/군역면제로 내는 베) 등을 보충하기 위해 그것을 모두 결세(토지세)에 부가시켜 해결하려 했는데 그 액수가 또 몇 만 석에 축난 환곡(봄에 백성에게 주고 가을에 거두어감)만 해도 수 만 석이나 되어 농민 부담이 급격하게 가중될 처지에 있다.

그러니까 농민 봉기군들은 스스로를 별기군이니 초군이라 부르면서 머리에 흰 띠를 두르고 성으로 쳐들어가서 그 수가 수만 명에 이르기도 한다. 물론 이에 당황한 관리는 환곡과 도결의 폐단을 시정할 것을 약속하나 농민들은 놔주지 않고 죄를 묻는 한편 악질적인 아전을 죽이기도 하고 원한을 샀던 토호의 집을 불태워 버리기도 하여 난리가 나는 것이다. 오래 계속된 민란은 그동안 면면 골골을 휩쓸고 수백여 호의 집이 파괴되고 재물 손실이 수십만 냥을 넘기도 한다.

크게는 수만 명에서 작게는 천여 명에 이르는 규모로 전국 각지의 농민들이 악정에 대항하여 민란에 참가했다. 그러므로 나라에서 가장 무서운 것이 자멸의 우려가 있는 민란이라 해도 된다. 정치란 어떻게 민란을 막고 백성이 동요하지 않게 할 것이냐가 중요한 것이다.

일정(一精) 스승님의 가르침

현만의 벗이 오셨다. 어디라고 알려주지 않았다는데도 용케도 알고 가끔은 오시는데 불가에 계신 스님들이다. 며칠 전에도 오셨던 일정(一精) 스님이 또 오셔서 잠시 묵고 있다.

"너는 불제자냐, 그냥 제자냐?"

묻기에

"둘 다입니다."

라고 대답하였더니

"이 녀석 대답 좀 보게 용케도 피해가네."

하셨던 바로 그 스님이다.

"잠깐 계시다 바로 가실 것이다. 벼슬하라 하여 피해서 오신 분이니 예를 잃지 말아야 한다. 여기 오시면 누구든 네 스승님으로 알아야 한다."

현만의 말이었다.

"이보시게 일정! 저 녀석은 한번 물어보면 끝이 없으니 오늘은 자네가 좀 맡아 보게나. 상재야! 언제 뵐지 모르니 일정 스님께 네가 궁금한 것이 있으면 한번 여쭈어 보거라?"

"네가 진드기냐? 알고 싶은 게 있으면 공부를 하면 되지 왜 묻느냐. 책에는 없는 대답이 없다. 어디 무엇이 그리 궁금한 게 많은지 말해 보아라."

"책을 본 게 얼마 안돼서 그런지, 봤어도 공부를 제대로 못해서 그런지, 저는 이해가 안 가는 것이 너무 많습니다."

"그래 그게 무엇이냐?"

"조정에는 학문이 높은 신료들이 많지 않습니까. 그런데 어째서 임금에게 덤벼드는 민란이 일어나도 가라앉히지를 못하는지 모르겠고요. 나라님의 농토를 받아 농사를 짓는다면 많이 받은 사람들이 많은 전세(토지세)를 낼 텐데 어찌하여 소작하는 사람은 농사를 지어도 배를 곯아야 하는 것입니까? 토호들은 농사를 짓지 않고 소작료만 받아도 부자로 사는데 농토도 없는 사람이 모든 세금을 다 내야 하는 제도로 어찌 백성의 임금이라 하겠는지. 신료들은 이런 것을 알면서도 그냥 두는 건지. 고쳐야 한다고 해도 임금이 듣지 않는 것인지. 동헌에 계신 군수영감님은 이런 대책을 왜 안세우고 민란이 쳐들어 올까봐 군사만 늘리는 것인지. 저는 책을 암만 봐도 어디서도 답을 못 찾겠어요."

"어라? 이 녀석 보게나. 현만! 자네 된서방이 따로 없었네 그려. 과연 자네말대로 영특하기는 한데 사람 애 많이 먹일 녀석이로구만. 하여간 자네 성깔에 맞는 녀석이겠어."

일정은 웃음을 띠며 한동안 상재를 내려다본다. 그러더니 묻는 말에 대답은 않고 상재에게 묻는다.

"너 공부 그만둬야 되겠다."

"예?"

상재가 심히 놀란다.

"공부를 하지 말라니요?"

"공부 암만 잘해도 아무 소용없어. 특히 너를 보니 너는 공부 그만
두는 것이 낫겠다."

현만의 태도가 더 이상스럽다. 일정이 이런 막말을 하는데도 껄껄
웃으며 그 말이 맞기라도 하다는 듯 오히려 기뻐하고 있다.

"스승님?! 도대체 저를 보고 공부를 그만두라는데 왜 웃으세요?"

"상재야! 일정 스님의 말씀 아주 정확하고 틀린 말씀 아니시다. 매
달려라. 무슨 말씀인지 꼭 들어야 한다."

도대체 이게 무슨 일일까? 스승님과 스님이 단단히 짠 모양이다.
이구동성 공부 그만두라는 말이니 영문을 모르겠다.

道와 在親民 在止於至善

"너 지금 사서오경 배우고 있다지? 그 책 이리 내놔 보아라. 이 책
이 대학인데, 첫 장을 넘기면 '大学之道(대학지도)는 在明明德(재명명
덕)하며 在親民(재친/신민)하며 在止於至善(재지어지선)이니라'라고
되어 있다. 배웠으니 풀어 보아라."

"예, 대학의 도는 밝은 덕을 밝히는데 있으며, 백성을 새롭게 함에
있으며, 지극히 선함에 있다는 뜻입니다."

"그래 좋다. 재친민을 在新民이라 푼 사람이 왕양명(王陽明)이라는
것은 알지? 그래 됐고, 그러나 대학을 배워 이대로 행할 수 있겠느냐?
배운 대로 행동에 옮기겠느냐고 묻는 것이다. 몰라도 문제지만 알고

도 행치 못한다면 그 또한 문제라서 배우지 않음만 못한 것이다."

"스승님 무슨 말씀이신지요?"

"몰라서 행치 못하는 사람이 있고 알고도 행치 않는 사람이 있으나 더 중요한 것은 배워서 아는 사람들끼리 해석이 달라서 하나는 동(東)이라 하고 하나는 서(西)라고 하면 어려워진다. 가령 임금 밑에 두 사람의 신료가 있다고 치자. 在親民 在止於至善에 대한 해석이 틀려서 이래야 한다 하고 저래야 한다고 둘의 의견이 갈라지면 감당이 안 되는 것이다."

"그러면 임금님이 듣고 판단하실 것 아니겠습니까? 분명히 기록돼 있는 글을 가지고 어찌 행동은 달라져야 한다는 것인지요?"

"거기서 바로 충신과 역신이 갈라지는 것이다. 네 중시조 할아버지 목은의 경우에도 똑같은 일이 일어난 것이다. 목은은 창왕을 모셔야 한다고 하였고 이성계는 공양왕을 세워야 한다고 했다. 이성계도 在親民 在止於至善을 따르기 위해 공양왕을 세운다 한 것이고 이에 반대한 포은이나 목은을 죽인 것도 在親民 在止於至善이라는 주장이며, 심지어 이성계는 새로운 왕조를 세우는 목적도 在親民 在止於至善이요, 스스로 왕위에 올라가야만 在親民在止於至善이 된다고 강력하게 주장하면서 국호를 고려에서 조선으로 바꾸는 것 역시도 在親民 在止於至善이라고 주장한다면 너는 어떻게 생각하려느냐?"

"스승님! 그것은 목은의 후손으로서 저를 무시하고 목은을 욕보이시는 말씀으로 들립니다."

"뭐야? 이 녀석 봐라. 지금은 정의와 불의가 주제가 아니라 지금은 학문토론을 하는 시간이다. 내가 포은이나 목은의 제자인데 너보다 더 존경하거늘 욕을 보인다니 네가 더 괘씸하구나, 이놈아!"

일정이 몸을 돌려 앉는다.

"여보게 일정! 스승이 제자하고 다퉈서야 되겠는가? 그러지 말고… 상재는 참 영특한 아이일세 어서 풀어 가르쳐 주시게나. 하하하."

일정도 호탕하게 웃으며 다시 마주 앉는다.

"네 말이 맞다. 의심의 여지없이 在親民 在止於至善은 포은과 목은의 해석이 맞다. 그러나 그것은 학문일 뿐이다. 정치란 학문대로 되지 않는 경우가 너무 많다는 것을 꼭 알아야 한다는 것을 이야기하는 중이다."

현만이 느긋한 표정으로 일정을 믿어 의심치 않는 얼굴로 말한다.

"상재야! 스님께서는 일찍이 정5품 홍문관교리에 봉직하셨던 분이시다. 만나기 어려우신 분이시고 제자를 기르지 않고 불도에 전념하시는 분이신데 네가 오늘 횡재할 모양이니 잘 들어 보아라."

일정이 기를 돋우고 상재에게 말한다. 일정이 현만을 보고 웃으며 말한다.

"상재를 꼭 벼슬길로 보내야 하오? 저기 나가기가 여간 힘들어야지. 상재야! 그러지 말고 불제자가 되는 것이 어떻겠느냐?"

상재로서는 가당치도 않은 말이다. 아무리 힘들어도 가야 하고 과거에도 급제할 자신도 있다. 상재가 움쩍 않자 일정이 입을 연다.

"과거에 응시하고 합격한다는 것이 여간 어려운 것이 아니니 각오를 단단히 해야 한다."

하자, 현만이 말한다.

"과거가 무엇인가는 상재도 알고 있네. 다만 폐단이 얼마나 많다는 말은 해주지 않았지. 벗님께서 한 번 더 어떤 폐단이 있는지 가르쳐주게."

청하자 일정이 말한다.

과거제도의 폐단

과거의 응시자격은 수공업자·상인·무당·승려·노비·서얼(庶孼)을 제외하고는 누구나 응시할 수는 있다. 문제는 조선 후기로 내려오면서부터 점점 가문을 중시하는 경향이 나타났다. 세도가가 아닌 농민은 사실상 불가능이라고 봐야 할 정도가 되어 버렸다.

과거의 폐해는 원래 '식년시(式年試)'라고 해서 과거는 정기적으로 3년에 한 번 씩 치르도록 되어 있으나 양반들의 요구로 식년시 외에도 '별시(別試)'라고 불리는 부정기 과거가 실시되었는데 거꾸로 별시의 회수가 식년시의 회수보다 훨씬 많기도 하다. 별시를 자주 실시한 이유는 그들을 모두 등용하려는 것이 아니라 양반층을 자기네가 많이 확보하여 회유하려는 데 목적이 있다.

따라서 과거에 합격했다 하더라도 모두 관직에 임용되는 것은 아니다. 일종의 명예직인 '산직(散職/散官/일반인명예직)'이나 녹봉을 받지 못하는 '무록관' 등으로 임명되는 경우도 허다하다. 일종의 자기세력 확보를 위하여 기반을 갖추는 것이지. 그래서 모두가 힘깨나 쓰는데 사실은 끄나풀이나 같다. 하여 정조이후부터 실학자 들은 과거의 폐해를 주장하고 폐지되어야 한다고 하는 과거 무용론이 지금도 있다. 음서(蔭敍/특혜)라고 알 것이다. 실력이 부족해도 대를 이어 저절로 벼슬길에 나간다면 되겠는가?

과거의 폐해는 이루 다 말할 수도 없이 많다. 일단 응시생의 입장이 끝나면 여섯 자 간격을 두고 앉힌다. 답을 쓸 동안 군데군데 감독관이 배치되어 부정행위를 감시한다. 어떤 책을 들여와 베끼는지, 모르는 글자를 찾으려 옥편을 펴는지, 남의 답안을 엿보는지, 미리 답안지를 작성해 끼워 넣는지, 외부에서 답안지를 들여와 바꿔치기를 하는지, 두 사람이 답안을 작성하고 한 사람의 것만 내는지를 살피는 것이다.

규정을 어기거나 부정행위가 적발되면 두 번의 응시자격(6년)을 박탈당한다. 모의하여 남의 글을 낸 사실이 발각되면 곤장 100대를 치고 징역 3년의 처벌을 내리거나 유배를 보내기도 한다.

응시생에게는 시험지에 이름을 쓰고 종이를 붙여 가리게도 하였다. 수권관(收券官)은 시험지를 받아 살펴보고 등록관에게 넘겨준다.

등록관은 시험지의 맨 끝에 수험번호인 자호(字号/천자문의 순서대로 써서 매긴 순번)를 쓰고 도장을 찍어 가운데를 자른다. 이름 부분이 잘려나간 시험지를 등록관이 다시 베껴서 시관(試官/시험관)에게 올린다. 시관이 시험지를 채점할 적에 누구의 답안인지 모르게 한 것이다.

한편 초장 시험의 경우 사서삼경의 대문(주석이 아닌 본 글)을 외우는 시험을 보였다. 초기에는 응시생이 시관과 등을 돌리고 외우게 했으나 후기에는 장막을 쳐서 시관의 얼굴을 가리고 시험을 보게 했다. 시관과 응시생의 친분관계를 차단하려는 것이다. 이런 갖가지 방지 장치와 엄한 처벌규정을 두었는데도 부정행위는 쉽게 사라지지 않았으며 그 방법도 교묘했다. 초기에는 비교적 부정행위가 적었으나 조선 후기에 들어서는 정치적 혼란과 관기 문란을 틈타 부정행위가 만연했다.

과거시험과 부정행위

　단속이 느슨한 틈을 타서 양반 자제들이 많은 수종을 데리고 들어가고 수종들은 책을 가진 자, 시험지를 베껴주는 자, 외부와 연락해 시험답안지를 바꿔치기 하는 자들이다. 그리하여 어느 때는 사람들이 너무 많아 상처를 입는 자들도 생겼다. 시관이 시간에 쫓겨 다 읽어 채점을 하지 않고 반절 정도만을 채점하는 경우도 있었다. 그러자 시험지를 먼저 내려고 다투기도 했고, 몇 사람의 글쟁이를 데리고 들어가 분담하여 시험지를 신속하게 작성해 내기도 했고, 종사자를 매수해 늦게 내고도 앞에 슬쩍 끼워 넣게도 했다.

　또 차술(借述) 대술(代述)하는 방법이 있었다. 시험장에 대여섯 명을 데리고 들어가 각기 답안지를 작성하고 그들 속에 제일 잘 쓴 답안지를 골라내는 것이 차술이다. 또 시험장 밖에 글 잘하는 선비를 대기시켜 놓고 종사원을 매수해서 시험 제목을 일러주면 대리 답안을 작성하게 하고 이 대리답안지를 다시 종사원이 응시생에게 전달하여 제출하는 것이 대술이다. 심한 경우는 응시생이 시험장 안에서 일단 절차를 밟고 난 뒤 시험장을 빠져 나와 집이나 서당에 앉아 답안지를 작성한 뒤 다시 들어와 제출하는 경우도 있었다. 물론 관련 여러 종사자들을 매수해야 가능한 일이다. 특히 권세 높은 집의 자식들이 쓰는 부정행위다.

　응시생과 시관이 짜고 부정으로 합격시키는 방법도 있었다. 그 방법은 여러 가지다. 시관이 시험문제를 미리 일러주어 집에서 답안지를 작성해 제출하도록 하는 방법, 응시생이 답안지에 점을 찍는 따위 암표(暗票)를 하여 누구의 답안지인지 알게 해서 시관이 합격시켜 주는 방법, 종사원에게서 자호(본명)를 알아내 시관에게 미리 알려주는 방법 따위다. 때론 시관의 보조역할을 맡은 등록관을 매수해 답안지를 베낄 때 잘못된 글자나 엉터리 문맥을 바로잡아 고치게 하는 방법으로 이를 역서(易書)라 한다. 종사자를 매수해 다른 합격자의 이름을 답안지에 바꿔 붙이게도 했는데 이를 절과(竊科)라 했다. 다른 합격자를 도태시키는 가장 악질적 방법이었다.

이러한 부정을 막으려고 영조는 수권관의 허락이 떨어질 때까지 답안지를 내지 못하게 하기도 했고 정조는 시험문제가 발표된 뒤 3시간 이후에 답안지를 제출케도 했다. 한편 처벌의 규정을 더욱 강화해 보기도 했다. 하지만 쉽게 사라질 리가 없었다.

이런 부정행위는 대개 첫째가 대가를 받고 행해지는 경우, 둘째 권세가에 빌붙어 한 자리를 노리려는 경우, 셋째 인정에 못 이겨 동조하는 경우로 나누어 볼 수 있다. 첫째의 경우는 모든 기간에 걸쳐 이루어졌다. 둘째의 경우는 문벌정치가 극성을 부렸던 조선 후기 1800년 이후였고, 셋째의 경우는 그래도 드물게 나타났다.

한번은 조선 초기에 어느 형제가 과거시험을 보았는데 답안지를 잘 쓴 동생이 형의 이름으로 내주어 합격시킨 경우가 있었다. 나중에 마음이 바뀐 동생이 문제를 제기해 바로잡혔다.[3] 성균관은 조선시대 최고의 교육기관이었다. 성균관은 교육기능과 함께 공자와 그 제자들을 받드는 기능을 했다.

임금들은 자주 성균관을 찾아 문묘에 술잔을 올리고 제사를 지내는 의식을 치렀다. 임금은 이런 기회를 이용해 과거시험을 열었다. 이

---

[3] 훗날 흥선대원군이 전주이씨들만 응시할 수 있는 종친과를 두었을 때 이를테면 브로커들이 날뛰어 더욱 과거제도의 문란을 가져오기도 했다.

를 성인 공자 앞에서 시험을 치른다 하여 알성시라고 불렀다. 알성시
는 문과·무과 응시생만을 대상으로 했다. 성균관 유생들은 전원이 기
숙사에서 생활을 하면서 교육을 받고 성균관 안에 명륜당을 지어 강
학하는 장소로 삼았다. 성균관의 명륜당 앞뜰에서 보이는 알성시(謁聖
試)와 창덕궁 춘당대(春塘台)에서 보이는 전시(殿試)가 대표적이었다.

상재가 다소곳이 일정의 말을 듣고 있다.

"이 정도면 알아듣겠느냐? 말고도 참 많다."

일정이 계속하여 말한다.

공부보다 중요한 것

"학문이 높아지면 높아진 사람들끼리 더 높고 깊은 해석에 대한 논
투(論鬪)를 벌이게 된다."

"논투가 무엇입니까?"

"서로 다른 생각 차이에 대해 피차 자기가 옳다고 외치는 것이 논
투다."

"그래서요?"

"이것이 학자와 학자 간의 주의나 주장이라면 네가 배우는 학문에
서 보듯이 보다 깊은 학문의 발달로 나타나게 된다. 그러나 피차 학
문이 높은 벼슬자리에 앉은 조정의 신료로서, 가령 영의정과 우의정,
또는 이조판서와 예조판서의 생각이 다르면 임금이 피곤해져 판단을
못하게 되고 그러면 많은 사람들의 의견을 물어 중지를 따르게 된다.
결국 신료들이 서로 짜고 검은 것을 희다고 하면 자칫 정사가 잘못된

다는 뜻이다."

"저는 이해가 안 갑니다. 옳은 것을 가리지 못할 리가 있겠습니까?"

"그럴 수가 있다. 있는 정도가 아니라 너무나도 많다. 우선 신하를 어떤 자리에 앉히면 그가 유능하여도 신료들이 그자는 아니라고 강력하게 상소를 올리면 선량한 신료가 직에서 물러나고 심지어는 죽거나 유배를 가기도 한다. 그러므로 학문은 배우는 것이지만 배운 학문은 싸움을 하는 원인이 된다. 아마 못 알아들을 것 같다."

"예, 알아듣지 못 하겠습니다. 그럴 리가 없다고 생각됩니다."

"허허, 현만! 자네가 맡게. 나는 복잡한 게 싫어서 뛰쳐나왔는데 이놈이 나를 또 귀찮게 하네. 말하기 싫으니 자네가 결론을 내어 주게나. 난 잠이나 자겠네."

"상재야! 때가 이르다마는 기왕에 말이 나왔으니 하는 말인데, 네가 꿈꾸는 벼슬이나 정치, 특히 임금님을 모시는 일은 엄청난 싸움터다. 어쩌면 상대가 아니라 너 자신과의 싸움이라고 해도 되는 길이야. 가령, 아까도 일정스님이 말한 것처럼, 이성계는 우리나라 사람이지만 왜놈이나 때국 놈들과 맞닥뜨리면 목숨이 왔다 갔다 한다. 사람은 누구나 자기의 입장에서 보고 말하고 행동하기 때문에 고쳐지지 않는다. 하나는 알면서도 이득을 따르고자 하는 양심의 문제이고 둘은 스스로 그것이 옳다고 보아 양심이나 심성과는 관계가 없기도 하다."

"스승님! 희미하게 짐작은 되는데 아직도 잘 모르겠습니다."

"그래. 그래서 공부하지 말라는 말을 하신 것이다. 배우는 것이 제일 중요한 것이지마는 정치란 혼자 하는 것이 아니라 상대가 있기 때문에, 상대가 내 뜻에 동조해 주면 좋지만 백이면 백 다 다른 의견을 내 놓고 나를 보고 자기 쪽 편에 동조하라고 하게 된다. 충신은 충신의 편이 필요하고 역신은 역신의 세력결집이 필요한 것이라서 피차안 보이는 살의(殺意/죽일 생각)를 품기도 하는 곳이 정치판이다."

"충신의 편이 아닌데도 거기 동조할 사람이 있겠습니까?"

"바로 그것을 말하는 것이다. 충신이 무엇이냐? 백성의 입장을 살펴 그쪽에 서는 것이 충신이므로 충신은 배를 채우는 것을 거부한다. 역신은 백성을 내세우지만 사실은 사욕을 채우려 하는 쪽이다. 그것은 양심이 더러운 것이지만 그자는 아니라고 우긴다. 아니, 알지 못한다. 그것이 민복(民福)이라고 생각하고 그래야 임금의 자리가 튼튼하다고 보는지도 모른다. 그러니 학문도 어렵지만 벼슬은 더 어렵고 벼슬아치들 사이에 알력과 권력 투쟁이 훨씬 더 무섭다는 얘기다."

"예, 이제야 좀 알아듣겠습니다."

"말글로 배워 뒷글로 쓴다는 말이 있고, 뒷글로 배워 말글로 쓴다는 말이 있다. 학식이 높아도 그로서 나라와 백성에게 피해가 간다면 지금 일어나는 민란을 맞게 되는데, 역신은 민란 백성을 역적으로 본다. 사형시켜 마땅하다 하지. 그러나 충신은 그들을 도와주자고 한다. 결국 신료들끼리 싸우게 되고 결국 모함하고 귀양 보내고 목을 베도록 임금께 간언함으로 배우되 배워서 어떤 신하가 되느냐 하는 것이 무엇보다 중요하다는 말이다."

현만, 이승을 떠나다

상재가 봉서암에 온 지도 1년이 지났다. 현만이 거동을 못하고 누운 지도 한 달이 지났고 상재나이 13세를 맞은 7월. 작년처럼 장맛비가 쏟아지고 있다. 희택은 현만의 병세가 걱정되어 몇 번 다녀갔지만 처음부터 상재가 집에 다녀오고 싶다 해도 허락하지 않아 상재는 집에 한 번도 가지 못했다.

"상재야! 만약 스님이 위중하시거나 급한 일이 생기거든 그때는 집에 와서 알려다오. 그러기 전엔 여기서 내려오면 절대 안 된다."

꾹꾹 눌러 다짐을 받으니 집에 다녀 올 생각은 할 수도 없다. 장대비가 쏟아지는 밤. 현만이 상재를 불러 앉힌다.

"상재야! 나는 이제 이 세상을 떠나야 할 모양이다. 아버지한테 가서 좀 올라오시라 하고, 너는 마곡사로 가거라. 가서 일정 스님을 만나 내가 세상을 떠난다 하고 오시라고 하여라."

청천벽력 같은 현만의 말에 상재가 외마디를 지른다.

"스승님! 안 되십니다. 세상을 떠나시면 안 되십니다. 힘을 내세요. 무엇을 드실 수 있거든 말씀하세요."

그러나 현만은 이미 혀가 굳고 사지가 굳어져 아무리 주물러도 소용이 없다.

"빨리 가거라. 어서 아버지한테 가고 마곡사로 가라."

말이 끊기고 있다.

집으로 가는 길은 장맛비로 바다와 같다. 어디가 길인지도 분간이 잘 안 된다. 희택이 자리를 걷고 봉서암에 도착하니 이미 현만은 숨을 거두고 있다. 이렇게 현만이 세상을 떠났다.

"상재야! 수세를 거두어야 한다. 우선 칠성판에 모셔야 하니 하라는 대로 하여라."

현만의 시신을 급한 대로 모시고 나자.

"날이 밝는 대로 너 혼자 여기 둘 수가 없으니 너는 마곡사로 가라. 네가 가야 하겠다."

상재는 마곡사로 길을 떠났다.

"일정 스님은 순례차 출타 중이어서 계시지 않는다. 어디서 온 누군데 왜 그러느냐?"

상재가 현만의 입적을 말하자

"봉서암은 우리 마곡사에 적을 둔 암자이니 너는 걱정하지 않아도 된다."

하고 뒤따라 갈 테니 먼저 돌아가라고 한다.

현만의 장례는 마곡사에서 치른다. 현만이 장작불 위에 올려지고 상재가 곡을 올린다. 가족이 오기는 했으나 부인은 없고 나이 많은 딸이 곡을 한다. 이렇게 현만이 세상을 떠나자 봉서암에는 며칠 내로 다른 스님이 가실 것이라 한다. 그동안 그냥 집으로 돌아가라고 한다. 암자는 며칠 비워도 괜찮단다. 그러나 상재는 새 스님이 오기까지 열흘을 혼자서 봉서암에 머문다. 희택이 내려가자 하여도 며칠만 있겠다 한 것이다. 무섭지 않느냐고 하지만 그래도 오시면 내려간다면서 옷가지랑 책이나 가져가시라 하고 여전히 극락전을 닦고 예불을 준비한다. 현만이 예불을 중단한 지 한 달이 지나는 동안에도 같은 일을 반복했었다. 한식경이 지나면 예불을 마친 것으로 하라고 했던 그대로다.

혼자서 맞는 밤이 무겁다. 아침이 밝아 와도 어둡게 보인다. 현만의 체취가 스민 극락전과 요사채와 앞마당과 오르내리는 길. 무엇보다도 현만의 얼굴이 생생하다. 가르침이 새록새록 떠오른다. 그사이 일정 스님이 다니러 왔다.

"좋은 스승님이 가셨으니 누군가 새로 모셔 가르침을 받아야 하겠구나."

상재가

"스승님 대신 스님께 가르침을 받고 싶습니다."

하였으나

"네 총명함을 보아서는 마곡사로 데려가고 싶으나 그러지 못하니 미안하다."

하여 도리가 없다. 대신 마땅한 분이 있는지 생각해 보겠다는 말만 들어야 했다. 마침내 새 스님이 왔다.

"그간 고생했다. 내려가도 좋다."

새로 오신 스님은 상재에 대해 아무런 관심이 없다. 상재는 집으로 돌아왔다.

뿌리를 찾아

"상재야! 스님이 입적한 너의 충격 아버지는 안다. 모든 것이 네 운명이니 슬퍼하는 것이야 당연하다 하겠지만 장래에 대해 좌절까지 하지는 말아야 한다. 해가 지면 다시 해가 떠오르는 것처럼 스승님은 가셨어도 또 오시게 되고 만날 것이다. 밤이 영원하지 않고 낮이 밤을 막지 못하니 가시는 스승님이 밤이라면 다시 새벽이 올 것이다.

밤은 길어도 아침은 온다. 더 큰 학문의 재도약을 준비해야 한다."

희택은 상재를 위로하며

"좋은 스승님을 만날 것이다."

말하면서 근심을 감춘다.

그렇게 여름이 가고 가을이다. 어느덧 49재가 지나갔고 100일이 되었다. 그러나 상재는 공부가 되지 않는다. 책을 펴도 현만 스님이 어리고 눈을 감아도 현만 스님이 나타난다. 상재와 마주앉자 희택이 다시 입을 열었다.

"상재야! 네가 몇 대손이라고?"

"예, 시조 권지호장공으로부터 23대손이며 중시조 목은 할아버지로부터는 16대손인 줄 아버지께서도 아십니다."

"그래 23대손이니까 내가 살아 있고, 4년 전 네 나이 10살 때 경만 할아버지께서 돌아가셨으니 직계 줄기로 모신 산소가 스물한 분이시다. 추워지기 전에 조상님을 뵈러 뿌리 찾기 여행을 다녀오면 좋겠다. 내년쯤이면 또 좋은 스승님을 만나게 될지도 모르지 않니? 장가도 들 나이가 되어 가고, 특히 공부를 새로 시작하다 보면 시간이 없을지도 모른다. 그러니까 스물한 분의 산소를 차근차근 아래로부터 윗대로 찾아 뵙거라. 어떠냐?"

희택은 지금 상재의 마음이 안정되지 못해 이때가 좋겠다고 생각했다.

"뿌리 없는 나무가 없고 발원지 없는 강이 없고 산에도 산맥의 정상봉우리가 있어 흘러내리는 것이다. 뿌리를 모르면 건천/노지에 뽑힌 나무와 같아 이내 마른다. 꼭 나하고 같이, 언제 적부터 같이 떠나려고 했던 길이기도 하다. 나는 혼인 날짜를 받고 한 달간 시간을 내어 다녀왔고 그때 우리 후손들도 반드시 다녀오도록 해야겠다고 생각했다."

"예, 그리 하겠습니다마는 한산에서 먼 곳에는 몇 분이나 계시는지요?"

"시조 할아버지는 관아 옆에 계시니 알 것이고 중시조 할아버지 산소는 영모리인데 가봤으니 알 것이다. 족보를 보고 네가 어디인지 찾아가되 모르면 나한테 묻고 가거라. 원래는 내가 죽고 없어도 혼자 찾아갈 수가 있어야 한다. 그리고 기왕 나서는 참에 가산공과 아계공파 종중 시향에도 참석하여라. 혼인 전이기는 하나 찾아뵙고 말씀드려서 배향해야 한다. 토정(이지함) 할아버지도 찾아뵙고 사당도 가야 한다. 아계공파 가면 산자 해자 할아버지도 찾아뵈어라. 아계공파 산해 할아버지는 용인인데 영의정을 하신 분이다."

상재가 뿌리를 찾아 떠난다. 곁에 계셔도 순서를 바꾸지 말라하셔서 21대부터 시작하여 20대, 19대 18대 역순으로 집에서 오가고 토정 이지함 할아버지와 가산공파와 아계공파는 별도로 먼 길을 떠나야 한다. 이렇게 두 달이 지나자 초겨울이 왔다.

잦은 민란 발발

상재가 조상을 찾아다니는 동안 희택은 상재에게 공부와 진배없는 무엇인가를 체득하게 할까를 생각해 보았으나 마뜩치 않다. 조상순회 참배를 마치고 나면 혼인 준비도 해야 하고 아직은 채우지 못한 학문을 채워 과거(초시) 준비도 해야 한다. 이 중요한 때에 봉서암에서 내려왔고 마음을 잡지 못하니 애가 타지만 겉으로 드러내지도 못한다.

때에 조정과 전국 각 도처는 이런 일이 있었다.

① 서울에 악질 전염병 유행(1860년/11세 때). ② 도적이 많아 형조에서 특별 단속령 발표(1860년/11세 때). ③ 최제우 동학창시(1860년/11세 때). ④ 왕의 행차 시 백성들이 보지 못하게 함(1861년/12세 때). ⑤ 진주에서 민란 일어남. ⑥ 익산, 개령, 함평에서 민란 일어남(1862년/13세 때). ⑦ 전국각지에서 마적(馬賊) 일어남(1862년/13세 때). ⑧ 충청에서 민란 일어남(1862년/13세 때). 경상지역에 민란 일어남(1862년/13세 때). ⑨ 전라지역 민란 일어남(1862년/13세 때). ⑩ 함흥에서 민란 일어남(1862년/13세 때). ⑪ 제주에서 민란 일어남(1862년/13세 때). ⑫ 광주(広州)에서 민란 일어남(1862년/13세 때). ⑬ 남해에 민란 일어남(1863년/14세 때). ⑭ 동학교주 최제우 민란 봉기혐의로 체포됨(1863년/14세 때). ⑮ 금위영 군졸들 녹미 질이 나빠 난동…. 처처에서 민란이 봇물 이루듯 일어난 것이다. 세상은 어지럽고 백성들은 원망 불평으로 농사를 등한시하였다.

"농사지으면 뭐 할 거여?"

백성들의 원성은 하늘을 찌르는데 조정은 딴청에만 몰입하여 민란으로 관아가 어지러워도 돌아볼 기력이 없을 정도다.

여전히 정치의 실권은 안동김씨 일파에게 있었고, 그들의 전횡으로 탐관오리가 득실거리고 삼정(전정+군정+환곡/앞 페이지 참조)이 문란해져서 백성들의 생활이 도탄에 빠진 것이다. 마침내 진주민란이라고 하는 엄청난 사건도 터졌다.

진주민란의 직접적인 발생 계기는 경상 우병사 백낙신의 탐학(貪虐/탐욕이 많고 포학함)과 착취에 있었다. 백낙신이 민란이 일어나기 전 몇 년 동안 착취한 돈만도 약 5만 냥에 달했는데 쌀로 환산하면 약 1만 5천 석이나 되는 엄청난 양이었다. 게다가 당시 진주목에서는 지금까지 지방 관리들이 불법적으로 축낸 공전이나 군포 등을 보충하기 위해 그것을 모두 결세(토지세)에 부가시켜 해결하려 했는데 그 액수가 2만8 천 석에 축난 환곡만 해도 2만 4천 석이나 되어 농민 부담이 급격하게 가중될 처지에 있었다. 이에 농민 봉기군들은 스스로 초군이라 부르면서 머리에 흰 띠를 두르고 진주성으로 쳐들어갔는데 그 수가 수만 명에 이르렀다. 이에 당황한 우병사 백낙신은 환곡과 도결의 폐단을 시정할 것을 약속했으나 농민들은 그를 놔주지 않고 죄를 묻는 한편 악질적인 아전 몇 명을 죽이고 원한을 샀던 토호의 집을 불태웠다. 6일간이나 계속된 진주민란은 그동안 23개 면을 휩쓸었고 120여 호의 집이 파괴되고 재물 손실이 10만 냥을 넘었다. 단성을 시작으로 진주에서 폭발한 이 민란은 곧 경상, 충청, 전라, 황해, 함경, 5도와 경기도 광주에서 무려 37차에 걸쳐 일어난다. 크게는 수만 명에서 작게는 천여 명에 이르는 규모로 전국 각지의 농민들이 악정에 대항하여 민란에 참가했다.

철종과 조정

이에 철종은 '삼정이정청'이란 특별 기구를 설치하여 민란의 원인이 되는 삼정구폐(三政旧弊) 해소를 위한 정책을 시행하는 한편, 모든 관리에게 그 방책을 강구하여 올리라고 하는 등 민란수습에 전력했다. 그러나 삼정문란을 바로잡고 민란을 잠재우기 위해서는 우선 안동김씨 세도정치의 뿌리를 뽑아야 하는데 안동김씨의 막강한 세도권 앞에 그 뜻을 이루지 못한다.

이처럼 안동김씨 세도권이 절정을 이루던 철종시대는 상재 성장기와 맞물려 있으나 그들을 혁파할 만한 어떠한 다른 대안도 묘책도 원천이(근원이) 차단되어 있어 헤쳐 나갈 방도가 없었다. 이들 안동김씨 척신들은 자신들의 권력에 위협이 될 우려가 있는 자들은 미리 역적으로 몰아 마구잡이로 처단하기를 서슴지 않았다.

상황이 이러하니 철종은 낌새를 알아채고 이미 안동김씨 세도가의 첩자들이 온 궁중에 퍼져 있었을 것으로 여겼고, 그러므로 자칫하면 자신의 목숨이 늘 위태롭다는 것도 감지하고 있었다. 마땅히 대항할 방도는 없고 세도는 점점 강해지고 백성은 민란으로 나라가 어지럽고 자기는 언제 죽임을 당할지 모를 불안함 속에 철종은 극도의 정신적 고통을 받으면서도 내색도 하지 못한다. 그러다 보니 그런 정신적 고통을 해소하기 위해 자연히 궁녀들과 문란한 행동을 하게 되고 술에 젖어 들게 된다.

엎친 데 덮쳐 철종의 자식들은 낳는 족족 세상을 떠났다. 재위14년 동안 9명의 비(妃)를 맞아들인 것도 안동김씨 세력 대응과 무관치 않다. 철인왕후와 귀인박씨, 귀인 조씨, 숙의방씨, 4명이 모두 왕자를 생산했으나 낳자마자 죽고 숙의범씨가 공주로 낳은 영혜옹주만 자랐고, 궁인 이씨, 김씨, 박씨도 생산을 하지 못했다. 한마디로 말하면 철종의 괴로움이 문란한 여성편력이 되고 많은 비(妃)를 맞게 한 것으로 볼 수 있다.

한편 안동김씨 세도권은 철종으로 하여금 그저 궁녀와 비(妃)나 껴안는 등 주색잡기에 빠지도록 해 국정을 자기네 멋대로 주무를 빌미를 만들었다고도 할 수 있다.

그러니까 농부였던 철종이 주색에 잠긴 것이다. 거기에 극도의 불안으로 심한 우울증에 잠긴 것이다. 철종이 일찍 죽은 이유도 여기에 있다. 조선왕조 500년의 전통을 꺾고 아저씨가 후대 왕이 되는 이 천륜파괴의 철종 시기는 이상재 성장기에 충격이 되어 상재로 하여금 깊은 고뇌에 잠기게 하였다. 공부를 해야 하지만 공부를 한다 한들 어찌 벼슬길에 나갈 것인가 아득하여 자주 절망하기도 한다. 안동김씨 들에게 거금을 내놓으면 학문은 낮아도 높은 벼슬을 받고 받으면 또 팔고 원금을 거두는 세상은 파탄지경에 접어든지 10년이 넘어 13년을 맞고 있다.

철종과 안동김씨, 그리고 백성과의 마찰 중심에 선 사람은 23대 임금 순조의비 순원왕후다. 순원왕후의 권력 독점이 결국 2대에 걸친 왕을 옹립하고(헌종+철종) 어린 왕을 앞세운 순원왕후의 측근들, 특히 순원왕후 친정 가족의 권력독점은 그대로 백성의 고통이 된 것이다.

한편, 이때 미국은 노예제도가 성행하는 중이었고 마침내 이상재의 나이 11세이 된 1860년이 되자 공화당 후보 에이브러햄 링컨이 제16대 대통령에 당선된다. 민주당 존 브레켄리지 후보가 얻은 대의원표 72표의 2.5배에 달하는 180표의 압도적 다수로 당선된 링컨은 취임하자 바로 남북전쟁을 맞게 된다. 1864년, 이상재 나이 15세로 혼인하던 해 링컨이 재선에 성공하기까지 이상재 11세에서 14세까지의 4년은 미국 전토가 남북전쟁에 휩싸이고 있었던 때다. 미국의 역사는 줄곧 향후 한국과 밀접하기에 수시로 짚고 가야 한다.

1863년 상재가 14세 되던 해 링컨은 수정헌법 제13조, 노예제도를 폐기하는 이른바 노예해방령(Emancipation Proclamation)에 서명한다. 세상이 급격하게 변화하고 있는 것이다. 그러니까 조선의 민란과 미국

의 노예해방 직전의 혼란에는 공통점이 있다 할 것인데 미국은 새로
운 정치혁명의 문을 열었고 한국은 암담한 늪에서 헤어나지 못 한다.

제6부

상재의 결혼

조혼(早婚)시절

　민란으로 인해 백성의 심사가 조정에 불만으로 가득하고 백성의 의욕은 무너져 열심히 일하지 않는 패악한 세월이 가고 있다.

　"농사를 지어봤자 다 빼앗긴다!"

　백성들은 임금을 원망하고 관아를 믿지 않는다. 우리 관아의 벼슬아치들은 안동김씨와 줄이 약해 징세가 과대하다고 불만하고, 너무 밀착되어 모두 착취하는 편이라고 불만하였다. 그러다 보니 당연히 관아를 지킬 군사의 숫자를 늘려야 했다. 민란에 참여한 백성을 막기 위해 관아의 군사들과 백성들의 대치가 심해 군역을 꺼리기도 하였다.

　그럴 때 같은 지역에 거주하는 군사를 해당 지역 관아가 아닌 타 지역에 배치하는 경우가 많았다. 특히 임시 군역에 참여하여 타 지역으로 나가는 청년들도 있다. 희택은 선공감이지만 때로는 군무 보역에 차출되기도 한다. 한산은 타 지역에 비해 충돌이 없는 편이지만 과도한 징세를 위한 관아의 노력은 게을리할 수 없어 때로는 백성들

전통혼례(국립고궁박물관)

의 실상을 살피러 나가야 한다.

　수확한 곡물을 감추는 백성들의 방법은 여러 가지다. 땅에 묻는 경우가 가장 많았다. 나무더미나 짚더미에 감추는 방법 대신 심지어는 구들장 밑에 곡물을 감추기도 하였다. 이런 것을 찾아내는 일도 관아가 하는 일이며 이렇게 감춘 것이 발견되면 엄한 처벌을 받기도 하나 백성들의 어려운 형편은 관아와 충돌할 여지가 많다.

　상재는 희택으로부터 당시의 관아에 대한 이야기를 듣게 된다.

　"언제까지나 이런 갈등과 대립이 계속되어서야 되겠습니까?"

　상재가 희택에게 묻지만 희택은 한숨만 쉴 뿐이다.

　"아버지가 무슨 방법을 알겠느냐."

　희택의 말에 절망이 담겼다.

　"네가 고민해서 될 일도 아니고… 그게 걱정이 아니라 어느덧 14세나 되었는데 공부도 해야 하지만 혼인을 해야 할 일도 걱정이다."

희택의 걱정은 방향이 다르다.

"제가 혼인하기에는 너무 이르지 않습니까?"

상재는 희택의 진심이 이런 문제라고는 차마 생각지도 못하였다.

"요즘은 결혼이 늦어진 세월이다. 13세면 며느리를 보고 정혼을 하는데 너는 공부 때문에 지금 늦었다."

상재는 뜻밖의 말에 놀란다. 그러나 아버지의 뜻을 짐작은 한다.

당시는 평균수명이 아주 낮았다. 특히 병이 많아 한 번 걸리면 치료가 안 돼 걸렸다 하면 나이불문 죽었다. 병이 없어도 평균 나이 40 대면 절반이상이 세상을 떠났다. 나이 50이면 호호 노인이고 환갑상을 받는 사람은 불과 열에 한두 명이 고작이었다. 그러니 13살이 넘어서면 어서 짝을 지어주어 20세가 되기 전에 자식을 낳아야 안심이다. 상재는 빠른 것도 아니고 늦은 것도 아니다.

"내년 봄에는 결혼부터 해야 한다."

이에 대해 상재는 더 이상 아니라고 하면 불효라는 것을 안다. 혼인에 대한 전권은 부모의 생각이 전부이며 아들이나 딸은 이에 좋다 싫다 하지 않는 것이 바른 자세라는 것은 배워서 잘 아는 사실이다. 겨울이 오기 전에 열매를 맺고 가꾸고 거두어야 하는 것처럼 잘못 하다가는 나이 많다고 여자 쪽에서 퇴짜 맞기 십상인지라 혼인 적령기를 놓치면 낭패여서 여기에 대해 순종하는 것은 자식의 도리.

제25대 임금 철종이 죽다

25대 임금 철종이 죽었다. 1863년 12월 14일 초겨울이다. 상재가 태어나기 전해(1849년)에 왕위에 오른 철종은 학문과는 먼 강화도 농사꾼에서 순원왕후의 명을 받고 그야말로 살기 위해 왕위에 올랐을 뿐이다. 나는 못한다고 했다가는 당장 죽임을 당할 일이라고 해도 별로 틀리지 않는다. 상재의 나이는 지금 14세다.

순원왕후(순조의 비)는 아들(효명세자/ 추존 익종)의 아들(손자)되는 24대 임금 헌종이 후사 없이 갑자기 죽자 왕족의 6촌 이내에는 왕위를 계승할 사람이 없다는 것을 알고, 만에 하나 며느리 풍양조씨 신정왕후(익종 비/헌종의 모) 쪽에서 누구를 왕으로 세울까 하여 손자를 잃은 슬픔의 겨를도 없이 권력 누수를 막기 위해 익종과 동 항렬이요, 아들 헌종의 7촌 아저씨뻘이 되는 강화도령 원범(철종)을 보위에 앉혔으나, 철종은 왕위에 앉음으로 말미암아 제 명대로 살지도 못하고 심한 스트레스로 죽은 것이다.

9명의 비를 들이고 궁녀들과 방탕하며 철종은 이미 건강이 망가지고 있었다. 인륜을 파괴한 결과로 인해 자기 명대로 살지 못하고 죽었으니 왕이 될 자질도 배움도 없는 철종은 그냥 강화도에서 살았다면 나이 33세에 죽지는 않았을지 모를 일이다. 19세에 왕위에 올라 3년 후 순원왕후는 수렴청정을 거두었고 1857년, 즉 철종 재위 9년 만에 순원왕후도 세상을 떠났다. 하지만 이미 순원왕후를 등에 업은 안동김씨의 세도권력이 굳어진 터라 왕이라 할 수도 없어 실권은 모두 안동김씨가 쥐고 있던 가운데 지금 일찍 세상을 떠난 것이다. 현 경기도 고양시 덕양구 원당동 서삼릉 내 예릉(睿陵)에 묻히고 1878년 사망

한 철인왕후와 쌍릉으로 보존되어 있다.

조선왕조의 법통

왕이 죽으면 화급을 다투게 되는 것이 다음 보위를 이어야 하는 것이다. 세자가 책봉되어 생존해 있으면 간단하다. 물론 그래도 쉽지는 않지만 연이어 세자가 없던 순조 이후 헌종과 철종이 그리하였고 이번에도 마찬가지다. 철종의 아들은 4명이 있었으나 일찍 죽고 없어 급히 세워야 하는 것이 다음 보위다. 누가 다음 왕을 세우는가. 대비가 세울 수밖에 없다. 대궐의 주인이란 안주인밖에는 없기 때문이다.

12월 14일 철종이 죽자 장례식은 뒷전이나 마찬가지다. 상주가 없고 보위도 비었기 때문에 슬퍼할 새도 없이 다음 왕을 세워야 한다. 이때 등장하는 근대사의 거목이 바로 대원군 이하응이다. 대궐의 안주인이 된 헌종의 모 신정왕후는 극비리에 이하응을 불러 동상병련에 시달린 이하응으로 하여금 둘째 명복을 자기의 양자로 들여 다음 보위를 잇도록 손을 쓴다. 이하응도 철종의 사망 징조가 보이자 대를 이을 사람으로 둘째 명복을 염두에 두고 일찍부터 일을 꾸며 오고 있었다. 문제는 촌각을 다투는 일이다. 그러려면 얼른 명복이를 자기(신정왕후)의 양자로 들인다고 선포해야 한다. 안동김씨들이 누구를 내세워 권력을 유지할지 고심하는 터에 일각이 여삼추다. 너무 급한 일이다.

이하응은 누구이며 명복은 또 누구인가. 이 점도 매우 중요하다. 대원군 이하응은 남연군의 아들이고 명복은 이하응의 아들이다. 남연군은 제16대 임금 인조대왕의 3남으로서, 봉림대군(효종)의 아우 인평대군의 6대손이며, 영조의 아들 사도세자(추존/장조)의 3남 은신군의 양자로 입적한 왕손이다(남연군은 인조의 6대손이며 은신군에게 양자로 간 아들).

대원군 이하응의 아들 명복이가 신정왕후의 양자로 들어가면 헌종의 동생이 되는 것이다. 항렬로는 이제 죽은 철종의 조카뻘 되는 항렬이다. 항렬 무시로 아저씨뻘 되는 철종이 조카뻘 되는 헌종의 후대가 될 수 없는 것처럼 대원군 이하응도 철종과 같은 항렬이다.

조선 왕조의 항렬은 태조 이성계로부터 헌종은 19대손이고 철종은 18대손이다. 27대 임금 순종은 태조 이성계의 20대손이 된다. 근대사에서 항렬을 살펴보면, 정조대왕은 16대손이고, 순조대왕(순원왕후)이 17대손이고, 익종(효명세자+신정왕후: 헌종의 부모)가 18대손이고, 헌종이 19대손이며, 철종과 대원군이 18대손이며, 명복(고종)은 19대손이고, 제27대 마지막 임금 순종이 20대손이다.

여기서 조선왕조의 예와 법통이 무너진 것이다. 18대손이 되는 철종(대원군과 같은 항렬)이 19대가 되는 조카 헌종의 능에 제사를 올려야 하는 법통이 처음으로 무너진 것인데 당시 순원왕후의 입김이 얼마나 세었는지 짐작할 일이며 순원왕후는 이처럼 모진 여인이었다. 그런데 지금은 헌종의 아우가 되는 명복(고종)이 보위에 앉으니 다시 법통을 제자리로 돌려 앉히는 것이 되기에 당시 왜 대원군이 보위에 앉지 못하는가에 대한 답이 나온다.

제26대 고종 왕위에 오르다

이리하여 상재의 나이가 14세이고 고종의 나이가 12세 되던 1863년 12월. 고종이 왕위에 오른다. 조건은 한 맺힌 순원왕후가 뿌려 놓은 안동김씨 세력을 물리치는 것이다. 신정왕후와 대원군은 안동김씨에게 원한이 맺혔다. 대신 대비의 수렴청정을 강하게 하지 않는 조건이다. 어쩌면 대원군 이하응과 협의 섭정을 하기로 하는 조건이다. 신정왕후는 대원군의 배짱에 밀렸다. 그 조건이 아니면 명복을 양자로 보내지 않는다는 것이며, 반드시 안동김씨를 뿌리 뽑고 조선왕조의 법통대로 형수뻘이 되는 신정왕후를 극진히 모신다고 하는 조건이다.

항렬이 같은 18대손으로서 1808년 출생한 신정왕후는 1820년 출생한 대원군 이하응보다 12세가 많은 형수뻘이 된다. 이로써 조선 26대 임금으로 초기 대원군의 섭정 9년과 중전 민비와 쇄국 대 개국이라고 하는 보수 개화의 시대를 맞이하게 된다.

1919년 세상을 떠난 고종은 1905년 을사늑약 후 일제와 친일간신배들의 모략으로 1907년 보위를 순종에게 빼앗기기까지(정식양위하지 않았음) 43년 7개월에 걸쳐 왕의 자리에 앉았으며, 1887년 대한제국의 황제로 등극하여 10년 세월 일제와 맞싸우다 3·1독립운동이 일어나던 해에 세상을 떠나 현 남양주시 금곡동 홍/유릉에 묻혀 있다. 이상재보다 2년 뒤에 출생하여 이상재보다 8년 앞서 세상을 떠났고 이상재가 일생 동안 모신 임금이기도 하다.

상재의 처가 강릉유씨

솔뫼란 소나무 산이라는 뜻의 우리말로 현재의 한산면 송산리를 말한다. 희택은 솔뫼에 사는 강릉(江陵)유(劉)씨 집안의 규수를 맞아 올봄에 결혼식을 올릴 터이니 그리 알라고 상재에게 말한다.

"예, 그리 하겠습니다."

상재는 공손히 대답하고 입을 닫았다. 자라면서 이웃들이 혼인하는 것을 많이 보아 왔다. 상재는 다만 먹을 것이 많아 이웃에 잔치가 열리면 공연히 좋았는데 내심 좋은 마음은 하나도 없다. 부인을 맞으면 머리를 올려야 하고 상투를 짜서 머리를 올렸으면 지아비 된 도리를 하는 것은 물론, 자식 된 도리도 혼인 전과는 많이 달라져야 한다는 것을 생각하며 마음이 무겁다.

"왜? 색시가 어떤지 그게 궁금해서 그러느냐?"

"아, 아닙니다."

희택이 웃으며 말한다.

강릉 강릉유씨(江陵劉氏) 시조(始祖)는 중국 한(漢)나라 유방(劉邦)이다. 유방의 41세손이며 송나라 때의 인물인 유전(劉?)을 시조로 삼아 거창 유씨에서 분파되었다. 유전은 송나라에서 병부상서를 지내다가 고려 문종 때인 1082년에 고려에 들어와 처음 경상북도 영일군에 정착하였다. 그에게 아들 3형제가 있었는데 맏아들 견규(堅規)는 도첨의찬성사정승으로 거타군에 봉해졌고, 둘째 견구(堅矩)의 아들 웅열(雄悅) 역시 아림군에 봉해져서 거타(구지명)의 개칭명인 거창으로 창관(創貫/본관을 새로 정함)하였다.

유전의 맏아들 유견규(劉堅規)의 후손들은 거창 유씨가 되었다. 그

후 셋째아들 견익(堅益)의 7세손 국추(国枢)가 문하시중 평장사로 배천군에 봉해져서 배천으로 분관되었고, 견규의 8세손 승비(承備)가 좌복야를 지내고 강릉의 우계로 은퇴하고 승비의 증손 창(敞)이 조선 개국공신으로 옥천부원군에 봉해졌기 때문에 승비의 후손들이 강릉으로 분관(分貫/본을 나눔)하였다. 유승비(劉承備), 즉 강릉유씨 시조의 휘는 承備(승비)이시고 초휘는 瑞(서)이며 자는 天祥(천상)이고 호는 菊齋(국재)다. 이 중 강릉유씨는 주로 서울과 전라도 지역에 많이 거주하였다. 유전의 12세손인 유창이 조선 개국에 참여하여 개국공신이 되고 옥천부원군에 봉해졌는데 옥천은 강릉의 옛 이름이다.

"제가 빨리 알아듣지는 못하겠습니다. 그러니 이제부터 살펴 간직하겠습니다. 우선은 성씨의 역사가 매우 길다고 보여집니다."

"벌써 고려에 온 이후 780년이 넘었고 고려에서 대사헌, 공부상서, 평장사 등 선조들이 고위직에 봉직하였으며, 조선에 들어와서도 대제학(유창), 한성부좌윤(유응조), 병조판서(유치), 병조참의(유형귀), 예조판서(유한우)를 지내기도 한 귀한 가문이다."

"아버지께서는 규수를 보셨는지요?"

"그럼 봤지. 아무래도 궁금하지? 그래, 나이는 너보다 세 살이 위고, 한눈에 보니 내 식구요, 네 배필로 이 세상에 태어난 단 한사람이라는 것을 바로 알아보았다. 사람이 살다 보면 다르기도 하다지마는 사람의 외모는 본성과 직결되어 있어서 아버지가 볼 때는 두 번 다시 생각해 볼 이유도 망설일 이유도 없었다. 고맙게 생각하고 맞아야 한다."

"세 살 위면 18세입니까?"

"당연하지, 남자보다 여자 나이가 많아야 된다는 것 넌 모르느냐?

지금은 그래도 나이차가 좁혀진 편이다."

"예, 알겠습니다."

상재 결혼하다

상재가 솔뫼로 장가 들러 왔다. 초례청을 꾸미고 아직도 얼굴을 보지 못한 유씨와 예를 올린다. 초례상에 장작개비를 수저랍시고 올려놓고 고기안주를 집으려 하니 웃음이 나와 버렸다. 초례청이 웃음바다를 이룬다. 신부가 면사포로 가린 팔을 내리지 아니하니 얼굴이 궁금하지만 꾹 참고 다시 의젓하게 맞절을 한다.

"목은 이색의 후손이래."

"두상이 크고 눈빛이 대단하지?"

"다부지게 생겼어."

"머리는? 엄청 비상하게 생겼지?"

"복이 있어 잘살아야지."

이런저런 관상 평이 들려 온다.

"색시야말로 이 세상에 둘도 없이 참하지…"

유씨 이야기도 들려온다. 그렇게 혼례를 마치고 희택이 돌아간다고 하여 장인과 마주 앉았다.

"이보게 사위! 자네에 대해서는 내 이미 들어서 알고 있네. 부모마음이야 처가나 본가나 다를 게 없어. 잘살아야 되네. 그것보다 더 좋은 효도는 없어."

상객(上客)이라 하여 신랑의 아버지가 받는 상객상(床)에 마주 앉은 것이다. 있는 것 없는 것 잘 차려내는 것이 풍속이지만 희택은 내심 긴장하여 술 한 잔 받고 안주는 눈으로만 보고 일어서야 한다.

밤이 되어 솔뫼 처가에서 신방을 차렸다. 이제야 얼굴을 볼 터이나 등잔불 대신 비싼 촛불을 두 개나 켰어도 유씨의 얼굴은 제대로 보이지 않는다. 내일이면 날이 밝을 터이니 무엇이 바쁘랴. 신방의 불이 꺼지고 아침이 왔다. 걸어서 반나절도 안 걸리는 상재의 집 종지리로 떠날 시간이다. 새색시가 나란히 걷지 않고 뒤에 따라오니 얼굴을 제대로 못 본다. 그 뒤에 지게 짐을 진 두 사람이 따라 오고 있다.

늦은 아침을 먹고 처가를 나서 신작로에서 오른쪽으로 돌아 곧 종지리에 도착할 참이다. 종지골로 들어서는데 신랑이 온다고 사람들이 마중을 나왔다. 그런데 6촌 형 경재가 사람들 사이를 헤집고 헐레벌떡 달려온다.

"이보게 아우!"

당장이라도 숨이 넘어갈 듯하다. 장가 잘 들고 왔느냐고 할 줄 알았더니 청천벽력 같은 말이 튀어 나온다.

"어젯밤 상객으로 다녀오시고 오늘 아침에 당숙이 잡혀서 옥사에 갇혔다네. 이일을 어쩐다지?"

상재는 무슨 말인지 귀를 의심한다. 아버지 희택이 잡혀가다니 관아에 근무하는 아버지를 누가 잡아가며 옥사에 갇혔다니 이게 무슨 소리인가?

"우리 할아버지 (경만공) 선산 있잖아? 그 산소에 문제가 생겨서 당숙이 잡혀 들어갔단 말이야!"

상재는 영문을 모른다.

"선산이 뭐가 어째서 아버지가 잡혀갑니까?"

"집에 가서 얘기하자구."

속이 부글부글 끓어오른다.

"하이고 신혼이고 뭐고 상재가 정신이 없게 생겼구먼."

마중 나온 사람들이 걱정하러 나온 것이다.

유씨 부인을 건너 방에 차린 신방에 들어가라 하고 마루에 걸터앉아 6촌의 이야기를 재촉하였다 사연인즉 이러하였다.

토호의 욕심

상재가 뿌리를 찾아 조상의 묘소 참배를 마치고 돌아온 지 얼마 지나지 않아 할아버지 산소 옆에 김 참의 네 선산묘소가 있는데 할아버지 산소자리를 자기네 땅이라고 하였더란다. 희택은 상재에게 말하지 않고 참의 영감을 몇 번 찾아갔더란다. 참의가 희택을 보고 산소를 옮기라고 했기 때문이다.

"아니 영감님 네 산소와 제 조상님의 선영은 산줄기가 다릅니다. 어찌 산소를 옮기라 하십니까?"

처음에는 일이 이렇게 되리라고는 생각도 못했다. 그러나 유명한 풍수가 말하기를 명당자리는 한산이씨 상재네 조부(경만)가 묻힌 자리라고 말한 까닭에 김 참의는 그 자리를 탐내게 된다. 안동김씨 세도권에서 종3품 벼슬을 마치고 내려와 관아의 군수도 이래라 저래라 하는 김 참의는 어느 날 산에 울타리를 둘러쳤다. 좁은 계곡을 넘어 상재의 조부가 묻힌 선산 너머까지가 자기네 땅이라고 산에 울타리를 친 것이다.

희택이 이 사실을 알고 김 참의 댁에 가서 뵙기를 청했으나 김 참의는 아랫사람들을 시켜 묘를 파 옮기든가, 아니면 조용히 물러가라고 하였다. 이에 분노한 희택은 아랫사람을 밀치고 대문으로 들어가려 하니 문을 걸어 잠그는 지라 발길로 대문을 걷어차다 말리는 아랫사람과 심한 뒤잡이를 하고 싸웠다. 희택이 화가 솟아 빨리 울타리를 걷어내지 않으면 내가 당장 다 걷어 친다고 고래고래 소리를 지르자 김 참의는 밤중에 군수를 만났다.

"그 친구 생떼가 심해 안 되겠네. 원래가 내 땅인데 맘이 좋아 이제껏 가만뒀더니 이제는 자기네 땅이라고 우겨대니 자네가 일단은 그자를 잡아 가두게. 아니면 내일이라도 울타리를 걷어낼 놈이야."
하면서

"나는 내일 한양에 다녀오려면 암만 빨라도 한 이레(7일)나 열흘은 걸릴 터이니 그동안 단단히 가둬두란 말일세. 내가 오거든 자네가 판결을 내려주게 원칙대로 말이야."

김 참의는 세도권의 인맥을 믿고 이참에 명당을 빼앗고 싶은 욕심을 노골적으로 드러내고 만 것이다.

군수는 세도에 눌렸다. 며느리 보고 돌아와 경사 중이라고 해도, 미루고 희택을 잡아 가두지 않을 수가 없다.

"이번 일은 내가 양보하지 못할 일이니만큼 절대 내 말을 거스르면 재미없다는 것 알지?"

김 참의가 엄포를 놓는 까닭에 군수의 입장에서는 자칫하면 목이 달아날지도 모를 일이라 오늘 아침에 형방을 시켜 희택을 잡아오라 하고 옥에 가둘 수밖에 없었다는 것이다.

옥사에서 만난 부자

상재는 즉시 자리를 박차고 일어나 한산관아로 왔다. 서문에 들어서니 앞을 막는다.

"저는 선공감 가감역 이 희자 택자의 장자입니다. 아버지께서 오늘 아침 옥사에 들어가셨다 하여 영감(令監/군수)님을 만나려고 왔습니다."

그러나 들여보내주지 않는다. 마침 선공감 이연석이 가감역 민철식과 나오다 상재를 본다.

"아 희택 공의 장자인가? 안 그래도 잔치 겸 자네를 보러 가는 참일세만…"

상재가 희택을 봐야 하겠다 하니까 이연석이 아전에게 말하여 일단 관아로 들어선다. 연못을 지나 서쪽 옥사(현 한산초등학교 터)로 들어서 옥에 갇힌 희택을 만나게 된다.

"상재야! 신혼 첫밤은 잘 보냈느냐?"

억지로 태연한 희택.

"그게 문제가 아니라 아버지께서 이 어인 일이십니까?"

"괜찮다. 며칠 여기 있어 죽는 것도 아니고…. 그런데 새 아기가 걱정하게 왜 여기를 왔느냐. 돌아가서 아버지는 공주 감영에 성 보수일로 가서 며칠 묵고 온다고 하고 안심시켜라. 열흘만 있으면 나갈 것이다."

"열흘 아니라 하루라도 그렇지요. 저는 아버지가 여기 계시면 집에 못 갑니다. 어떻게 해야 영감(군수)님을 만날 수 있습니까?"

"영감님을 어떻게 만나겠니. 그리고 영감님이 나를 옥에 넣으셨거늘 네가 만나 뭘 어쩐단 말이냐? 살다 보면 억울한 일도 당하고 죄

없이 옥에도 갇히는 것이다. 느닷없이 다리도 잘려나가고 사람이 죽기도 하고 머리가 깨지기도 하는 것인데 아무 다친 데도 없고 여기는 내가 속한 관아이니 네 과히 걱정하지 않아도 된다. 얼굴 봤으니 돌아가거라.”

마음은 편치 않아도 겉으로는 태연한 희택이다.

“돌아 갈 게 아니라 할아버지 산소자리 때문에 김 참의 댁에서 울타리를 둘러친 게 사실입니까? 제가 갔을 때도 없었는데 왜 제게는 말을 안 해 주셨습니까?”

“너까지 아나, 나 혼자만 아나 달라질 것은 아무것도 없다. 게다가 너는 나보다 더 잘 참지 못하니 내가… 자식인데… 네 성질 뻔히 알면서 혈기 방장하여 일을 더욱 꼬이게 할 것 같거늘 어찌 네게 말하겠느냐. 아비가 자식한테 그런 것도 일러바쳐 어쩌려고. 그게 그럴 수는 없는 일이고 분명한 사실은 억울하다. 아무리 힘이 없어도 그렇지 어찌 조상의 뼈를 지키지 못할 수가 있느냐? 나는 그것이 지금 원통하고 억울하여 정신이 하나도 없다. 하지만 영감님이 잘 판단해 주실 것으로 믿고 있다.”

“그럼 언제까지 여기 계셔야 한다는 말씀입니까?”

“너도 들었으면 알 것이다. 김 참의가 한양에서 내려와야 영감님 앞에서 시시비비를 가릴 터이니 족히 열흘은 지나야 할 것이다마는 열흘 아니라 한 달도 좋은데 잘못하다가는 조상님의 산소를 빼앗기는 게 아닌가 싶어 그게 걱정이지. 여기 있는 것이야 새 아기에게 면이 안 서 그렇지 그건 상관없는 일이다.”

“이미 규수도 알고 있습니다. 도착하자 마을 입구에서 얘기를 들었고 감출 것도 없습니다. 아버지가 잘못하고 죄를 지은 것이 아닌 이상 저는 그건 문제가 아니라고 생각합니다."

"기왕에 알았다면 어쩔 수 없는 일이나 시집오는 첫날 우사(부끄러운 모습)를 보여 몸 둘 바를 모르겠구나. 그간 나 자신이 초라하게 느껴진 경우가 자주 있었으나 오늘은 영 심하다 싶어 너를 볼 낯도 없다. 모든 것이 아버지가 못난 탓이다. 입신양명 하여 조상님들께 좋은 모습을 보이지 못하고 영면 터를 불편하게 해드리다니 이것이 어찌 후손의 도리라 하겠느냐. 괴로우니 어서 가거라. 이보시게 상재를 데려 가시게나."

"저는 못 갑니다. 아버지가 이러고 계신데 집에 간들 여기만 하겠습니까? 장가든 첫날도 소용없습니다. 제게는 지금 규수가 눈에 들어오지도 않고 아버지를 모시고 가야 한다는 생각밖에 없습니다."

"안 가다니 일가친척들이 오실 것이고 이웃에서도 혼인했다고 손님으로 방이 미어질 텐데 새 신랑이 없으면 말이 되겠느냐?"

"아버지가 안 계신데 제가 혼자 있은들 그게 손님들께 예가 되겠습니까? 저는 못 갑니다. 영감님을 만나야겠어요."

"영감님 만나 주시지도 않고 만나도 소용없다. 영감님이 몰라서 나를 가둬놨겠느냐?"

그러자 상재가 벌떡 일어선다.

"선공감님! 저를 형방나리께 데려다 주세요."

라고 말한다.

"형방나리는 왜?"

연석이 묻자

"글쎄 제가 우선 형방나리를 만나 뵈어야 하겠습니다."

하면서 옥사를 나서자 이연석이 상재를 따라 나온다. 형방을 만났다.

상재가 펑펑 울며 형방 앞에 엎드린다.

"선공감 가감역의 맏아들입니다. 오늘 신혼길에 이제 막 처가에서 돌아와 하객들은 모여드는데 아버지가 옥에 계시오니 자식 된 도리로서 어찌 하객을 맞으며 신부의 얼굴을 마주보겠습니까? 형방어른께서 이 딱한 처지를 살펴서서 제발 저를 군수영감님과 만나게 해주십시오. 저는 집에 갈수도 없습니다. 내어 쫓아 여기를 나가도 서문 밖에 쭈그리고 앉아 밤을 새우기를 열흘이라도 해야 할 처지입니다. 아버지가 옥사에 계시는데 어찌 자식이 신방에 들며, 어찌 하객을 맞아 예를 차릴 수가 있겠습니까? 형방어른께서 가엾게 보시고 저를 영감님과 만나게 해 주십시오."

상재가 눈물을 펑펑 쏟으며 애절하게 울부짖는다.

"허허 그 녀석 참… 장가까지 갔다는데 그 녀석 소리가 절로 나오네." 하면서 형리에게 묻는다.

"영감님은 동헌에 계시기는 한가?"

"예. 이방나리와 병방나리하고 같이 계실 것입니다."

"그럼 자네가 가서…"

하다가

"아니지, 아니다. 내가 가서 뵈어야 하겠다. 듣고 보니 저 사람을 달래서 보내야 하겠는데 영감님이 한마디 하시는 것이 나을 것 같아." 하며 형방이 나가는데 상재가 뒤를 따른다.

"자네는 여기 있게나."

"아닙니다, 잡아끌려 나가더라도 같이 가겠습니다."

이렇게 해서 외문루를 지나 동헌에 들어섰다. 형방이 희택의 아들이라 말하자 군수가 경색을 한다.

"저 사람이 오늘 장가 들고 온 말이란 말이야?"

"예, 아비 때문에 울고불고 난리를 치니 영감님이 한마디 달래서 보내야 하겠습니다."

"아니라도…. 아, 이것 참…. 이런 일이 없었어야 하는데…. 관내 경삿날에 다들 찾아가 잔치를 축하해 주어야 할 이날에 이지경이 되었으니 내 마음도 영 편편치를 못해."

하면서 상재를 내려다본다.

"이 보게나! 흑백은 삼지대면을 해보고 증인들 얘기도 들어봐야 하니 안됐지만 어쩌겠는가. 가서 기다려야 되겠네."

상재가 입을 연다.

"든 장가를 물릴 수도 없고요, 아버지는 이렇게 되었고요, 영감님께서 자식이라면 돌아가 편히 신방에 들고 찾아온 손님을 웃으며 맞이하겠습니까? 저는 못 갑니다."

"글쎄다. 내 모르는 바는 아니네 마는 하필사 일이 이렇게 됐으니 내 입장도 어쩔 방도가 없었다네. 안됐지만 마음을 다잡아먹고 돌아가게. 가서 추슬러야지 별 도리가 없네."

군수가 심히 난감한 표정을 짓는다. 상재가 입을 열었다.

"역지사지 해 보소서! 저는 신랑이고 아버지는 혼주(婚主)이십니다. 신랑이야 안 보여도 되지만 손님은 전부 혼주를 찾아오는 법인데 아버지가 안 계시면 제가 있어 어이하겠습니까? 그러니 열흘 동안 제가 대신 옥에 들어가 있겠습니다. 설마하니 아들을 옥에 가두어 놓고서도 울타리를 걷어 치시겠습니까? 손님이 오늘만 오시는 것도 아니니 영감님! 영감님! 부디 저를 대신 가두어 그때까지 허락하소서!"

상재가 펑펑 운다. 군수가 어이가 없어 말을 못하는데 상재가 또 입을 연다.

"소자가 가르침을 받은 춘추(春秋) 제9 문공(文公) 하편 8과에 苟利於民(구리어민)이면 孤之利也(고지리야)라, 天生民而樹之君(천생민이수지군)은 以利之也(이리지야)라, 民旣利矣(민기이의)면 孤必与焉(고필여언)이라 하셨습니다. 저를 불쌍히 보시오면 필시 영감님의 공덕이 커질 것입니다."

하자 군수가 눈이 휘둥그레 놀란다.

"뭣이라? 이 사람이 못하는 소리가 없네. 무엇이 어쩌구 어째?"

상재가 몸을 움찔하게 놀라 주춤하고 말았다. 순간 혼자 생각하기를 '주제 넘고 방자하다' 여기시는 것으로 들렸다.

"죽을 죄를 졌습니다. 저의 방자함에 용서를 청하옵니다. 아비가 저렇게 된 상황이다 보니 저도 모르게 나온 것이지 결코 영감님께 건방진 말씀을 올릴 의도는 추호도 없었습니다."

상재가 몸 둘 바를 모른다. 그러자 군수는 너털웃음을 지으면서

"형방! 안 되겠네. 가서 가감역 이희택을 데리고 오시게나."

명하고 빙빙 돌며 어처구니가 없는 듯이 몇 번을 호탕하게 웃으며 상재를 위아래로 내려다본다.

"허 참 고얀 녀석도 아니고… 맹랑한 녀석도 아니고… 이거야 원, 내 지금 뭣에 홀린 기분일세나 그려."

상재가 어찌할 바를 모른다.

희택 풀려나다

형방이 희택을 데리고 동헌에 도착하였다. 군수는 얄궂은 웃음을 지으며 한참 희택을 바라보더니마는

"어제 장가든 자네의 말이라고?"

묻는다.

"예, 그러하옵니다."

도대체 무슨 일을 벌였기에 이 어인 일인지 희택은 어안이 벙벙하다.

"좋아. 그런데 자네는 도대체 이 아이를 어떻게 가르쳤나?"

희택의 안색이 잿빛이 된다.

"제대로 가르치지를 못했습니다. 우둔하기 한량없사오니 너그러이 용서해 주시옵소서!"

영문을 모르니 희택이 안절부절못하는데

"허허. 편하게 앉게나. 그리고 이 녀석 말하는 소리 좀 들어보게나. 형방! 자네는 들었지?"

"예, 들었습니다."

"뭐라고 하던가?"

"잘 못 들어서… 죄송합니다."

하자,

"아비가 왔으니 자네 아까 한 말을 다시 해 보거라."

명한다.

상재의 간이 오그라들었다. 무엇이 어디서부터 잘못된 것인지 알 길이 없다.

"아까 했던 말에 한 자도 빠짐이 없어야 한다!"

채근한다. 상재가 입을 열었다.

"소자가 가르침을 받은 춘추(春秋) 제9 문공(文公) 하편 8과에 苟利
於民(구리어민)이면 孤之利也(고지리야)라…"

하는데 목소리가 기어들어가고 만다.

"아니, 이 녀석 보게 아까처럼 힘차게 말하란 말이다!"

하고 호통을 친다. 상재는 목청을 가다듬고 소리를 높인다.

"天生民而樹之君(천생민이수지군)은 以利之也(이리지야)라, 民既利
矣(민기이의)면 孤必与焉(고필여언)이라 하셨습니다. 저를 불쌍히 보
시오면 필시 영감님의 공덕이 커질 것입니다."

상재가 말을 마치자 군수가 긴 웃음을 한동안 웃어젖힌다.

"그래, 맞다. 네 말이 맞다."

하더니만

"아버지 모시고 바로 집으로 돌아가도 좋다. 단!"

눈을 부릅뜨고 상재를 쏘아 보면서,

"이게 무슨 말인지 어디 해석을 해 보아라."

명한다. 아직도 얼떨떨한 상재는 글월을 풀어 내린다.

"문공은 말하기를…"

"큰 소리로 하라니깐"

"문공은 말하기를… 진실로 백성에게 이롭다면 그것은 곧 나의 이
로움이다. 하늘이 백성을 낳고 군주를 세움은, 백성에게 이롭게 하라
는 것이다. 백성에게 이로움이 있으면, 나는 반드시 그 이익을 받게
된다. 이런 말씀을 올렸습니다."

"옳지, 옳지… 그 글이 어디 있다고?"

"예 소자가 가르침을 받은 춘추(春秋) 제9 문공(文公) 하편 8과에

있는 말씀이라고 아뢰었습니다."

"참 야무지고 똑똑하기도 하다. 형방은 처음 듣는가? 잊어버렸는가?"

형방이 주춤거리고 즉답을 하지 못한다.

"이 감역! 자네 아들 공부를 어떻게 시켰기에 순식간에 춘추를 줄 줄 풀어 댄다지? 놀랍네. 그러니 데리고 어서 가서 신방 차려주고 손님을 맞게나. 해 걸음에 나도 가볼 생각이네. 어이! 이방하고 병방이 랑 우리 모두 같이 가기로 하세"

형방이 놀라 한 마디 한다.

"김 참의님 오시면 어쩌시려고 그러십니까?"

"걱정 말게나 내가 다 알아서 할 참이니까."

혼잣말로

"범상치 않아."

하더니마는 어서 가라고 손을 젓고 상재는 큰절을 올리고 동헌을 나선다. 상재와 희택이 집으로 돌아왔다.

선산문제 해결되다

상재의 결혼을 맞아 밤늦도록 하객이 북적인다. 상재와 희택이 돌아와 손님을 맞는 잔치손님 가운데는 한산군수와 육방관속 관리들이 있다. 으레 낮에 동헌에서 있었던 군수와 상재와의 만남이 주 화제로 떠올랐다.

"걱정은 걱정이야. 내가 김 참의 영감의 신세를 많이 졌고 지금도 조정에 무슨 일이 생기면 참의영감이 내 뒤를 봐 주시는데 영을 어기고 출옥하라 했으니 내려오시면 불호령이 떨어질지도 모르니 말일세."

군수는 걱정을 하면서도 후회는 하지 않는 눈치다.

"이 감역이 가서 울타리를 뜯어내지만 않으면 별 뭐라 안 하실지도 모르지 않겠습니까?"

형방도 걱정하면서 하는 말이기는 하다.

"여보게 이 감역, 손님 좀 뜸하시면 이리 좀 앉아 보게."

희택이 관속들과 자리를 같이했다.

"새신랑인지, 맏아들인지 누가 가르쳤는가?"

"예, 좋은 스승님의 신세를 많이 졌는데 몇 달 전 그만 돌아가셨습니다."

"지금은 누구 문하에 있는가?"

"예, 아직 스승을 모시지 못하여 지금은 없습니다."

"그래? 이 감역 형편에 가르치려면 힘 많이 들 텐데 그래도 어느새 사서오경을 마쳤는가?"

"아직 마쳤다고 할지, 멀었습니다."

"내 그래서 하는 말인데 내가 상재한테 볼 만한 책을 줄게 좀 있으니 신방 치르고 나거든 한번 들르라고 하게나."

"아, 예. 말씀만 들어도 고맙습니다."

희택의 말을 들은 상재는 며칠 후 동헌으로 갔다. 여기 책을 준비했으니 가지고 가라고 한다. 상재가 처음 보는 책이다. 육도삼략, 안씨가훈, 위정삼부서, 송명신언행록 외 가장 큰 선물은 두터운 대 옥편(玉篇)이다. 옥편이 변변치 못했는데 상재는 날아갈 것만 같다. 그러나 상재의 관심은 김 참의의 일에 있다. 그렇다고 선뜻 산소 일을 묻지도 못한다. 인사를 드리고 나오면서 아직 김 참의가 한양에서 내려오지도 않았을 것이며 그렇다면 희택이 그 후 어찌됐다고 할 텐데 아직은 말이 없다.

상재가 신혼으로 인해 유씨와 면이 익어가려 하는데 마침내 희택이 입을 연다.

"상재야! 지난번 할아버지 산소일로 걱정은 안 해도 된다."
하면서

"네가 나나 할아버지에게도 큰 효자노릇 제대로 했다."
말한다.

"어찌 되었답니까?"

희택은 군수영감이 불러서 갔단다. 방금 김 참의가 다녀갔단다. 희택을 풀어주라고 하기에 어쩔 바를 모르고 이미 풀어주었다고 하자 뜻밖에도 참 잘했다고 하더란다. 김 참의는 한산에서 먼 화정(화정면)에 살기 때문에 상재가 장가드는 것은 몰랐다. 다만 미리 풀어주어 잘했다고 하며 울타리를 바로 자기가 걷어내겠다고 하더란다. 한양에 가서 몇몇을 만나 우연찮게 비슷한 이야기를 들었는데 다 건드려도 절대 남의 조상 산소는 건드리는 것이 아니라는 생각을 갖게 했다는 것이다.

실제로 내 땅에 남의 조상이 묻혀 있어도 순리로 풀어주지 않으면 화를 입는다는 것이며, 상대가 내 땅이라는 것을 인정하더라도 반드시 이장비용을 쥐어주고 보내야지 아니면 산소 건드려 좋을 게 없다는 얘기를 듣고 깨달아 바로 내려왔다는 것이다. 그러면서 잘했다고 하더란다. 군수가 안도의 한숨을 내쉬고 아들이 효자라 하늘이 감동한 모양이라는 말도 해 주었다면서

"모든 것이 상재의 효심이니 어서 상재를 향시에 응시하게 할 준비를 하라."
고도 말해 주었다고 하여 일이 잘 풀린 것이다.

제7부

신혼의 상재와 새 스승 혜산

신부 유월예(劉月禮)

　상재의 아내로 시집온 강릉유씨 규수의 이름은 월예(月禮)다. 당시 여식(女息)들의 이름은 결혼하면 부르지 않지만 월예의 부친은 시집을 가더라도 잊지 말라고 당부한 일이 있다. 월예의 부친은 강릉유씨인 것에 자부심을 가졌다. 딸, 딸, 딸, 아들… 이렇게 1남3녀의 맏딸 월예에게는 누구보다도 자상했던 아버지였다. 어려서부터 강릉 이야기를 자주 해 주었고 그때마다 이율곡의 어머니 신사임당을 강릉의 자랑이라고 마치 일가라도 되는 것처럼 자랑하며 월예에게 들려주었다.

　"한 가정은 한 여인으로 인하여 구축된다."
하면서 율곡의 어머니 이야기로 밤을 새우기도 했다. 특별한 것은 파주(법원리)에 있는 율곡의 부친 이원수와 이율곡, 그리고 신사임당 묘소를 가 보았다는 이야기와 함께 강릉 오죽헌도 갔더니 어떻더라고 하는 이야기까지 오죽헌과 파주 묘지 이야기를 자주했다. 사임당과 율곡과 부친 이원수의 묘를 다녀와서 깊은 인상을 받은 것이 분명하다.

"나라는 남자하기에 달렸고, 남자는 여자하기에 달렸다."

월예의 부친이 누차 들려 준 말이다. 월예가 사임당과 같은 아내가 되고 그런 어머니가 되기를 바랐던 것이다.

자연히 율곡 이야기에도 일가견이 있어 들려주었다. 어느 때부터 인가 짤막짤막하게 자주도 들려준 이야기 중에는 중종 임금 시대와 인종 임금, 그러자니 연산군 이야기도 나왔다. 신사임당은 중종이 왕위에 오르기(1506년) 1년 전 1505년에 태어나 중종 임금 시절(1505~1544년)을 살다가 명종7년(1551년) 세상을 떠났다면서 제10대 연산군, 제11대 중종, 9달 만에 물러난 제12대 인종, 제13대 명종 임금까지의 숱한 궁중 이야기를 자주 하였는데 이유는 단 하나다. 신사임당이 그 시절에 살았기 때문이다.

"조선에 이런 여인이 10명만 있었어도 아마 지금같이 어려운 일은 없었을 것이다."

혼잣말처럼 대비정치와 안동김씨 세도정치를 빗대어도 말하였다. 틀림없이 월예는 신사임당 같은 아내가 되고 어머니가 되어 주기를 바라는 것이다.

결론은 언제나 이율곡이 그 어려운 고비 고비 과거마다 응시하면 알성시고, 어전시고 무조건 항상 장원급제하기를 9번이나 한 대기록을 세웠다는 이야기다. 도대체 왜 이런 이야기를 자주할까. 분명 아들이 없는 탓인 듯하다.

나중에 태어난 막내가 아들이지만 겨우 4살인데 지금 월예는 시집을 와버렸으니 어쩌라고 9번 장원급제를 강조하는지. 그럴 때마다 월예는 아버지의 마음을 읽었다. 아들을 낳지 못하는 그게 곧 딸 가진 부모 마음이라는 것을. 그러니까 이제 막내가 커 가면 아버지는 무슨 이야기를 많이 하실까. 분명하다. 강릉은 변함없고 오죽헌이나 파주 묘지 이야기도 마찬가지고, 대신 이율곡 이야기가 신사임당 자리를 메울 것이다.

예기와 내훈

둘째, 셋째도 딸로 태어나자 월예 부친은 마음이 조급했나 보다. 길쌈하고 바느질하고 수를 놓는 여식들에게 천자문과 소학을 가르치 더니만, 어느 날부터인가는 예기(禮記)와 내훈(內訓), 두 권의 책을 들려주었다.

"월예야! 난 이 세상에서 가장 재미난 책을 한 권만 고르라면 고르지 못한다. 두 권을 고르라고 해야 고른다. 바로 예기와 내훈이다. 이 책이 얼마나 재미있고 유익한지 넌 모르지? 아마 나보다 네가 더 재미있다고 푹 빠지는 날이 올 걸!"

부친은 월예를 이렇게 꼬드겼다. 과연 아버지의 말이 맞아 월예는 예기와 내훈에 깊이 빠져 시집을 오면서도 증자의 효경(孝経)과 율곡이 쓴 격몽요결(擊蒙要訣)까지 책 몇 권을 가지고 왔다.

시집온 지 두 달여가 지나자 마침내 월예가 드문드문 상재와 말을 주고받았다. 상재도 비로소 얼굴을 보여 주어 월예의 얼굴을 보고 눈동자도 볼 수 있게 되었다. 얼굴이 보름달처럼 동그랗고 아무리 보고 또 보아도 눈빛에 쓰여 있다.

'나는 엄청 착한 여자거든요.'라고.

무엇보다도 잘 몰랐건만 어딘지 보지도 못한 신사임당을 많이 닮은 것 같기도 하여 다시 만나보는 것 같은 정숙함이 배 있다. 남자로 태어났다면 귀공자요, 여자로 태어났으니 천상여자요, 요조숙녀라는 단어가 마주 볼 때마다 앞을 가린다. 그렇게 상재의 신혼이 시작되었다.

상재가 신바람이 나서

"어떤 신랑인가 궁금했지요?"

물었다.

"아닙니다. 궁금해하면 여자답지 않다고 배웠거든요."

자주 상재가 말에 밀린다.

"그랬어요? 하하, 나는 사실 장가드는 것에 대해 무덤덤했어요. 마음 같아서는 공부할 때라 더 있다가 가라 하시기를 바랐지만 아버지의 마음대로지 내 맘대로 하는 것이 아니라서 그저 순종(順從) 장가를 든 것이오."

어린 부부이기는 하다. 그러나 사랑스럽기 그지없는 애틋한 부부로 짝을 만났다.

"배운 대로 사임당 같은 어머니가 되면 얼마나 좋겠습니까?"

상재가 입을 열었다.

"그러나 그보다 더 중요한 것은 남편이 된 내가 중요하다 싶습니다. 남편이 남편다워야 자식이 자식다울 것이고, 사임당 같은 어머니가 되지 않겠어요? 미안한 것은 아직껏 내 몸 하나를 제대로 세우지 못하였다는 사실입니다. 공부하다 말고 순종하고 보니 부인을 만나 좋기는 한데 걱정이 많아요."

그러자

"걱정이시라니요? 그게 무슨 말씀이십니까?"

"아시다시피 지금은 이율곡 같은 자식보다 앞에 놓인 것이 부족한

이 남편 아닙니까? 율곡을 기르는 어머니는 훗날 얘기고 우선 남편을 길러야 할 형편이라면 내 어찌 낯을 들겠습니까?"

하자, 월예가 일순간 마음을 차분하게 가라앉히며 말한다.

"서방님도 아시는 것처럼 제가 깊이 잠겨버린 예기(禮記)에 보면, 제1권 제1편 곡예 上 제1 첫 장에 이런 말이 있습니다. 曲禮曰, 毋不敬 嚴若思 安定辞 安民哉(곡예왈, 무불경 엄약사 안정사 안민재)입니다. 어찌 걱정이라 하시며 어찌 면이 없어 낯을 들지 못한다 하십니까? 그런 말씀일랑 영영 하지 마십시오."

아차! 순간 상재가 가슴을 한 방 쥐어 박히고 말았다. 그런데 얻어 맞고도 어이 이렇게 기쁘고 벅찰 수가 있단 말인가. 상재는 자신도 모르게 그만 너털웃음을 웃어버렸다. 그러자 월예가 질겁하며 입을 막아주려 한다.

"서방님! 저하고 둘이서 이렇게 웃음소리가 크시면 이번에는 저야 말로 낯을 들지 못합니다."

듣고 보니 이 말이 맞는지라 깜짝 놀라 웃음을 멈추고 상재가 말했다.

"어디 예기(禮記) 스승님이 오셨으니 그게 무슨 말인지 한수 잘 가르쳐 주옵소서!"

상재가 짓궂게 청하였다. 아니나 다를까

"서방님이 저를 놀리시는 것도 우리가 먼 데로 분가를 하면 모를까 어쩌라고 이리하시옵니까?"

어라? 이번에는 '옵니까 체'로 올려 바친다. 겨우 사정하여 해설을 들었다. 물론 해석은 학자마다 약간씩 다르다. 같은 글자를 전혀 다른 글자로 분석하는 학자도 있기 때문에 월예의 해설이 꼭 듣고 싶은 상재다. 월예가 더 이상 아니라 하지 못하여 입을 연다.

"곡예가 말하였습니다. 세상에 공경하지 않아도 되는 것은 없습니다. 그러므로 단정하고 엄숙하여 마치 무엇을 생각하는 사람처럼 하여야 합니다. 특히, 듣기에 안정된 말을 한다면 백성마저 편안하게 할 수 있습니다."

서방님의 길이라면

점점 상재와 월예가 정이 든다. 아버지 희택이 한 말이 적중한 것이다. 그날이었다. 상재가 말하기를

"아버지께서는 규수를 보셨는지요?"

하였더니

"그럼 봤지 아무래도 궁금하지? 그래, 나이는 너보다 세 살 위고, 한눈에 보니 내식구요, 네 배필로 이 세상에 태어난 단 한사람이라는 것을 바로 알아보았다. 사람이 살다 보면 다르기도 하다지마는 사람의 외모는 본성과 직결되어 있어서 아버지가 볼 때는 두 번 다시 생각해 볼 다른 이유도 망설일 이유도 없었다. 고맙게 생각하고 맞아야 한다."

라고 하셨던 말씀 그대로다.

볼수록 과분하다 싶은 여인을 만났다. 외모는 모가 나지 않고, 생각은 단정하고, 머리는 총명한데 그렇다고 넘치지도 모자라지도 않아 안정되었다. '어디서 이런 사람이 태어나 자라고 있었을까?' 그보다도 또 있다. '어이하여 나와 부부가 되었을까?' 하는 것이다. 무엇으로 보나 정이 흐르고 편하여 혼자 다짐하게 된다. '어떤 일이 있더라

도 사임당 신 씨와 같은 인생을 살아간다고 장인어른께 말하는 날이 오도록 해야 하겠다.'라고.

점입가경이랄까? 어느 날 월예가 입을 열었다.

"마곡사 한번 다녀오시면 어떠실는지요?"

일정(一精) 스님 이야기를 들은 지 얼마 후의 일이다.

"가서서 혹여 제자로 받겠다 하시면 얼른 떠나시고요, 정이나 아니다 하시면 누구를 추천 좀 해달라고 하시면 어떠실는지요?"

지금 스승님이 안 계신 데 대한 월예의 생각이다. 그렇다. 120리 먼 마곡사에 계신 일정 스님이 상재를 기억할 일이 아니다. 더구나 장가를 갔으면서도, 아뿔싸! 오시지도 못 하겠지만 연락도 올리지 않았다. 상재가 말했다.

"아버님의 허락을 받고 인사 올리러 같이 가도 좋다 하면 가시겠소?"

월예는 그럴 수는 없다 하여 끝내 혼자 다녀오라고 사양했다.

"그동안 서방님이 저를 매우 반기시고 마음을 바닥까지 훑어 배필 되었음을 족히 여기시오니…."

하다가 말을 멈춰 버린다. 한참을 기다려도, 아예 그만둘 모양이다.

"부인 무슨 말인지 마저 하세요."

상재가 두 번을 재촉하자 마음먹은 듯 멈춘 말을 계속한다.

"서방님을 저와 율곡에 비유하면 무례인 줄 아오나, 서방님께서는 율곡이 되시옵고, 저는 어미가 아닌 아내 사임당이 되기로 하였습니다."

하는 것이다. 상재가 순간 넋을 놓고 듣자 부연설명을 덧붙인다.

"서방님이 학문의 길을 가는 데 있어서 제가 필요하면 있는 사람이 될 것이요, 만약 제가 불편하시다면 없는 사람이 되어도 기꺼이, 서방님의 길이라면 다른 건 못 해도 반드시 마음을 다 바칠 것입니다."
한다. 상재는 이 말이 가슴에 박혔다.

일정과의 재회

가을이 깊었다. 마곡사는 혼자 가라던 월예가 상재와 함께 길을 떠나 일정 스님에게로 가고 있다. 마음을 바꾼 이유는 희택이
"두말 말고 같이 가라."
고 했기 때문이다.
"새 아기네 집안이나 우리 집안이나 두 집 다 유교 집안이기는 하다. 그러나 상재는 불교의 스님 두 분으로부터 학문의 기초를 닦았다. 벌써부터 향시에 장원은 상재라고 한산 관아에서 말하는 것은 모두 두 분 스님의 은덕이다. 상재 말대로 불제자가 되고 않고는 선택의 문제로 자유롭다 할 것이나 새아기 말대로 가지 않아 예의 문제는 다른 것이다. 길이 멀어 힘들겠지만 그래도 같이 가거라. 가서 인사를 올리고 불전에도 기도를 올리고 오거라 '난 불교 안 믿어요' 하는 것과 달리 믿지 않아도 '귀한 스님을 만나 가르침을 주셨으니 감사합니다' 해야 예다. 가르침은 신(信), 불신(不信)을 떠나 뉘게나 받아야 마땅하지."
사실 새색시의 입장에서 아니다 싶어 아니라 하였지만 속내는 가고 싶었는데 희택의 말에 잘됐다. 이번에는 단둘이 가는 길이라 신행 길처럼 뒤에 사람도 없다. 단풍이 곱게 물든 길을 걸어가는 신혼부부의 얼굴은 단풍에 비쳐 붉고 곱다. 손을 잡아야 할 때도 많다. 강을 건너려 버선을 벗어야 할 때도 있다. 백마강에서는 배를 탔다. 그렇게

마곡사 초입에 접어들고 우람한 불사에 들어섰다.

"안 그래도 어젯밤 꿈에 현만이 보였어. 그러더니 자네가 왔구먼. 이렇게 참한 아내까지 맞이해 같이 오다니 꿈만 같네. 나야 속세를 떠난 사람이고 딸만 하나 있지만 오늘은 아들이 자라 내가 며느리를 본 것 같구먼. 왔으니 며칠 머물다 가게."

일정이 월예를 보고 이런 말도 한다.

"대단한 선비의 후손인데 재산이 없어 어떨지 모르겠지만 사람이 사는 데 재산보다 중요한 무엇이 있어요. 내가 살아 보니 행복이란 재산하고는 상관없던데 이런 말은 어려운 얘기겠지만 둘이서 참다운 행복의 길을 만들어 가 봐요."

월예는 족히 알아듣는 말이다.

"인사를 오니 고맙네. 그런데 좋은 스승님은 모셨는가?"

"아닙니다. 어느새 1년이 지났건만 아직도 모시지 못했습니다. 대신 아내를 맞았으니 부모님의 은덕이요, 현만 스님 생각이 많이 납니다. 살아 계셔서 이 자리에도 같이 계셨더라면 기뻐하실 텐데…."

"그렇지. 현만이 자네를 아낀 그 마음 내가 잘 아네. 그 마음을 자네도 알 터인즉 가신 분의 뜻을 이루어 보답해 드려야 마땅하겠지. 그런데 왜 아직 스승님을 모시지 못 하였는가?"

스승을 모시기가 얼마나 어려운지 일정도 모르는 바는 아니다. 상재가 머뭇거리자 예의 스승 된 일정의 훈사가 이어진다.

"한 인간을 알려면 부모를 보랬다 하네. 부모를 보았거든 누가 스승이냐를 물어보라 했다네. 사람은 부모의 씨를 받지. 무씨는 논에 심어도 뿌리가 둥글고 배추씨는 걸은 밭에 심어도 뿌리는 가늘고 잎사귀가 넓어지지. 호박은 가물어도 뚱뚱하고 오이는 가물수록 길어 지지. 이게 씨야. 그러나 배추씨든 오이씨든 어떻게 자라느냐의 문제가 스승이라네. 나 같은 중을 만나면 불제자가 되는 것이고 도적을 만나 어울리면 결국 도적질이고…. 누구를 만나 무엇을 어떻게 배우느냐에 따라 사람은 달라지. 자네는 목은 이색의 씨를 가지고 태어났으니 목은 같은 스승님만 만나면 나라의 기둥감이야. 새색시가 정경부인이 되고 않고는 스승이 누구냐의 문젤세."

상재보다도 월예의 눈이 더 빛난다. '과연 대단한 스승님이로구나.' 하지만 돌아가신 현만 스승님의 벗이 되실 뿐. 매달리고 싶은데 마음뿐이다. 매달려서 될 일도 아니고. 입에 침이 마르는데도 스승님 추천할 분이 없느냐는 말을 또 미루고 있다.

밤이 지나고 마곡사의 아침을 맞았다. 늦게 잤더니 어느덧 해가 중천인가 보다.

"허허, 왜 더 자지 않고 일어났는가? 잘 잤어? 색시하고 자니까 기합이 빠진 건 아니겠지?"

일정이 짐짓 장난기가 돌았나 보다. 월예가 고개를 숙이다 들고 "소식(小息/작은 여인)이 아직 어린 탓입니다. 용서하세요 스님…."

하자, 절레절레 고개를 젓는다.

"아니야, 아냐. 절대 아니고말고. 사람이란 좋은 잠자리가 중요해요. 여기는 한산 땅과 다르고말고. 여기서 잘 잘 수 있어야 왕생극락길로 가는 거거든. 내게 큰 대접을 했네. 뒤척이고 잠을 못 잤다면 여기를 어찌 극락도량이라 하겠는가? 더 오래 자야만 여기가 중생구제의 지상낙원이란 뜻일세. 편하게 푹 자 주어야 그게 부처님 품 안 아니겠어? 먹고 예불 드리고 오후에도 또 주무시게나."

왠지 상재가 몸 둘 바 편함만은 아니다.

혜산(惠山)을 만나다

　일정(一精)은 법당에 가서 3배는 올리라 하였다. 3배를 마치려하는데 일정이 법당으로 들어선다.

　"아침 먹고 나하고 얘기 좀 더 해야 되겠지?"

　일정이 입을 열었다.

　"찾아온 목적이 있을 텐데…."

　스승을 모셔야 하겠으니 추천해 주실 만한 분이 없느냐고, 몇 번 말이 나오려다 아직 못 한 말인데 혹시 마음을 꿰뚫으시기라도 한 것일까?

　"이삼 일, 아니면 사나흘만 더 묵고 내려가게. 오늘 올지 내일 올지 모르겠어."

　"누가 오십니까?"

　"응. 내가 사람 하나를 버려놓은 친구가 있네. 혜산(惠山)이라고…."

　상재는 재빨리 묻지 못한다. '혜산이 누구신데요?' 경박하게 묻는 것도 예가 아니기에 다음 말을 기다려야 한다.

　"그 친구가 자네 스승으로 좋다고 보이는데 나한테 불교 이야기를 많이 듣는 바람에 어중간 하니 불교로 보면 땡승이고 세상으로 보면 한량이야. 벼슬을 거둔 지 몇 핸데 글쎄…? 그 친구가 한산 사람이라고 한 것 같거든. 고향으로 내려간다고 했고. 교분이 두터워서 현만 (顯滿) 하고도 몇 번 만난분이지. 인사드리고 받아 주신다면 혜산만한 스승님도 없을 걸세 마는 모르겠네. 아참! 목은의 후손이기도 하다. 맞아. 한산이씨에 희(羲)자 진(眞)자를 쓰니까 자네하고 항렬이 어찌되나 모르겠네."

　뜻밖이다. 일정 스님이 추천하시고 현만 스님과도 면이 있으시다면 감읍(感泣) 백번이다.

"희자 어른이시라면 제 아버님 항렬이십니다."

몹시 궁금하다. 얼른 물어보고 싶다. 그러나 기다려 참아야 마땅하다. 이런 상재의 마음을 아시나 보다.

"아직은 아닐세. 알다시피 뵙지도 않았잖아? 종씨고, 일가고 다 소용없네. 연이 닿아야 만나고 사제지간이 된다는 것은 자네도 알 터이고, 공부가 어디 여간 어려운 건가? 그래서 정승판서의 자식들이나 돼야 걱정치 않지."

혜산이 왔다. 키가 크고 상재는 작아 올려다보니 눈썹이 진하고 넓다.

"혜산! 인사 받게 종씨야. 조카(足下)뻘 될 모양이거든."

"목은의 16대 손이며 문양공 15대손 상재라 하옵니다."

혜산이 멈칫한다. 아버님 함자를 묻고 조부님을 묻는다. 혜산은 같은 목은의 후손으로서 문양공이 아니라 휘 종학(種学) 인재공(麟斎公) 14대손이며 목은의 15대손이니 희택과 동 항렬이라 희택에게는 형뻘되는 나이다.

"상재야! 내가 말했지? 이 친구는 내가 불제자로 모시려다 실패했다고. 그러나 아직은 모르네. 이제 관직에서 발을 뺐으니까 올해나 내년에는 들어올지도 모르지."

"허허, 일정! 난 아니거든. 난 지금이 편해. 관복 다 벗어던지고 한량으로 강등하니 이보다 좋을 수가 없네."

"한량? 자네가 언제 무과에 급제했다고? 한량도 벼슬이야 이 사람아!"

맞다. 한량(閑良)은 무과의 합격자로서 전직(前職)이 없던 사람이므로 벼슬은 벼슬인데 의미를 달리 쓰고 있다.

알았으니 인생여행이다 치고 경치 좋은 곳에 가 살아갈 평생계획이나 잘 짜 보라면서 둘이서는 할 이야기가 있다고 안으로 들어간다. 그리고 대화를 나눈 모양이다. 상재를 자네가 좀 가르쳐 볼 수 없느냐고. 상재라는 아이는 어떤 아이라고도. 어쩌면 자기가 맡고 싶지만 혜산이 더 좋을 것 같다고도 한 모양이다. 혜산이 입을 연다.

"상재 조카! 일정에게 이야기 잘 들었네. 그런데 나는 한산에 살지 않아. 저 친구가 잘못 알고 있었지. 지금은 집이 한양이야. 그런데 향리로 내려갈 걸세. 한산이 아니고 옥포야. 옥포 알지?"

"예, 알고 있습니다."

"강하나 건너 사이니까 한산이나 옥포나 거기가 거긴데, 옥포라 하면 길게 설명을 해야 되니 그냥 한산이라고 해야 알아들어 옥포를 생략하기도 하였더니 이렇게 됐구먼."

가슴이 조마조마하다. 한산이 아니라 가르쳐 줄 수 없다고 할 모양이다. 옥포라면 한산하고 금강을 사이에 둔 전라도 땅이지만 한산이나 마찬가지로 가깝다. 그런데 옥포도 옥포 나름이라 강에서 얼마나 먼 데냐고 하는 것이 문제다. 멀다면 너무 멀지만 가깝다면 뱃길만 건너가면 바로 거기가 옥포니까. 얼른 묻기 전에 무어라고 하실지 모르니 다음 말을 기다려야 옳다. 혜산이 입을 연다.

"자네가 좋다면 종지골에서 반나절이면 신성리(현 한산면 신성리 갈대밭관광지) 나루터(뱃머리)까지 올 수 있거든. 곰개나루 알지? 거기를 곰개나루라 하지. 곰개나루서 배타고 강 건너 다시 반나절 못 미치면 내가 가려는 향리에 올 수 있네. 그런데 갈 집은 다 지었어도 이사는 내년 봄이나 돼야 가."

"내년 봄이면 무슨 상관있겠습니까. 거두어 주신다면 그건 상관없습니다."

"알았네. 자네 춘부장(椿府丈/아버지의 존칭어)도 만나 보기는 해야
되겠지? 또 반대라도 하실지 뉘 아나?"

"만나 뵈오시도록 하겠습니다만 반대라니요 그럴 리 없습니다."

혜산이 말을 받는다.

"올봄에 식년시(式年試/초시)를 마쳤으니까 3년 후에나 열리게 되
네. 2년 후 가을에 향시하고 3년 후 봄에 식년시에 붙으면 얼마나 좋
겠는가? 다만, 매일 오가기도 그렇고 내 집에 기숙도 쉽지 않을 신혼
이니 한파수(장날 기준, 5일간을 뜻함)나 한이레(일주일, 7일)에 한번
와서 과제를 받고 수학을 받아도 될 걸세 마는 다음에 상의하세."

그러더니 말을 마치려 한다. 상재가 여쭈었다.

"그럼 언제 어떻게 다시 뵈어야 하지요?"

"아, 그 약속이 빠졌군. 그러니까… 에… 내년 설날 지내고 정월 초
사흗날 아버지 모시고 옥포로 오게. 곰개나루 건너 왼쪽으로 강가 길
을 따라 5리 정도 오면 큰골이라는 동네가 있고 그 옆에 판포라는 마
을이 있네. 거기 와서 물으면 다 아네. 가까워. 그럼 약속했네. 정월
초사흗날…"

곰개나루와 판포

상재가 집에 돌아와 희택에게 혜산 스승 이야기를 했다. 그쪽에 우
리 일가가 산다는 이야기를 들었다 하고 좀 더 가면 성당면(面)이라고
있는데 두동리에도 우리 일가가 많이 산다고 말해주었다. 그러나 혜산

선생에 대해서는 알 만한데 일찍 떠나셨는지 잘 모르겠다고 하였다.

"그래 초사흗날 같이 가 보자. 미리 한번 너 혼자 동네라도 가보고 오든지."

아니라도 상재는 궁금해서 월예와 같이 판포리를 가 보려 하던 참이었다. 부부가 길을 나섰다.

종지리를 지나자마자 성외리가 나오고 한산성을 지나면 단상리 단하리, 다음에 온동리 연봉리를 지나 오른쪽 용산리와 왼쪽 시음리 가운데 동네가 신성리이며 강 건너 옥포 쪽 곰개나루와 오가는 나루터다.

여기도 좀 왔었던 곳이다. 여름에는 멱을 감으러 여러 번 왔다. 시오 리 정도 거리라 반나절까지 걸릴 거리도 아니지만 넓은 신성벌은 지루하고 침수가 되는 지역이라 뱃머리가 들쭉날쭉 이었다. 둑이라고 해야 낮아 때로는 바닷물이 밀려오기도 하는 곳이고 눈으로 다 볼 수도 없어 종지골 앞뜰의 열 배도 넘는 갈대밭이 무성하여 어른 키보다도 높게 자라는 곳이다. 엄청난 물고기를 잡은 사람도 있어서 본 곳. 갈대밭은 푸른빛을 잃고 벼가 익은 색깔처럼 누렇게 덮여 있다.

"와, 여기 나는 처음 와 보는데. 이렇게 시원하고 경치가 좋네요."

월예는 처음 보는 넓은 갈대밭과 바다처럼 가득 찬 강물이 모처럼 구경거리가 되는 모양이다.

"여기가 무주 덕유산에서부터 내려오는 금강하구예요. 감영이 있는 공주 곰나루 물이 백마강이 되어 부여를 지나서 내려오고 옥천 보은 물도 이리로 내려와요."

"옥천이요?"

"강릉의 옛 고려시대 이름 말고 우리 공충도(1871년 이전의 충청도 지명)에도 옥천이라고 있답니다."

신혼의 부부가 두 번이나 바깥바람을 쐬러 나오니 월예는 새롭기만 하다.

"지난번에 마곡사 갈 적에 부여 규암나루 배로 건넜던 그 강이 이 강이라는 거지요?"

이래저래 부부는 점점 정이 깊어간다.

한산 쪽이 벌판인 데 비해 용포 쪽은 산이다. 건너편 곰개나루 쪽은 주막도 보이고 몇 채의 집이 있으나 이쪽은 허허벌판이다. 나룻배는 강 건너에 정박돼 있어 바라다 보이나 언제 올지 모를 일이다. 마침내 배가 와서 둘은 강을 건너 강가 길을 따라 곧 판포에 도착하니 묻지 않아도 새로 지은 집이 있어 이 집이다 싶어 들어가니 빈집이 아니었다.

"예, 제가 이 집에 사는데요, 집이 적어 새로 짓기도 하고 고쳤습니다."

그동안 농사를 지으며 집을 지켰다는 촌로가 어르신께서는 내년 봄에 이사 오신다 하셨다고 한다.

"정월에 오신다고 하여 그때 찾아뵙기로 한 사람입니다."
하였더니,

"예, 명절이고 시향에는 꼭 오시는데 이사는 봄에 오신다고 하셨습니다."

"알아요. 그때 봄부터 가르침을 받으러 올 사람입니다."

혜산 스승의 가르침

　겨울이 가고 정월이 왔고 초사흘도 지났고 봄을 맞아 혜산이 이사를 오고 상재는 판포에 오가며 이제부터 오경(五経: 詩経+書経+易経+禮記+春秋)을 배우기로 마음먹었다. 춘추는 좀 배웠고 월예가 가져온 예기도 상재가 가진 책과 좀 달라서 배우는 중이었으나 시경 서경 역경은 책이 없다.

　"차츰 해야지 그렇게 많이 배울 것은 없네. 향시(郷試)는 소학만 잘 해도 될 일이고 식년시(式年試/初試)도 사실 사서(四書/ 大学+中庸+論語+孟子)만 가지고도 남을 일이야. 많은 책을 떼기보다 한 권이라도 얼마나 잘 배웠느냐가 중요한 것이니 사서만 집중하기로 하자고. 잘 모르니까 내가 학력을 살펴보고 나서 결정하자고."

　현만은 마음이 바쁘게 분량을 생각했으나 혜산은 좀 다르다. 어쩌면 대학 한 권이라도 제대로 통달하면 초시 합격이 가능할 수도 있는데 책만 많이 들췄지 한 권도 통달이 안 된 유생들이 많으니 그러지 말자는 것이다.

　"책 많이 본 사람치고… 내 말 잘 듣게. 그런 사람치고 건성이 많아. 뭐도 봤다, 뭐도 배웠다… 이거 다 소용없는 짓이야. 하나를 알아도 정확하게 알아야지 다 허세일세. 사서만 해도 대학, 중용, 논어, 맹자, 이것도 너무 많아. 이걸 어찌 제대로 통달하겠는가? 게다가 오경까지? 거의 불가능이고 다 통달하고 급제한 사람도 없어. 학문에는 안 보이는 맥점이 있다네. 그 맥을 찾아 활용하면 시(詩/작문/제술)나 부(賦/풀이/논설)나 대학 아니라 소학(小学)만 통달해도 가능한 거라. 무슨 말인지 알아듣나. 소위 전공이지. 어떤가? 내 말 알아듣지?"

아, 그래서 한파수나 한이레에 한 번만 오라고 한 것이었다. 배운 것이라고 넘길 게 아니라 1독하고 2독하고 10독 100독을 해도 좋다는 것이다.

"그러니 평생 볼 책인데 욕심 안 내도 절로 보게 될 터이니 이렇게 하세."

집중도서가 정해졌다. 대학과 예기 춘추를 기본과목으로 하고 만약 필요하다 싶으면 사서오경을 보충하되 오히려 통감절요를 전공과목으로 하자는 것이 혜산의 교육방침이다.

"통달이란 무엇이냐? 아는 것에도 급이 있단 것이지. 대충 아는 것이 있고 잘 아는 것이 있고 통달의 경지가 있는데, 통달보다 높은 경지가 활용이라네. 활용보다 높은 것이 뭔지 알아? 저술이야 저술. 이런 사서오경을 써낸 경지에 도달하는 것이지. 그렇다면 써낸 저술인은 어떠한가? 잘 쓰고 못 쓰고가 또 다르네. 공자 맹자가 책을 쓰고 무슨 생각을 했겠나. 우리는 몰라도 본인은 안다네. '아, 여기는 영 쓰기는 썼어도 부족하다' 본인은 안다 그거지. 이처럼 학문은 세상의 이치를 논하는 것일세. 이거냐 저거냐의 정답이 틀릴 수도 있어. 책은 책일 뿐 더 좋은 책을 위한 자료일 뿐일세. 내 말 알아듣겠는가?"

"예, 어렵습니다. 알아들었어도 모르겠다 하여야 하겠고, 모르지만 알겠다고도 해야 하겠습니다."

"옳지. 내 말 제대로 알아들은 것 같구먼."

"이렇게 하자고. 내후년 가을에 향시를 보기로 하되… 아 참, 그런데 왜 공부를 향교에서 하지 않고 현만에게서 했던가?"

"예, 처음에는 향교(지역교육기관)로 보내신다 하시다가 아버님이 사숙(글방)으로 보냈습니다. 그 후 문헌서원으로 보내려 하시다가 또 봉서암 현만 스님께로 보내셨습니다. 그 이유는 당신께서 공부한다고 소문만 나고 결실은 없자 아예 아무도 안 보는 데서 소리 소문 없이 실속을 채워야 한다고 향교에 보내지 않으신 것입니다."

"오호라, 알아듣겠네. 그러나 향교에서 치르는 향시는 반드시 거쳐야 하는 것인 법일세."

내후년, 즉 17살이 되는 가을에는 향시를 보고 18살이 되는 봄에 초시를 보기로 하자는 것이다. 향시는 한산 성 옆 서쪽 산기슭에 있는 한산향교에서 본다. 한 번에 많으면 20명 적으면 10명이 본다. 향시는 군수가 주관하여 시제(試題)를 내고 향교의 전교(典敎/향교교장) 감독 아래 치러지게 된다. 향시에 합격하면 다음은 식년시라고도 하고 초시라고도 하고 생원시라고도 하며 둘을 합쳐 진생시라고도 하는 관찰사(도지사) 주관 아래 감영(도청)에서 치르게 된다. 상재는 공주감영에서 치러야 한다.

혜산이 말한다.

"초시에 합격을 해야지만 비로소 복시(覆試)를 보네. 진짠지 가짠지 재차 확인하는 거지. 복시를 합격해야만 이제 성균관(국립최고대학)에 입학할 자격을 얻는 것 알지?"

"예, 알고 있습니다. 전에 일정 스님도 가르쳐 주셨고 현만 스님께도 배웠습니다."

"그렇지 성균관에서 공부한 사람만 치는 시험이 이제야 우리가 말하는 진짜 과거(고등고시)라고 할 것이네. 그 시를 무어라 하지?"

"예, 관시(館試)라 하옵니다."

"맞아. 성균관(成均館)에서 치른다고 해서 끝자를 따서 관시일세. 그런 다음에는?"

"창덕궁에서 보는 전시와 알성시(謁聖試/여기 붙는 것을 알성급제라 함)가 있고요."

"그렇지 기왕에 끝까지 말해 보게. 제대로 아는가 내가 들어 보고 싶으니까."

"알성시나 복시나 관시나 다 무시하고 더 이상 윗자리가 없어 누구나 응시할 수 있는 과거 시험을 전시(殿試)라 하옵니다. 전시는 어전시(御殿試)의 줄임말로서 임금님이 친림하셔서 그 앞에서 보는 시험 제도입니다. 여기서 장원급제하면 임금이 친히 머리에 관모를 씌워 주고 어사화를 꽂아 주십니다."

"하하하!"

혜산이 웃는다.

"꿈만 같다. 이걸 화중전병(画中煎餅)이라 한다네. 알아듣나?"

"예, 그림에 떡입니다"

상재도 웃는다.

실속이 중요하다

어느덧 여름이 가고 가을이 왔다. 벌써 장가든 지 1년이요, 현만이 세상을 떠난 지도 1년 반이 넘었다. 장가든 것과 6개월 판포에 오가며 책장이 뚫어져라 복습한 것 말고는 없어 지루하기도 하다. 그럴 때마다 이제 1년 남은 향시를 준비하기에 마음은 바쁜데, 자주 실의가 밀려 온다.

'안 된다. 아버지와 어머니의 나에 대한 꿈을 나 자신이 포기하면

안 된다.'

마음을 다잡지만 16살 어린 청년 신랑의 예민함이 자주 기를 꺾어도 힘을 내는 상재다. 다행히 월예가 늘 웃어준다. 맨손으로 돌아오는 남편이 무엇인가 채우고 온 것처럼 웃으며 맞는 월예를 보며 이렇다저렇다 하고 싶은 말이 많으나 학문에 대하여는 말을 참는다. 그럼에도 혜산의 열정은 한결같다.

"공부란 밀가루다. 왜 배우느냐고 물으면 밀가루가 있어야 수제비를 뜨고 국수를 만드는 것과 같다."

밀가루 이야기, 콩가루 이야기, 쌀가루 이야기, 감자가루 이야기, 강냉이가루 이야기…. 혜산은 가루이야기를 자주도 한다.

밀가루를 가지고 수제비를 떠도 한 번에 다 떴다가 동시에 들어부으면 안 된다는 것이다. 가루 이야기는 가루마다 재미도 있다. 끓는물에 동시에 붓느냐, 처음부터 넣고 끓이느냐 둘 다 음식이 안 된다. 떡 덩어리가 되기 때문이다. 그래서 아무리 더워도 물이 펄펄 끓을때 하나씩 떼어 넣어야 익으면서 붙지 않는다. 그러나 밀가루 반죽으로 수제비만 떠먹으면 지루하다. 그래서 그것을 밀고 썰어 국수를 만든다. 이것도 동시에 집어넣으면 붙어서 수제비가 돼 버린다. 솔솔 뿌려 넣어도 잘 안 되니까 잘 안 붙는 콩가루를 섞어 밀고 썰어 솔솔 넣어야 쫀득쫀득하고 안 붙는다. 국수하고 수제비만 떠먹어도 질린다. 그래서 소다가루(이스트)를 넣고 빵을 쪄 먹기도 한다.

빵도 게 심심하면 안 되기에 수제비나 국수처럼 소금을 넣어야 하나 빵은 국물이 없어서 사까루(사카린)을 넣어 단맛이 나야 먹을 만하다. 어쩌면 앞으로 밀가루 빵에 고기를 넣거나 야채를 넣고 마른과자도 만들고 생일상에 올릴 빵 다르고 제사상에 올릴 빵 다르고 환갑

날 먹는 빵이 다른 날도 올 것이다.

세상의 음식이 이러하다면 학문의 요리는 수백 배로 많다고 보면 된다. 똑같은 학문을 가지고 아버지처럼 토목도 하고 병도 고치고 예의도 배우고 정치도 하고 부부가 사는 도덕도 풀어내는 것이 학문이며 그게 다 공부다. 혜산의 가르침은 실속이다.

"실용이라고도 하고 활용이라고도 한다. 창의적 학문이 아니면 백 권을 떼어도 과거에 못 간다. 풀어 요리하듯 글을 적용할 줄 알아야 하고 실생활에 유익을 구해내야 하는 것이 학문이다."

제술(製述)이란 무엇인가? 과거에서 지어 올리는 작문이다. 부부나 부모나 자식이나 전부 한 가지가 아니다. 이럴 수도 저럴 수도 있어 이러면 싸우고 저러면 효자가 된다. 모든 것이 응용이며 결론은 쓸게 있어야 하는 실속이다.

"이것을 꼭 알아야 한다."

혜산의 가르침은 톡톡 튄다.

초시, 복시, 관시, 알성시, 전시…를 줄줄이 꿰어 차서 큰일을 하여야 하는 것이 기본이다.

"나도 관시에 차석을 하고 어전시가 열리지 않아 못 봤다마는…"

혜산의 지론이다.

목은 할아버지처럼, 이율곡처럼 장원하여 큰일을 하신 분이 얼마나 되는가? 열에 한 명도 아니고 백도 아니고 천 명에 한 명이었다. 나중에 보면 밀가루에 독을 넣어 임금을 죽이고 썩은 밀가루를 가지고 백성들을 병들게 한 선비가 하나둘이 아니며 충신인가 하였더니 간신인 사람이 또 얼마였더냐? 밀가루가 아깝다. 그 좋은 밀가루를 가지고(배움) 부모에 불효자가 되고 백성의 역적이 된다면 그들이 학문이 부족해서 그런 게 아니라 그 좋은 학문을 잘못 써먹어서 그렇다. 이게 곧 실속이 없는 짓이다. 얼마나 배웠느냐의 문제보다, 적지만 그 밀가루를 가지고 얼마나 부풀려 맛있게 먹도록 하느냐가 중요하다. 과거를 보고 급제하는 문제가 이와 같다. 실속 있는 공부를 해야 하는 것이다.

"그리고 이것을 알아야 한다."

책을 지어낸 사람도 있다. 하늘을 나는 비행기를 만드는 사람도 나올 것이다. 너나 나는 지어낸 책을 공부하는 사람이다. 지어낸 사람도 있는데 지어낸 책을 배우지도 못한다면 말이 안 된다. 수레를 만들기는 어렵다. 그러나 끌지도 못한다면 되겠는가? 언젠가는 공자, 맹자보다 더 좋은 책을 만들어야 하는 것이 학문의 길이며, 만들지는 못하면 배워 알고, 쓸 줄은 알아야 한다. 배움은 배움 자체보다 활용이 목적이다.

제8부

과거에 응시하다

고종 친정(親政)과 대원군의 섭정

1866년, 상재나이 17살이 되자 신정왕후 조씨(24대 헌종의 어머니)의 섭정이 끝났다. 섭정(攝政)이란 왕의 정사에 강력하게 참견(參見)하는 것이다. 원래는 왕이 어리니까 정사자문(政事諮問)이어야 한다. 그러나 수렴청정이 곧 탈정(奪政/정권 뺏음)이 되니 문제였다. 실권을 뺏고 어떤 결정도 왕을 제치고 섭정하는 대비 마음대로이기도 했다. 정치를 가르치기 위함이나 어디까지냐고 하는 한계가 애매한 면이 있다. 그러나 조정 중신을 임명하는 데 있어 정승이나 판서나 관찰사나 사간원의 수장들을 임명함에 왕의 입장이 아니라 섭정하는 대비의 입장에만 치우쳤다면 이것은 여왕이 통치하는 것과 다를 게 없다.

신정왕후 조씨는 달랐다. 과거 영조의 비 정순왕후(경주김씨)나 특히 순조의 비 순원왕후(안동김씨)와는 너무도 달랐다. 신정왕후 조씨는 섭정을 하여도 하는 듯 마는 듯할 정도로 중요 권력 핵심 중신을 임의로 임명해 앉히는 탈정과는 거리가 멀었다. 고종의 생부 홍선대

대궐의 수문장(창덕궁 돈화문)

원군 이하응이 고종 뒤에 버티고 있으면서 신정왕후와 대립각을 세우며 고종을 옹위하였기 때문이기도 하나, 신정왕후가 대비정치, 외척득세에 대해 옳지 않다고 본 경향도 작용한 것으로 보아야 한다.

상재가 14살이 되던 해였고 고종이 12살이 되던 해부터였으므로 이제 상재가 17살이며 고종이 15살이 되었으니 신정왕후의 섭정은 3년이었다. 신정왕후가 고종을 양자로 삼았고 대원군은 양자로 보냈으니 사실은 신정왕후의 양아들이 된 고종은 대원군이 생부일 뿐이지 양부모는 익종(추존왕, 효명세자, 순조의 아들)과 신정왕후이므로 대원군은 뒤로 물러남이 마땅한데도, 대원군은 철저히 고종을 싸고돌았다. 이로써 대원군의 위상이 조선 후기에 강하게 드러나게 됨으로 말미암아 파란만장한 국운의 소용돌이가 파도처럼 밀려오게 된다.

그러나 하나만 적시한다면 대원군의 참정은 결과 여부를 막론하고 당위성이 있기는 하다. 조선왕조의 법통을 확고히 하며 왕권을 둘러싸고 권력을 잡아 세도를 누리는 편중을 막고 정통 조선 왕조의 왕권 강화라고 하는 측면이다. 누가 고종의 아비라 하여도 그렇게 했을 것 같은 면이 있다고는 보아야 한다. 이로써 이제는 편전(便殿/왕의 집무실)에서 행사하는 정사는 신정왕후가 불참하게 되고 고종이 친정을 펼치게 된다. 그러나 대원군 이하응은 신정왕후처럼 처음에는 직접 섭정이 아니지만 차츰 강력한 (간접)섭정권을 거머쥐게 된다. 이해에 민치록(閔致禄, 1799~1858년)의 딸 민자영(명성황후)이 고종의 비로 책봉되어 왕비로 들어온다.

명성왕후 간택되다

왕비 민자영의 부 민치록은 여양부원군 민유중의 4대손 민기현의 아들로 태어났다. 민치록은 어린 시절에 학자인 노주(老州) 오희상(吳熙常)에게서 수학하였으며, 그의 딸 오씨와 결혼하였다. 그러나 2년 연상의 오씨는 후사 없이 1833년 36세로 요절하였다. 뒤이어 오씨 부인의 3년 상을 마친 뒤에 재혼으로 맞이한 감고당(한창부부인 한산 이씨/월남과 같은 본관임)과의 사이에서 1남3녀를 두었으나, 명성황후 민자영을 제외한 다른 자식들은 셋 다 일찍 죽었다. 민치록 사망 후 대를 잇기 위해 10촌간 되는 민치구의 아들이자 여흥부대부인의 동생인 민승호를 양자로 두었다.

민치록은 민유중(閔維重, 1630~1687년, 19대 숙종의 장인. 인현왕후의 아버지)의 묘소를 지키는 일을 하다가 1826년 문음(특혜)으로 장릉(章陵) 참봉이 되고, 그 후 제용감[済用監/궁중에서 쓰는 모시, 피물, 마포, 인삼의 진헌 및 의복과 사(紗), 나(羅), 능(綾), 단(緞)의 사여(賜与)와 포화(布貨)의 염직(染織)을 맡아보던 관청의 책임자] 주부(主簿, 종6품), 의금부 도사(都事), 사복시 주부, 충훈부 도사 등을 지내다가 지방 수령으로 활약했다. 다시 상경하여 조지서(造紙署: 종이 뜨는 일을 맡은 관아) 별감, 사옹원 주부, 장악원(掌楽院, 음악원) 첨정(僉正, 종4품)이 되었다. 1855년 선혜청[宣恵庁, 대동미(大同米), 포(布), 전(銭)의 출납을 맡아보던 관아], 낭청(?庁/당하관), 1857년 영주 군수를 맡았다. 그 뒤 사도사(?) 첨정을 지냈다.

고종은 15살, 명성왕후는 16살, 상재는 17살이 되는 해다. 고종보다 1살이 많고 상재보다는 1살 아래인 명성황후는 원래 황후(皇后)가 아니라 왕후(王后)다. 왕의 비(妃)는 왕후인데 1897년 고종이 대한제국을 세우고 황제로 등극함으로 인해 따라서 황후로 불리게 되는 것이다.

알다시피 당시 초봄에 신정왕후가 섭정을 거둔 터라 간택의 전권은 생부 대원군이 좌지우지 하였다. 대원군은 세도가의 가문을 피하기로 하였다. 왕비가 또 어떻게 정사에 영향을 미칠지 알 수 없고, 다시금 외척이 득세할 소지가 있으면 안 되겠기에 약한 가문으로 택한 것이 여흥민씨 민치록의 딸이다. 마침 대원군의 부인이 민씨였다. 부대부인 민씨의 추천으로 들어오는 명성왕후의 부친은 8년 전 이미 세상을 떠났다. 최고 높은 벼슬이 종4품 당하관이며 돈령부[왕친·외척(外戚) 관련 사무 관리 관청]나, 봉상시[제사와 시호(諡号) 사무를 보던 관청], 종부시[왕실의 계보를 만들고, 왕족(王族)의 허물을 살피던 관아], 사옹원(궁중의 음식에 관한 일을 맡아 보던 관청), 내의원, 상의원, 사복시(궁궐의 마구간과 임금이 타는 말·수레 등을 관리하는 따위 등의 관직)에 근무하였던 낮은 벼슬이었다. 그러나 궁중의 벼슬이므로 지방의 벼슬과 비교되지는 않는다.

이렇게 세도(勢道, 権勢)에서 먼 가문 출신 명성왕후는 민치록이 생가 뒤 능을 관리하기 위해 여주에 왔을 때 태어난 것이다(현재 경기도 여주군 여주읍 능현리). 태어나 8살까지 여기서 컸다. 낮은 벼슬이었던 민치록은 사후(死後)에 딸 민자영이 왕비로 책봉되면서 1866년 대광보국숭록대부 의정부 영의정에 증직되고, 여성부원군(驪城府院君)으로 추서되었고 순간공이라는 시호가 내려졌다. 자그마치 정4품, 종3품, 정3품, 종2품, 정2품, 종1품 등 일곱 단계의 벼슬을 뛰어넘어 정1품 영의정에 추증된 것이다.

경복궁 중건과 쇄국

때에 거금 10만 냥의 제물 손실을 본 진주 민란에 이어 백성들의 고통이 새로 생겼다. 신정왕후와 미묘한 권력 갈등기간(1865년, 신정왕후 섭정 2년차), 대원군은 영건도감(営建都監/경복궁건축위원회)을 설치를 강행하고 대대적인 부역과 원납전(願納銭) 강제 징수로 경복궁 중건에 들어갔다.

원납전이란 스스로 원하여 바치는 돈이라는 뜻으로 거의 강제성을 띤 백성 출연을 가리킴으로 이를 원망이라는 뜻의 원망할 원자를 써서 모두들 怨納銭(원납전)이라고도 불렀다. 고종2년(1865)에 시작한 영건도감은 대원군이 펼친 조선왕조 복위의 대대적인 사업이었으나 모두가 스스로 참여하라는 원납전을 거두어 들여 백성들은 피가 말랐다. 경복궁을 중건하는 비용으로 민간에서 강제로 징수(徵收)한 기부금은 고종2년(1865년)부터 고종5년(1868년) 공사가 완성될 때까지 무려 770여만 냥을 거두어 들였다.[4]

그러나 대원군의 의지는 확고부동하였다. 아들이 왕이 되었으니 그간 쌓인 왕조 조선에 대한 말 못할 한을 풀고 권력의 위상을 견고하게 다지고 높여가는 두 마리 토끼를 잡는 데 성공한 것이다.

고종의 비 민자영이 가례를 올리고 경복궁 중건으로 힘겨운 그때 (1866년), 미국 상선 제너럴셔먼호가 대동강에서 불타고 강화도에서는 병인양요가 일어났다. 서양에서 천주교를 앞세우고 문을 열고 들어오기 시작해 어느덧 순조 시기부터만 해도 65년이나 되었는데 그래도 굳게 막자 이제는 예수교(기독교) 선교사가 밀려들어 온다.

여기서 알고 넘어갈 게 있다. 천주교와 예수교는 일본의 대륙진출이나 조선에 대한 야욕과는 전혀 다르다고 하는 것이다. 일본은 야욕으로 넘보고 쳐들어오는 것이지마는 서양의 나라들(미국/프랑스/독일/영국/네덜란드 등)은 통상 요구차 들어오면서 그들의 종교를 가지고 온 것이다.

뺏고 삼키자는 것이 아니라 이렇게 거룩한 하나님이 계시니 믿고 천국가자는 것이며, 그 밖에도 많은 문명을 베풀고 가르쳐 주고자 하니 문물을 받아들이고 발전된 교육 의료제도를 따르라고 하는 그들에게 부여된 모든 민족으로 하나님을 알고 축복을 받게 하라는 전도의 사명에 따라 들어오는 것이다.

대원군으로서는 말도 안 되는 소리다. 믿기만 하면 양반 상놈 빈부

---

4) 소실된 남대문 복구비 200억 원에 비유하면 약 5천억~1조 원 상당.

귀천 없어 왕족이라도 평민과 똑같이 하나님을 아버지라 부른다면 갑자기 형제지간으로 돌변한다는 이런 천하무례한 자들의 논리가 어디 있는가. 대원군에게는 두말 할 가치도 없는 소리다. 조선왕조 500년에 가까운 왕통을 무시하고 이 무슨 해괴망측한 파란눈 노랑머리의 수작인지 대원군의 입장에서는 절대로 막아야 할 대상이다. 이 점은 왜놈들도 마찬가지다. 그놈이나 저놈이나 필요 없고 고종의 왕통이 굳게 서고 조선왕조 500년의 영화를 되살려 우리끼리 백성과 어울려 살도록 해야 하는 것이 대원군의 왕손 된 입장이며 왕의 생부가 되는 처지다. 여기서부터 조선왕조의 비극이 줄을 잇기 시작한다. 모든 것이 왕권 도전이라고 볼 수밖에 없다고 보이는 상황이다. 국제화 시대는 정말 싫은 말이다.5)

상재 향시에 합격하다

1866년의 가을이 왔다. 3년에 한 번 치르게 되는 식년시(式年試/초시)가 내년 봄이다. 식년시에 응시하려면 금년 가을에 향시를 거쳐야 자격을 받는다. 6년 전 향시에 합격한 것은 소용이 없고 꼭 금년에 합격한 자라야만 내년 응시 자격을 준다.

"향시 정도야 뭐 시험이라 할 것도 없겠지?"

희택이나 혜산이나 심지어는 군수영감도 상재를 알아보았으니 향시는 무섭고 떨릴 일도 아니다. 한산 향교는 서문 입구를 지나 우측 계점산 아래에 있다. 1592년 임진왜란으로 성이 불탈 때 함께 탔으나

---

5) 그러나 후일 장성한 이상재는 왕권(후일의 황권) 수호 제1등 공신의 자리에 선다.

한산 향교 명륜당(향시 시험장)
월남 당시의 원형은 거의 그대로라고 한다

새로 지었다. 상재는 여기서 향시를 보게 된다.

향시의 문턱은 높다면 높지만 소학(小學)에만 정통해도 합격하기도 한다. 향시의 비중이 오히려 약화된 것은 응시하는 사람이 모두 유생(儒生)이기 때문이다. 당시 충청도는 90명에게 응시자격을 주었고 한산관아에는 9명을 배정받았다.

시제가 어떻게 나올지 말들이 회자되고 있다. 군수영감이 향교 전교(교장)와 상의하여 시제를 내기도 하고 감영에서 관찰사가 공통시제를 내려주기도 하나 이번에는 군수영감이 시제를 낸다고 하는 말이 들린다. 물론 전교와 상의하여 시제를 낼 것이다.

아침 일찍 멀지도 않아 반식경도 안 걸리는 길을 걸어 향교에 도착하였더니 1등으로 왔다. 기다려 몸 검색을 하여 지필묵 이외에 책을 가지고 오지 않았는지 일일이 검색을 하고 명륜당으로 들어섰다. 15명이 응시생인데 감독관이 7명이다. 시험은 하루가 꼬박 걸렸다.

그날의 시제는 제술(製述/시+글짓기)이 아니라 강경(講経)이었다. 강경이란 회강(会講)이라고도 하는 시험방식으로서 선택과 지정으로 나누어져 있다. 문제는 지정과 선택으로 소학에서 각 1개와 대학에서 각 1개, 그리고 예기에서 각 1개, 기타 1개로 전부 5개의 시제가 나왔다.

기타는 지정시제 과목이 아닌 것, 예를 들면 동몽선습이나 명심보감 등 등 자유선택이고, 자유선택이란 시제과목에서 어느 과, 목을 정하여 필사하여 제출하는 것이며, 지정시제라 함은 향교에서 지정해 주는 과목을 필서 하는 것이다.

필서한 시험지는 먼저 감독관이 글자의 오식(誤植)을 평가한다. 어떤 글자가 빠졌는가를 첫째로 심사하고, 둘째는 해석이 바르게 되었는가를 심사하고, 셋째는 필체의 수준을 심사하는 것이다.

그러나 지정시제는 다르다. 어느 과목을 쓰라고 공통 시제를 지정하여 주되 두 번째 심사에 해당하는 해석(賦/설명)은 필서를 하지 아니하고 한 사람씩 따로 불러들여 개인별로 해설을 하라고 하여 단독 심사를 하는 것이다. 그러므로 생각한 것처럼 만만한 것은 아니었다. 상재는 지정시제부터 답안 작성에 들어갔다. 일필휘지로 필서에 막힘이 없다.

[小學 126 내편 경신 음식지절 제46장]

孟子曰 飮食之人 則人 賤之矣 爲其養小以失大也
(맹자왈 음식지인 측인 천지의 위기양소이실대야)
맹자가 말하기를
"음식을 탐하는 사람을 사람들이 천히 여긴다, 그것은 작은 구복
(口腹)을 기르기 위하여 큰 심지(心志)를 잃어버리기 때문이다."
하였다.

[大學 제8장 수신제가(修身齊家)]

所謂 齋其家 人 之其所親愛而焉 之其所賤惡而焉 之其所畏敬而焉 之其
所哀矜而焉 之其所敖惰而焉 故 好而知其惡 惡而知其美者 天下 善矣
(소위 재기가 인 지기소친애이벽언 지기소천악이벽언 지기소외경
이벽언 지기소애긍이벽언 지기소오타기벽언 고 호이지기악 악이지
기미자 천하 선의)
이른바
"그 집안을 다스림은 몸을 닦는 데 있다."
한 것은, 사람이란 자기의 친하고 사랑하는 이에게 편벽되고, 자기가
천히 여기고 미워하는 이에게 편벽되며, 자기가 두려워하고 공경하는
이에게 편벽되며, 자기가 가엾고 불쌍히 여기는 이에게 편벽되며, 자
기가 게으르고 거만히 여기는 이에게 편벽되기 마련이다. 그러므로
좋아하되 그 나쁨을 알며, 싫어하되 그 아름다움을 아는 자는 천하에
드무니라.

[禮記 19편 학기(學記) 10과]

　善歌者 使人継其声 善教者 使人継其志 其言也 約而達 微而臧 罕譬而
喻 可謂継志矣. 君子 知至学之難易 而知其美悪然後 能博喻 能博喻然後
能為師 能為師然後 能為長 能為長然後 能為君 故 師也者 所謂学為君也
是故 択師 不可不慎也 記 曰 三王四代 唯其師 其此之謂乎

　(선가자 사인계기성 선교자 사인계기지 기언야 약이달 미이장 한비
이유 가위계지의. 군자 지지학지난이 이지기미악연후 능박유 능박유
연후 능위사 능위사연후 능위장 능위장연후 능위군 고 사야자 소위학
위군야 시고 택사 불가불신야 기 왈 삼왕사대 유기사 기차지위호)

　노래를 잘하는 사람으로 하여금 그 소리를 잇게 한다. 가르치기를
잘하는 사람으로 하여금 그 뜻을 잇게 한다. 그 말하는 것이 간략하
면서도 통달하고, 은미(隱微)하면서도 착하며, 비유해서 하는 말이 적
으면서도 사람을 깨우칠 수 있다면 뜻을 잇게 한다고 말할 수 있을
것이다. 군자가 학문에 이르는 난이(難易)를 알고, 그 미악(美悪)을 안
연후에야 능히 널리 깨우친다. 널리 깨우칠 수 있은 연후에야 능히
스승이 되고, 능히 스승이 될 수 있는 연후에야 능히 장(長)이 되고,
능히 장(長)이 될 수 있은 연후에야 능히 한 나라의 군주가 될 수 있
다. 그러므로 스승이라는 것은, 군주가 되는 길을 배우는 것이다. 이
런 까닭으로 스승을 선택하는 일을 삼가지 않을 수 없는 것이다. 옛
날 기록에 이르기를 "삼왕사대(三王四代)는 오직 그 스승이라." 했는
데, 곧 이것을 두고 하는 말이리라.

[春秋 僖公 中 제6, 19과]

상재는 자유 강경 기타에 대해 명심보감과 월예가 시집올 때 들고 온 내훈에서 몇 군데를 떠올리다가 문득 춘추 희공에서 감명받은 구절이 떠올랐다. '남의 잘못이라고 그것을 책하고서는 제가 그 사람들 본을 뜬다면 죄가 더 크고'라고 하는 19과다. 좀 긴 문장이지만 오히려 더 좋다고 생각하였다. 쉽게 외기 어려운 면도 있기 때문이다.

晉後賞從亡者. 介之推不言祿 祿亦弗及也. 推曰 献公之子九人 唯君在矣. 恵/懷無親 外内葉之. 天未絶晉 必将有主 主晉祀者 非君而誰. 天実置之 而二三子以為己力 不亦誣乎. 窃人之財 猶謂之盗 况貪天之功 以為己力乎. 下義其罪 上賞其姦 上下相蒙 難與処矣.

其母曰 盍亦求之. 以死誰. 対曰 尤而效之 罪又甚言 且出怨言. 不食其食. 其母曰, 亦事知之若何. 対曰 言身之文也. 身将隠 焉用文之 是求顕也. 其母曰 能如是乎. 與汝偕隠. 遂隠而死. 晉候求之不獲 以綿上為之田曰, 以志吾過 且旌善人

(진후상종망자. 개지추불언록 녹역불급야. 추왈 헌공지자구인 유군재의. 혜/회무친 외내엽지. 천미절진 필장유주 주진사자 비군이수. 천실치지 이이삼자이위기력 불역무호. 절인지재 유위지도 황탐천지공 이위기력호. 하의기죄 상상기간 상하상몽 난여처의. 기모왈 함역구지. 이사수대. 대왈 우이효지 죄우심언 차출원언. 불식기식. 기모왈, 역사지지약하. 대왈 언신지문야. 신장은 언용문지 시구현야. 기모왈 능여시호. 여여해은. 수온이사. 진후구지불획 이면상위지전왈, 이지오과 차정선인)

진나라 군주인 후작(문공)이 외국으로 망명했을 때 따랐던 사람들은 포상했다. 그때 개지추(介之推)는 상 줄 것을 요구하지 않았고, 군주의 상 또한 내려지지 않았다. 개지추는 말했다.

"헌공(獻公)의 아드님은 아홉 분이 계시었지만 현재는 군주만 남아계신다. 혜공(惠公)/회공(懷公)에게는 친한 사람이 없고, 국내외가 다 그분들을 돌보지 않았다. 그런데도 하늘이 진나라가 끊어지지 않게 한 것은, 반드시 진나라의 주인공이 있을 것으로 되었는데, 진나라의 제사 지냄을 주관할 분이 현재의 군주가 아니고 또 있단 말인가? 하늘이 실로 군주가 계시게 했지만, 두세 사람들은 자기들 힘으로써 그렇게 되었다고 여기고 있으니, 또한 사기(詐欺)가 아니란 말인가? 타인의 재물을 훔치는 것을 도적이라 하는데, 하물며 하늘의 공(功)을 탐내어 차지하여 자기의 공으로 삼음에 있어서야 다시 말할 것이 있으랴. 신하된 사람은 그 죄를 의(義)라 하고, 군주는 그 간사한 사람들을 포상하여 상하가 서로 사기를 쳤으니, 그들과 같이 살아나기는 어렵도다."

이에 그의 어머니가 개지추에게 말했다.

"너는 어째서 상을 요구하지 않느냐? 이대로 죽는다면 그 누구를 원망하겠느냐?"

개지추가 대답하기를,

"남의 잘못을 책하고 제가 그 사람들 본을 뜬다면 죄가 더 크고, 그리고 저는 원망의 말을 했습니다. 저는 군주의 녹(祿)을 받아먹지 않겠습니다."

어머니가 말했다.

"군주께 알리는 것이 어떠하냐?"

개지추가 대답했다.

"말이라는 것은 몸을 꾸미는 것입니다. 몸을 장차 숨기려고 하는 마당에, 어찌 제 몸을 꾸미겠습니까? 군주께 제 뜻을 알리는 것은 출세하기를 구하는 것이 됩니다."

어머니가 말했다.

"그렇게 되는 거냐? 그럼 나도 너와 같이 숨어 살겠다."

그는 마침내 숨어 살다 죽었다. 진나라 군주는 그를 찾다가 발견하지 못하여, 면상(綿上)의 땅을 그를 위하는(제사 드리는) 땅으로 하고 말하기를

"이로써 나의 잘못을 밝히고, 훌륭했던 사람을 표창하는 것이다."
라고 말했다.

1등으로 필서해 올리고 기다렸다. 선택시제는 모두가 들어도 되는 까닭에 강원에서 큰 목소리로 해설한다. 단, 지정시제는 옆방으로 가서 단독으로 해설하라 하였다. 상재는 쉽다. 빨리 봄이 와 초시에 합격하고 싶다.

이렇게 하여 상재는 향시에 합격한 것이다.

향시에 합격해도 신분이 달라지는 것은 없다. 선비라는 뜻의 역시 유생(儒生)일 뿐이다. 구태여 유생이라 불러주는 것도 아니다. 초시에 붙어야 초시어른이나 진사라는 호칭으로 불리기에 아직은 신분에 변화가 없는 상재다. 그러나 온 가족이 기뻐해 주었다. 내년 초시에도 합격할 것으로 믿어 의심치 않기 때문이고 상재도 내년 초시에 대하여 과히 걱정하지 않을 자신도 생겼다. 며칠 후, 희택의 얼굴에 희색이 가득하여 상재에게 말했다.

"군수영감께서 목은이 환생했다고 칭찬이 대단하시다."

희택이 흡족한 속내를 감추지 않는다.

"군수 영감님은 그날 잠깐 들르고 나가셨는데 어찌 아신대요?"

전교한테 얘기를 들었단다. 전교가 이번 응시생 중에 놀라운 유생이 있다 하여 누군가 했더니 상재라고 하더라는 것이다. 굳이 따지면 1등이냐고 물었단다. 월등한 1등이라고 하더란다. 그래서 군수가 말해 주었단다. 상재는 춘추(春秋左伝)를 줄줄 꿰는 대단한 유생이라고 희택에게 말하기를 아마

"초시에 가도 분명히 장원할 것이야. 자네 앞날이 훤하네. 아들 잘 두었어."

그러니 희택이 기쁠 만하게 됐다. 가르치려 얼마나 애쓰셨는지 생각하며 상재는 의지를 다지고 있다. 혜산도 기뻐하며

"자네가 초시에 떨어질 일은 없을 걸세."

라면서 격려해 주었다.

과거 초시 준비

그렇게도 손꼽아 기다리던 식년시(式年試/초시)를 맞았다.

"너는 오늘 미리 가 주막에서 푹 자고, 내일은 쉬고 모레 아침 일찍 감영 과장(科場)으로 가거라."

하자, 며칠째 나도 간다고 떼를 쓰던 10살배기 성재가 골을 부리며 같이 간다고 나서겠단다. 희택은 마지못해

"그래 혼자가기 뭣 할 테니 성재하고 같이 가라. 아버지는 오늘 등청하였다가 내일 오후에 출발해 모레 아침에나 공주로 갈 테니 무리하지 말고 일찍 출발하거라. 길이 미끄러운 데도 있을 터이니 조심하고."

희택이 한 말이었다.

"예, 아버지 걱정하지 마세요. 성재는 안 가도 되는데 저렇게 가겠다고 하니 같이 가지요, 뭐."

상재가 대답했다. 그 전날 혜산도 말했다.

"아마 제술(製述)하고 강경(講経)이 다 시제로 나올 걸세. 자네는 이제 사서오경은 별반 막힐 것이 없다고 보이고 제술도 나는 걱정하지 않네. 장원은 못해도 차석이야 못하겠는가?"

그렇다. 상재는 머리가 좋아 배우는 족족 머리에 담겼다. 사서오경을 통달했다고는 못해도 골격은 완전하게 파악하여 어디 몇과를 지정시제로 내 주어도 주춤거릴 일은 없다. 문제는 있다. 제술은 시관(試官)이 어떻게 평가하느냐가 문제고, 강경은 획수 하나도 실수하면 안 된다. 더구나 오탈자가 있으면 그것은 감점을 먹는 것이다. 어디서 나오든지 사서오경에서 시제가 나올 것이라면 상재는 장원이나 차석은 몰라도 낙방할 일은 없다고 생각한다. 하지만 자만은 금물이다. 자칫 운이 없으면 시제가 뱅뱅 돌고 안 풀릴 수도 있는 것이며 자신만만하여도 한문이란 같은 글자가 수십 개여서 깜빡하면 엉뚱한 글자로 착각하지 말라는 법도 없다. 차라리 무과나 잡과라면 이런 애매한 걱정은 덜 할 텐데 임금님 곁에서 훌륭하고 큰 인물로 나라를 다스림에 필요한 신하가 되려는 목적이기에 문과에 지원하였으니 이제 와서 공연한 걱정은 필요가 없다.

혜산은 너무도 당당하였다.

"일정 스님이 시간이 나면 감영으로 오신다고 했다. 합격하면 우리 마곡사에 와서 하룻밤 자고 다음 날은 잔치라도 하루 벌여 볼까? 희택 아우님도 오실 터이니 말일세."

그러면서 초시는 아예 무시하고 성균관 유생으로 아직도 먼 날을 생각하고 있다.

"초시가 끝나면 한이레 안에 복시를 칠 모양이니까 아예 마곡사에서 왔다 갔다 하며 복시 끝내고 돌아가도 될 걸세. 나도 같이 머물 수도 있는 일이겠고."

그래도 상재는 '아직 모르는 일 아닙니까?' 하려다가 만다. 떨어질 생각은 들지 않았다.

월예는 떠나는 상재에게 별 말이 없다. 그래도 상재는 월예의 마음을 안다. 하고 싶은 말이 너무 많아 무슨 말을 할지 모르는 것이다. 또 자발 맞게 입술을 놀리면 안 된다고 배웠기로 혹 말수가 적어도 그런 줄 알라고 몇 번 말했기 때문이다. 오히려 상재의 모친 박씨 부인은 걱정을 했다. 다름 아닌 성균관으로 가야 할 텐데 월예를 두고 가서 먹고 자고 몇 년을 있어야 할 터이니 새아기가 안됐다는 걱정이다. 한산에서는 9명을 뽑아 그중에 2명은 포기했고 7명이 간다고 하는데 서로 간에 교분은 별로 없이 지냈다. 모두가 자기가 하는 학문에 대해 비밀 아닌 비밀을 가진 탓에 공주 가는 날도 각자 다르다. 그쪽에 모시는 스승이나 친가가 있는 사람은 이미 갔다는 얘기도 들린다.

초시과장 공주감영

과거소리를 들어 뭘 아는지 상재 동생 성재도 가고 싶어 몸을 꼰다. 겨우 10살인데 가서 어쩔 것이냐고 해도 왜 그리 가고 싶어 안달을 하는 건지. 그래서 희택이 그럼 가 보라고 하여 성재도 상재와 같이 공주로 가고 있다. 며칠 전 내린 늦겨울 눈이 아직 덜 녹은 곳도 있지만 젊은 몸이고 초봄이니까 문제가 되지 않았다. 상재에게 공주감영은 초행길이다. 그러나 희택이 자주 다녀와서 알려주어 감영에 대해서는 좀 안다. 감영에서 공조관련 회의가 있어 가끔은 선공감 회의가 열리는 까닭이다.

"홍산에서 백마강을 건너서 이인 쪽으로 해서 가라. 홍산에서 규암을 지나 정산 목면 우송을 거쳐 가늘 길 보다는 규암서 배타고 백마강 건너 부여 지나 탄천을 거쳐 이인으로 해서 우금치 고개를 넘어가는 것이 제일 빠르다. 구태여 곰나루 배는 안타도 되고…."

"예, 알았습니다."

상재가 대답하자,

"어제 갈 걸 잘못 했나 모르겠다. 백오십 리(60km)면 하루길인데…"
하더니

"잘 못 한 것 같아. 한산향교 전교님도 수권관으로 어제 갔다던데…"
하고 걱정하기에 상재는

"걱정하지 않으셔도 됩니다. 가다가 늦으면 하루를 자고 다음날 가도 그 다음날이 시험이라 저는 내일 갈까 하던 중입니다. 걱정하시면 새벽 일찍 떠나겠습니다."
하고 안심을 시켰다.

"그래라 뭐든 미리 하는 것이 좋다."

하고 노자를 주며

"그럼 모레 보자. 잘해야 한다."

하고 상재를 보냈다.

공주에 도착해 멀지 않은 주막에 숙소를 정했다. 정하고 보니 각지에서 온 응시생이 상재가 정한 주막에 꽤 여러 명이 같이 잡았다. 이상한 것은 술판을 벌이고 있다. 시끄럽게 떠들며 여인들과 주거니 받거니 하기를 밤이 되어도 마찬가지다.

"주막을 잘못 정한 것 같지?"

상재가 성재에게 말하자 어린 성재가 뭘 안다고

"맞아요, 형님! 저 사람들은 걱정도 안 되나 음담패설에다가 웬 술독에 빠질 정도 마시나 모르겠네요. 저쪽에 앉은 뚱뚱한 선비는 도대체 과거 보러 온 사람 같지도 않아요. 내일 주막을 옮기는 게 낫겠어요."

한다.

"그 옆 사람, 오른쪽에 앉은 삐쩍 마른 사람이 더 마셨어. 저래서야 어디 과거라고 하겠는가? 알아서 할 테지만."

그리고 다음날 주막을 옮겼다.

드디어 아침이 밝았다. 일찍 감영 앞에 나가니 수십 명의 유생들과 부모 친지 스승 친구들이 많이 와서 누가 응시생이고, 누가 응원생인지 분간도 안 된다. 진시(辰時)에서 사시(巳時)로 넘어가는 시각(오전9시)에 입장을 시킨다 하여 기다리는데 요란하게도 떠들어 대고 있다. 가만히 보니 술독에 빠졌던 그들이다. 킬킬대며 웃고 시끄럽다. 하나는 뚱땡이에 새우눈이고, 하나는 깡마르고 뻐드렁니가 난 엊그제 주막에서 본 그 사람들이다. 상재가 조용히 입장하라 할 때를 기다린다.

"성재야! 너는 어차피 오후가 돼야 하니 공산성하고 곰나루에 가서 바람이나 쐬고 구경이나 하여라. 점심 때 내보낸다니까 점심은 나오 거든 같이 먹고, 아마도 발표는 신시(申時)나 유시(酉時/오후 5시)경은 돼야 나올 테니 아버지 오시나 신경 쓰고…."

과거 보는 상재

입장은 몸 검사다. 지(紙/종이)는 감영에서 줄 것이고 묵필(墨筆) 만 가지고 들어가고 짊어지거나 들고 온 보따리에는 옷가지만 들었어도 일체 소지를 불허한다. 옥편이나 책을 가지고 들 우려가 있는 어떤 것도 안 되고 붓과 벼루와 먹 이외에는 가지고 들어가지 못하게 한다. 상재는 성재가 같이 왔으니 다 맡기고 과장으로 들어갔다.

딱 사방 여섯 자 정도의 한 칸 방 크기다. 90명이라 하더니 세어 보 지는 않았지만 60명 정도로 보인다. 한 칸 간격으로 한 명씩 한가운 데 앉고 시관이 주의사항을 설명한다. 이럴 경우, 저럴 경우 등등 부정행위가 발각되면 즉각 퇴장시키되 영 밖으로 보내는 것이 아니 라 영내 감옥으로 끌고 갈 것이라고 하는 것이다. 상재와는 관계없는 얘기다. 이미 일정 스님이 모두 들려준 내용이다.

마침내 시제(試題)가 발표되었다. 제술 한 가지와 지정강경 3가지 모두 4가지 시제가 떨어졌다. 제술의 운(韻)자는 수신제가(修身齊家) 다. 지정강경은 상재가 줄줄 외는 대학과 중용에서 각각 한 과가 나 왔고 춘추에서 한과를 필서해 올리라는 것이며 제술은 사자성어 가 운데 대학에 있는 수신제가를 운자로 하여 각각 3행시를 지으라는 것이므로 모두 12줄을 써 내라고 하는 것이다.

"마감시간은 미시(未時/오후 1시) 이전까지 이니 64글자를 써서 수권관에게 제출하도록 하시오."

하였고,

"수권관이 답지를 받으면 등록관과 우리 시관(試官)들이 평가를 해서 발표는 유시(酉時/오후 5~7시)에 할 것이오."

하였고,

"발표는 감영 밖에 방을 붙일 것이오."

하였으므로 시간은 충분하다.

상재는 열심히, 그리고 반듯하게, 한 글자도 오자나 탈자가 없이 써 가고 있다. 오탈자도 없어야 하지만 글체의 균형을 잘 잡아야 한다. 필력도 중요한 점수요인이 된다 하므로 정성껏 써가되 조금도 불안하지 않다. 오늘따라 글씨는 더 반듯하고 곁에 책을 펼쳤다거나 거울을 들여다보는 것처럼 과제가 선명하여 오자도 탈자도 막힘도 없다. 시관은 응시생 사이사이를 돌아다닌다.

제술도 마찬가지다. 이상한 것은 전에 문득 제술 시제의 운자가 수신제가가 나오지 않을까 하는 생각이 들었던 적이 있었다. 혜산 스승님께 한번 여쭈었더니 두 번의 제술을 보았는데 한 번 재명명덕(在明明德)이라고 하는 대학의 첫 문장이었고 한 번은 치국평천하(治国平天下)였다는 말을 들은 기억이 있기 때문이다. 하기야 열 번인들 같은 운자를 못 낼 일도 아니다. 응시생은 매번 다르고 제술 작시는 모두 다를 테니까. 역시나 제술에 대한 수학의 경험도 충분하게 쌓였다.

오시(午時)가 넘어가자 대부분의 응시생이 필묵을 놓고 답안지를 접은 채 단정하게 앉아 있다. 아직 수권관에게 제출하라는 말이 나오지 않은 것은 미처 못다 쓴 수험생을 위한 배려라고 보였다. 상재는 사시(巳時)에서 오시로 바뀌는 시각(오전 11시)에 거의 마쳤다. 정오가 되자 검안도 마쳤다. 단정히 앉아서 보니 바로 왼쪽 바로 옆자리에 뚱땡이 새우는 녀석이 앉아 있다. 깡마른 뼈드렁니는 어디 있나 찾아보니 앞줄 왼쪽 한 사람 다음 자리에 앉아있다.

뚱땡이 유생을 보니까 받은 종이를 거지반 써버렸다. 상재는 달랑 3장만 쓰고 그대로 남아 있는데 뚱땡이는 쓰다가 접어 곁에 쌓아 놓은 종이가 여러 장이다. 또 보니 깡마른 뼈드렁니 유생도 마찬가지다. 그런데도 또 쓰고 계속 쓰는데 바닥에 놓고 쓰고 있어 거리가 멀어 글자는 보이지 않는다. 그렇다고 해서 일부러 고개를 돌리고 볼 수는 없다.

"이제 답안지를 제출하시오. 잘 볼 것은 본인 이름을 제대로 썼는지 다시 한 번 보아야 하오."

마침내 가져오라 한다.

"답안지를 낸 사람이 먼저 나가지 못하니 서둘지 마시오. 먼저 낸 사람도 오시(午時)가 끝날 때까지는 자리에 앉아 있어야 하고, 그때까지도 다 쓰지 못한 사람은 자기의 이름만 정확하게 쓰고 그만하라 하면 모두 내어야 하오. 서둘지 마시요오~"

일어서 답안지를 내는 유생들이 보인다. 시험(試)관은 여전히 응시생 사이사이를 돌며 가까이 멀리를 주시하고 있다. 상재도 제출하면 된다. 그러나 한 번 더 읽어 보아도 늦지 않다. 그때 뚱땡이와 뼈드렁니의 동작이 눈에 들어온다. 곁에 쌓은 답안지 아래서 뽑아 든다. '먹물이 마르지도 않아 번졌을 텐데…' 상재는 혼자 그런 생각을 하는 중인데 둘이서 마주 보더니 눈짓을 한다. 뼈드렁니도 아래에서 답안지를 뽑아 들고 동시에 일어선다. 순간 상재의 머리를 스치고 지나가는 일정 스님의 말씀이 있다. '아니!' 짐짓 상재가 놀라며 떠올린다.

"과거의 폐해는 이루 다 말할 수도 없이 많다. 일단 응시생의 입장이 끝나면 여섯 자 간격을 두고 앉힌다. 답을 쓸 동안 군데군데 감독관이 배치되어 부정행위를 감시한다. 어떤 책을 들여와 베끼는지, 모르는 글자를 찾으려 옥편을 펴는지, 남의 답안을 엿보는지, 미리 답안지를 작성해 끼워 넣는지, 외부에서 답안지를 들여와 바꿔치기를 하는지, 두 사람이 답안을 작성하고 한 사람의 것만 내는지를 살피는 것이다."

상재가 고개를 갸웃해 본다.

"또 차술(借述) 대술(代述)하는 방법이 있었다. 시험장에 대여섯 명을 데리고 들어가 각기 답안지를 작성하고 그들 속에 제일 잘 쓴 답안지를 골라내는 것이 차술이다. 또 시험장 밖에 글 잘하는 선비를 대기시켜 놓고 종사원을 매수해서 시험 제목을 일러주면 대리 답안을 작성하게 하고 이 대리답안지를 다시 종사원이 응시생에게 전달하여 제출하는 것이 대술이다. 특히 권세 높은 집의 자식들이 쓰는 부정행위다."

상재가 다시 생각해 본다. 혹시 이런 것인가? 모를 일이다.

"응시생과 시관이 짜고 부정으로 합격시키는 방법도 있었다. 그 방법은 여러 가지다. 시관이 시험문제를 미리 일러주어 집에서 답안지를 작성해 제출하도록 하는 방법, 응시생이 답안지에 점을 찍는 따위 암표(暗票)를 하여 누구의 답안지인지 알게 해서 시관이 합격시켜주는 방법, 종사원에게서 자호(본명)를 알아내 시관에게 미리 알려주는 방법 따위다. 때론 시관의 보조역할을 맡은 등록관을 매수해 답안지를 베낄 때 잘못된 글자나 엉터리 문맥을 바로잡아 고치게 하는 방법으로 이를 역서(易書)라 한다. 종사자를 매수해 다른 합격자의 이름을 답안지에 바꿔 붙이게도 했는데 이를 절과(竊科)라 했다. 다른 합격자를 도태시키는 가장 악질적 방법이었다."

상재는 두 사람이 답안지를 제출하고 와서 자리에 앉자 일어서 수권관에게 가면서도 왠지 이상하다는 생각이 자꾸 든다. 그러나 억지로 생각을 누른다. '설마하니 그럴 리가 있겠어?' 마음을 다스려도 본다. 이렇게 시험을 마치고 감영을 나와 상재가 나오기를 기다리는 성재와 희택과 혜산을 만난다.

황제어보

고종황제 옥새

제9부

낙방의 충격

상재 낙방(落榜)하다
잘되는 것이 안 되는 것도 많다
안 되는 게 잘되는 것도 많다
잠 못 드는 부모
희색(喜色)으로 귀향한 상재
여교(女敎)에 이르기를
불살라 버리려다
사흘갈이 밭을 얻다
농사도 과거만큼 어려운 것이다

상재 낙방(落榜)하다

기다리는 유생과 가족들이 보는 앞에 방이 내 걸렸다. 장원 김인길, 차석 박갑종… 상재는 장원도 차석도 아니다. 문제는 밑에 합격자 명단에도 이상재라는 이름이 없다. 낙방이다.

자만이었을까? 예상치 못한 결과다. 장원은 못해도 차석은 할 줄 알았다. 차석이 아니라면 합격이라도 해야 할 텐데 아예 낙방이라니 기가 차 말이 안 나온다.

"아니 왜 없지?"

희택이 놀라고 혜산은 할 말을 잃었다. 조금 전,

"어떻더냐?"

희택이 물었을 때

"할 만했어요."

했던 상재였다. 혜산이 거들기까지 했다.

"걱정할 일 아닐 거요."

그랬는데 완전 낙방이다. 상재는 넋이 나갈 지경이다.

사람들이 왁자지껄 요란하다. 가두행렬을 벌일 판인지 농악대도 오고 둘둘 감은 깃대를 든 사람으로 감영 앞이 꽉 들어찼다. 순간 농악대가 요란스럽게 풍장을 쳐대기 시작했다. 그리고 백마 여러 필이 모여들었다. 깃대에 감긴 천이 풀어지고 풍장소리가 커지면서 장원급제한 유생이 백마에 올라탄다. 농악단은 더욱 흥을 돋운다. 장원한 유생이 어느새 흰 선비복장의 응시생 옷을 벗고 청포차림을 하고 백마에 올라탄다. 차석인지 삼석인지 모를 유생들이 헹가래치고 우렁찬 함성이 퍼진다.

"김인길! 김인길! 장원급제 김인길! 와아~."

힘찬 박수와 풍장패의 춤사위가 더욱 활발하게 장원급제 김인길을 외치며 유생을 가운데 두고 빙빙 돈다.

"백마를 타시오. 어서 타시오. 장안을 한 바퀴 돌겠습니다~!!"

유생이 백마에 오르려 하고 깃대에 감긴 천이 만장처럼 풀려 나부낀다.

"장원급제 김인길!"

오색찬란한 만장마다 축하의 글이 펄럭인다. '언제 저렇게 대단히도 준비했구나.' 넋을 잃은 상재는 혼자 생각했다. '낙방했다면 저것이 다 펼치지도 못할 것 아닌가?'

정신이 멍한 희택과 혜산의 얼굴이 어둡다. 성재는 상재만 주의 깊게 살핀다. 형의 낙방이 가슴 아프지만 낙방한 형 상재가 더 걱정스러운 눈빛이다. 이런 상재의 아픔이 장원한 유생에게는 기쁨과 환호가 되어 울려 퍼지고 있다. 풍악소리는 점점 고조되어 흥이 높아져 가는데… 마침내 장원급제한 유생이 백마위에 올라탔다. 체격이 건장하고 굵다.

순간 상재의 눈에 보이는 장원급제자 김인길 유생, 바로 뚱땡이 새우눈 술고래 그 자다. 더욱 놀라운 것은 차석을 한 유생이 또 깡마르고 뻐드렁니가 난 박갑동이란다. 만장에 펄럭이는 이름과 풍악과 백마와 뚱땡이와 뻐드렁니.

"기생년들 죽여 주는 비방이 뭔지 알아?"

그날 밤 술자리에서 거지반 음담패설로 낄낄거리던 바로 그들이다. 순간 과시장에서 수북하게 곁에 쌓던 답안지들이 떠오른다. 몇 글자 쓰고 치우고 치우기를 반복하다가 오시(午時)가 넘어서자 밑에서 빼어 제출한 광경이 눈앞을 막는다.

'부정이다.' '과거 부정 합격이 분명해.' 상재는 강하게 머리를 휩쓸고 지나가는 것이 이 시험은 공정하지 않았다는 사실이다. 그러고 보니 미리 '장원급제 김인길'이라 써 가지고 둘둘 말아 들고 온 대나무 깃대도 이상한 일이다. 물론 아니면 안 펼치고 그냥 들고 돌아간다면 되는 일이라 하겠지만, 풍장패도 감영에서 내 보낸 게 아니라 개인 응시생이, 그것도 김인길 가문에서 보낸 것이 분명하다. 그러니까 장원급제는 얘기가 미리 다 돼 있었다는 것이 아니고 무엇이란 말인가.

뚱땡이와 뻐드렁니가 백마에 올라탔다. 타자마자 두 손을 번쩍 들어 흔드니 모두가 큰 박수로 환호한다.

"김인길! 김인길! 장원급제 김인길!"

군중들의 환호가 장안을 찌렁찌렁 울려댄다. 박갑동과 김인길의 외치는 소리가 울려 퍼지는데 상재는 화들짝 몸을 날린다. 주시하던 성재가 달려든다.

"형님, 어디가?! 안 돼~"

혜산도 화들짝 놀라고 희택도 달려온다.

"이놈들 다~ 썩어 문들어졌단 말야. 난 알아. 난 다 봤다구!"

상재가 감영으로 뛰어들 모양이다.

"안 돼, 형! 왜 이래, 형. 응?"

거들먹거리고 백마 위에서 덩실덩실 춤을 추는 김인길과 박갑동의 행태가 상재의 눈에 선명하다.

"가서 따져야 합니다. 스승님! 아버지! 제가 다 봤거든요. 저자들은 답안지를 미리 써 가지고 들어 왔었어요. 시제가 미리 유출된 것 맞아요. 제가 다 봤어요. 이건 아닙니다. 잘못됐어요. 완전 부정시험이었어요. 가서 따져야 합니다."

혜산이 놀라고 희택이 놀란다. 그러나 혜산이 상재를 잡는다.

"이보게 조카! 안 될 일일세. 뭘 봤다는 건지 짐작은 되네만 그렇다면 더더욱 안 될 일이네. 이렇게 따져가지고 될 일 같으면 그런 일을 저질렀겠는가? 오히려 난동죄로 감영에 갇힐 뿐일세."

희택도 무슨 말인지 이해했다.

"뭔가를 본 모양인데… 상재야. 계란으로 바위치기다. 뻔하다. 진정하여라. 그러니 어쩌겠느냐. 스승님 말씀대로 따라라."

상재가 뒤로 넘어간다.

"일정(一精)이 안 오길 잘했구먼. 이런 험한 꼴을 볼 줄 몰랐는데 정말 기가 막히는구먼."

풍장패가 멀어져 간다. 낙방자는 쓸쓸히 발길을 돌리고 합격자는 풍장패를 따라 장안으로 멀어져 간다. 혜산이 희택을 향하여 입을 열었다.

"아우님은 한산으로 돌아가시오. 상재는 나하고 마곡사 가서 일정을 만나고 며칠 재웠다 보내야겠소."

성재도 마곡사로 같이 가겠단다.

"맘이 안 놓여서 그래요. 제가 같이 있어야 돼요."

하자,

"그럴까?"

하다가 말을 잇는다.

"아니다. 내가 있고, 일정이 있으니까 안심해도 된다. 아버님도 걱정되니 상재만 문제가 아니다. 아버님 상심이 더 클 것이다. 잘 모시고 돌아가서 아버님 심기를 살펴드려야 하겠다."

상재는 마곡사로, 성재와 희택은 한산으로 돌아간다.

잘되는 것이 안 되는 것도 많다

상재와 혜산은 밤늦게야 마곡사에 왔다. 일정은 첫마디가

"복시는 언제 본다 하더냐?"

한다. 당연히 합격했으리라 믿어 의심치 않는 것이다.

"뭐냐? 장원했는가?"

지금은 곁에 월예가 없으니 말을 내린다. 뭐라고 해야 할지. 현만이 말했다.

"썩은 세상에서 무슨 장원인가. 아닐세."

하고

"오면서 죽 얘기를 들어봤더니 상재가 그만 썩은 놈들의 대술(代述/대신 써 주는 부정)에 당했어."

"뭐야 떨어졌단 말인가? 대술이라니?!"

일정이 놀란다.

"아예 집에서 답안지를 써 가지고 와서 냈단 말일세 그게 마침 상재 눈에 띈 거라. 에이, 썩어빠진 세상. 이것 참 큰일일세."

일정이 혀를 끌끌 찬다.

"기왕에 이렇게 된 거 내일 얘기하자. 그러나 여기 왔으니 법당에 가서 인사는 올리고 내려와야지?"

상재를 올려 보낸다.

상재가 뒤척이며 잠을 못 잔다. 요란한 풍장소리와 백마를 타고 춤을 추던 뚱땡이와 뻐드렁니가 앞을 가리고 귓전이 시끄럽게 퉁소와 피리소리가 요란하다. 상재가 이를 악문다. 그리고 굳게 다진다. '다시는, 죽어도 다시는 이제 과거 따위는 보지 않겠다.' 이 생각 하나뿐이다. 열 번을 본들 무엇 하며 통달을 한들 무엇 하는가? 돈 없고 권력 없으면 아마도 답안지를 보지도 않을 것이고 심하면 절과(竊科/답안지 바꿔치기)를 당할 것 아니겠는가? 잘해 보았자 그게 내 이름이 아니라 엉뚱한 자의 답안지로 둔갑될지도 모른다면 과거라고 하는 것은 나와는 거리가 멀고 어리석게 그런 과거에 목을 맬 이유도 없다는 생각뿐이다.

'아 세상이 어째서 이 모양이지?' 물론 마음을 추스르고 재도전하라고들 할 게 뻔하다. 이게 참 문제다. 그러나 그래도 그만두겠다는 생각을 굳힌다. 누가 뭐래도, 설사 아버지가, 혜산 스승이나 일정 스님이 아무리 권해도 이제는 과거를 보지 않겠다는 생각이다. 내일 아침에 두 분 스승님께서 뭐라고 할지 모르겠지만 어떤 말을 하여도 싫다는 생각만 굳어간다.

그러나 한숨이 길다. 나라님이 정사를 잘못하여 이런 것일까? 별별 생각이 꼬리를 문다. 나라님이 그럴 리야 있겠어? 아무리 그런 일이 없도록 하라고 해도 밑에서 저지르는 것이니 알지 못 할 것도 같다. 그렇다면 나라님 곁에까지 가기는 가야 한다는 생각도 든다. 하지만 길이 막혔으니 뚫고 갈 방법이 없겠다. 이리 뒤척 저리 뒤척 아무리 생각해도 저 벽을 뚫을 기력이 없다. 그러려면 세상을 바꿔야 하는데 가당치도 않다. 권력자를 붙들고 그러지 말라거나 관찰사나 시관전부를 만나 그러지 말라고 해서 될 일도 아니다. 그러나 한편, 과연 나는 낙방하는 것이 맞는 게 아닌가도 싶다. 실력 자체가 모자란데 공연히 혜산이나 일정 스님이나 다 잘한다고 하였고 향시의 1등이라 해도 감영(도청)에 와서는 꼴찌인가도 생각해 본다.

하지만 60여 명 중에 30명을 뽑았는데 그 안에도 들지 못하였다는 것은 도무지 부정이 아니고는 이해가 안 간다. 같이 갔던 한산유생들은 어찌됐는지는 모르겠으나 그중에도 합격자가 있다면 한산 향교가 잘못 뽑아 나를 1등을 준 것인가도 생각해 본다. 허나 순간 이런 생각들을 전부 걷어치운다. 두 눈으로 똑똑히 보았다.

몇 글자 쓰다 말다 하다가 밑에서 뽑아 들고 나간 뚱땡이와 뻐드렁니?는 그것만 보고 하는 생각도 아니다. 분명 술과 여자에 빠져 저렇게 해서는 공부가 되지 않는다는 것이다. 학자가 어찌 과거장에 와서도 술판이란 말인가. 게다가 장원이고 차석이라면 조금 잘못된 게 아니라 근본부터 잘못된 부정이 맞다는 생각이다. '나는 결심한다. 평생 과거를 보면 성을 갈겠다. 그땐 이(李)가 가 아니다' 그러나 '그럼 뭘 한다지?' 이래저래 잠이 안 온다.

날이 밝아 셋이 앉았다.

"상재야!"

일정이 입을 연다.

"너 안 되는 것이 잘되는 것이라는 말은 들어 보았느냐?"

또 무슨 말을 하시려는가. 상재는 지레 짐작한다. 용기를 잃지 말고 3년 후를 기약하라고 하는 것이리라. 상재가 잠잠 하자,

"아, 상재야. 아?!"

큰소리로 부른다.

"대장부가 무슨 생각을 그렇게 많이 하느냐! 까짓 과거 때려치워라."

뜻밖의 말이 나온다.

"예?"

상재가 놀라자,

"너 지금부터 내가 하는 말을 잘 들어라"

일정이 일설을 펼친다.

안 되는 게 잘되는 것도 많다

사람이란 잘되면 좋아하는데 안 되는 것이 잘되는 경우가 훨씬 더 많다. 가령 금덩어리를 주우면 잘된 것이라고 좋아라 하겠지만 그게 소문이 나게 돼 있고 그래서 그날 밤에 강도가 들어와 칼로 찌르고 금덩어리를 빼앗아 가 버린다면 공연히 칼에만 찔리고 금덩어리 주운 것이 줍지 않은 것만 못해 독이다. 인생이라는 것이 꼭 과거에 급제해야만 좋아할 게 아니란 말이다. 장원급제가 곧 훗날 사형장에서 목이 날아가는 길로 들어서게 되는 경우도 있다. 그런 경우가 허다하게 많다. 꼭 좋아하거나 실망할 게 아니다. 공부 잘해서 유배를 가고

옳은 소리가 역적이 되어 목숨을 잃는다면 차라리 무식한 것이 낫다.

그래서 좋은 일이 생겨도 깔딱 넘어가게 좋아하지 말 것이요, 만약 나쁜 일이 생겨도 크게 낙심하지 말라는 것이 바로 중용이다. 사나이는 일희일비 하지 않는다. 감정에 따라 살면 인생은 실패다. 오늘 장원이다, 차석이다 한 녀석들이 네 말대로 부정합격이라면 앞날은 뻔하다. 권력이란 허무한 것이라 세도의 축이 바뀌면 그것이 들통 나게 돼 있고 결국은 그 죗값을 받는 것이다. 어쩌면 사형장으로 가면서 춤추는 등신춤을 추는 어리석은 것이 인간이다.

그러나 너처럼 잘하고도 낙방하면 그럴 일은 없겠지? 사람은 오늘만 사는 것이 아니다. 오늘의 불행이 내일의 행복이 되고, 반대로 복이라고 본 것이 화가 되는 경우가 다반사이니 너는 마음을 비워라. 부처님은 공수래공수거라 하였다. 중요한 것은 불심이며 성불이다. 십 년 공부 도루아미타불이라고도 하지만 그것은 순간만을 말하는 것이다. 반대로 공든 탑은 무너지지 않는다는 말도 있다. 오늘은 도루아미타불이라도 내일은 무너지지 않는 탑이 될 터이니 네 불심이야 내 알지 못하나 모든 것을 부처님의 공덕으로 쌓아야 옳다. 순간 상재가 잠시 기력을 찾는다.

"네 맘 가는 대로 살아라. 과거를 또 보든 말든 난 강요하지 않는다. 네 생각이 올바르면 그것이 바로 부처님의 뜻이다."

허나 잠시일 뿐 상재는 절망의 깊은 늪으로 계속하여 굴러 내려만 간다.

이틀 밤을 자고 상재는 이제 한산으로 갈 참이다.

"어떻게 하려는가?"

일정이 입을 열었다.

"마음 편하게 가지기로 했습니다."

상재의 얼굴이 오히려 밝아졌다.

"그걸 묻는 것이 아니고 나한테 자주 올 거냐고 묻는 걸세."

"예, 자주 찾아뵙도록 하겠습니다."

"자주가 얼마야? 보름에 한 번은 오겠단 소린가?"

일정의 얼굴에 웃음이 들었다. 상재가 생각보다 마음의 상처를 쉽게 잊어버릴 것으로 느껴졌기 때문이다.

"예, 보름이 안 되면 한 달에 한 번 정도는 찾아뵙겠습니다."

"암, 그래야지. 몸이야 두 달인들 어떨까마는 마음은 사흘도리로 찾아오게나. 살면 얼마나 산다고 이것이 다 인연인데. 안 그런가? 혜산?"

혜산이 대답한다.

"우선은 가서 쉬게. 좀 쉬고 두세이레 후에 판포로 오게나."

잠 못 드는 부모

"여보! 상재는 괜찮겠어요?"

박씨 부인이 입을 연다.

"글쎄, 상재가 나하고는 달라 왜 걱정이 안 되겠소마는 혜산 형님도 계시고 일정 스님도 같이 계실 터이니 별일이야 있겠습니까?"

월예도 깊은 근심에 잠겼다.

"서방님이 마음을 잘 다스리셔야 할 텐데, 그러려면 빨리 집으로 오시라 하는 게 나을 것도 같아요."

"오겠지. 아가야! 건너가서 자거라. 상재가 불같기는 해도 영특해서 잘 판단할 것이다."

박씨 부인의 걱정이 심하다.

"이제 3년 후면 상재가 21세가 되는데, 문제는 그때 다시 과거를 본다고 해도 지금처럼 실력보다 또 권력이 앞선다면 다시 3년을 더 기다린들 무엇 하겠어요?"

"괜찮다니까. 일단 흐르는 대로 두고 보면서 생각해도 늦지 않아요."

이때까지만 해도 희택은 박씨 부인과 월예를 다독여 주었다.

밤이 깊었다. 박씨 부인이 깜빡 잠이 들려 하다 이상한 느낌에 눈을 떠 보니 희택이 일어나 앉아 있다. 언제부터 저렇게 앉아 있었는지 문득 면목이 없다. 자식은 충격을 받았고 남편은 상처가 심한데 그새 잠이 들었다니 어인 일인가.

"여보오."

조심스럽게 불러도 대답도 하지 않는다. 희택이 흐느낀다. 박씨 부인은 이러는 희택을 아직껏 본 적이 없다.

"여보오! 안 주무시고 계셨군요."

희택은 아무 대답이 없다. 등잔불을 붙이고 박씨가 말한다.

"식사도 제대로 못하셨는데 뭘 좀 차려올까요?"

대답을 않는다.

"여보오, 낮에 봄 애기배추 겉절이 한 것 하고 좀 떠 보세요, 예?"

이제야 희택이 말한다.

"나는 지금 배가 고픈 게 아니라 인생 허기가 져서 잠을 못 자는 것이요. 가만 두고 주무시오."

적막이 흐르는데 희택의 울먹임이 더욱 심하다.

"시집와 20년이 됐어도 내 또 당신 이러는 것은 처음 보네요. 삭이

세요. 자식이 어디 부모 뜻대로 다 된답니까?"

'울어서 잘된다면 백날이라도 울겠어요.' 하려다가… 말을 멈춘다. 안 될 소리기에 멈춘 것이다. 어이 달래지 못하겠다. 희택이 치 내리 한숨을 쉬고 있다.

"이 녀석이 재목이나 시원찮아야 포기를 하지."

혼잣말처럼 하고 있다.

"맞아요. 상재가 공부라면 적성에 맞고 잘하니까 꼭 시키기는 해야 하는데…"

말을 흐리자,

"될성부른 나무는 떡잎부터 안다지 않소? 상재는 누가 뭐래도 내가 믿어요. 그런데 저렇게 충격을 받았으니 얼마나 낙심하겠소. 나는 그게 마음이 아파요."

적막이 흐른다.

"다 내 탓입니다. 훌륭한 조상님들의 후손으로 태어나 모처럼 재목이라고 보이는 상재가 부정으로 떨어졌으니 내게는 왜 힘이 없나 한스럽소."

부모는 누구나 같다. 그러나 상재의 부모는 그중에도 다르다. 형편이 되지 못하였다. 그래도 자나 깨나 상재의 학문을 위해서라면 있는 힘을 다 해 왔다.

"그러니 이제 와서 용기를 잃지 말라고 해 본들 상재도 알다시피 별시(別試/세도가 아들들이 자주 보는 과거제도)로 나갈 수도 없고 3년씩이나 기다린다고 해도 보장도 없고. 이 일을 어쩌면 좋을지 잠이 안 옵니다."

희색(喜色)으로 귀향한 상재

상재가 돌아왔다. 월예가 상재의 안색을 살피며 맞는다.

"부인 잘 계셨소? 어느새 한이레 만입니다."

상재가 아무 일도 없는 듯이 웃으며 말한다.

"예, 마음고생이 얼마나 심하셨습니까?"

월예가 위로하자

"마음고생이요? 그런 거 없소. 괜한 부인이 마음고생 하셨나 보구려."

"어서 아버지, 어머니 방으로 들어갑시다. 아버지는 퇴청하셨지요?"

희택과 박씨는 상재가 온 줄 알고 방문을 연다.

"어서 들어오너라."

희택이 상재의 얼굴을 반기고 박씨가 행색을 살펴본다.

"절 받으십시오."

상재가 큰절을 올리고 내외가 받으며 울컥하는 심사를 참는다. 합격하고 와서 받는 절이라면 얼마나 좋을까마는 마음이 아프다.

"아버님, 어머님, 심려를 끼쳐 드려 불효자가 되고 말았습니다."

그런데 상재의 얼굴에는 낙방의 기색이 사라지고 없다.

"걱정하지 마세요. 불합격이면 어떻습니까? 젊은 나이에 이로써 좋은 경험 잘했으니 얻은 게 더 많습니다."

박씨가 눈물을 참는다. 희택이 반은 웃고 반은 운다.

"그래, 상재야. 네가 효자다. 나는 네가 침울해 의욕을 잃을까 하여…"

목이 멘다.

"네 어미가 알다시피 내가 거지반 통곡을 했다. 네 상처가 내 상처고 네 낙방이 내 낙방이니 네 눈에 눈물이 나면 내 눈엔 피가 난다. 네가 낙방으로 상심하면 나도 너 이상으로 상심한다는 것 알지? 그런데 마음을 잘 다스린다 싶으니 내 가슴이 좀 풀리는구나."

"아! 그러셨습니까? 그러니 이런 불효가 어디에 또 있겠습니까? 하여간 공부 참 제대로 많이 했습니다. 모두 아버님의 자식 사랑 덕분입니다."

"너도 이제 곧 아버지가 되면 알겠지마는 부모란 자식의 일이라면 어떤 경우를 막론하고 늘 생각이 있다. 말을 하기도 하고 않기도 하나 생각은 있게 마련이다. 그 말을 하면 자식은 듣기도 하고 거절도 한다. 그러나 자식이 아비의 말을 듣든 안 듣든 여전히 아비는 자식을 알기에 가지고 있는 생각이 있다는 말이다. 무슨 소린지 알아듣겠느냐?"

"예, 알아듣겠습니다."

"그러니까 낙방하고 돌아온 너에 대한 아비의 생각이 왜 없겠느냐. 그런데 이상한 것은 지금 아비는 아무 생각이 없다. 그래서 이래라 저래라 할 말이 없다. 있다면 오직 하난데 그것은 우선 마음을 비우라고 하는 것이다. 당장 어떻게 할까? 이럴까? 저럴까? 이런 생각을 하기 마련이나 지우고 미루라는 것이다. 그저 아무 생각 없이 푹 쉬라고 하는 것이다. 그 말 말고는 할 말 없으니 이담에 생각나거든 그때 이야기하기로 하자."

"예, 그러겠습니다. 그러나 너무 심려치 마십시오."

과연 아버지의 상심이 대단하구나 싶은 상재다.

방을 나와 월예와 마주 앉았다. 벌써 축시가 지나간다. 둘은 잠이 오지 않아 불만 끄고 누었다 앉았다 하며 평상심을 찾는 중이다.

여교(女敎)에 이르기를

월예가 나지막이 말한다.

"주무세요- 어서."

"잠이 와야 잠을 자지요."

월예는 상재의 머리가 복잡한 줄 안다.

"자장가를 불러드릴까요?"

장난서린 말로 하자. 상재는

"그래 보시오."

하며 웃는다. 잠시 후 상재는

"부인!"

부르더니

"당신이 좋아하는 구절 많지요? 강경(해설) 삼아 풀어보시오. 듣다가 자게…"

월예가 나지막이 읊어간다.

"여교(女敎)에 이르기를…"

내훈(內訓) 부부장(夫婦章)이다.

"아내가 비록 남편과 대등한 위치에 있다고 하나 남편은 아내의 하늘인지라, 아내는 마땅히 예로서 공경하여 섬기되 아버지를 대하듯 하여야 한다. 몸을 낮추고 뜻을 나직이 하며, 거짓으로 존대하지 말고, 오로지 순종할 뿐 감히 그 뜻을 거스르지 않도록 해야 한다."

"가르치고 경계함을 듣되 성인들의 글귀를 듣는 것같이 하며, 몸을 보배롭게 여기되 구슬을 다루는 것같이 하고, 조심스럽게 스스로를 지키며 감히 방자하게 굴어서는 안 되는 것이니, 감히 무엇을 믿고 의지할 수 있을 것인가."

"남편에게 허물이 있을 때에는 그 곡절에 대하여 간 하고, 이해를 펴가며 말하되 온화한 안색과 순한 말씨를 사용해야 한다. 만약 남편이 크게 화를 내거든 잠시 후에 다시 간하며, 비록 대나무로 만든 채찍으로 맞는다 하더라도 어찌 원망할 수 있을 것인가."

정말 자장가가 되나 보다. 상재가 숨을 고른다. 잠이 들 모양이다. 소리를 유지하며 월예가 이어간다.

"남편의 직분은 당연히 존중해야 하며, 아내는 낮추어야만 한다. 혹 때리고 꾸짖는 일이 있다 하더라도 당연한 것으로 받들어야 하며, 감히 말대답을 한다든가 성을 내어서는 안 된다. 적(籍)을 두고 함께 살며 늙어갈 것이다. 하루가 생의 전부는 아닌 것이다. 아무리 사소한 일이라도 반드시 알려야 한다. 어찌 함부로 할 수 있을 것인가? 혼자 멋대로 하는 것은 사람의 할 도리가 아니다."

마침내 상재는 잠이 든다. 그래도 월예는 멈추지 않는다.

"남편의 허물을 친정부모에게 말하지 말지니, 이는 단지 부모를 염려시킬 뿐으로, 이야기를 한다 해서 무슨 보탬이 되겠는가. 시집가면 '돌아갔다'고 하는 것은 생사를 이미 그것으로서 정한 것이기 때문이다. 만일 더 이상 시집의 허물에 대해 이야기한다면 그것은 우마(牛馬)만도 못한 짓이다."

"한 집안을 일으키고자 하는 데에 이르는 것은, 화합과 순함이니 무엇으로 이에 이를 수 있을 것인가. 역시 공경함에 있는 것이다."

강경은 끝났다. 상재가 잠이 들었다.

불살라 버리려다

　상재가 책을 찾아 보자기에 담아 싸고 있다. 여기저기서 책을 찾아 싸고 벼루도 싸고, 필서 했던 화선지(종이)도 다 찾아서 뭉치뭉치 싸고 있다.

　"책은 왜 싸세요? 어디로 공부하러 가시게요?"

　월예가 물었다.

　"공부요? 무슨 공부를 하러 가겠습니까? 아니요. 내 눈으로 이제 책은 안 볼 생각이요."

　상재가 싸고 있다.

　"그럼 뭐하시게 책을 싸세요? 어디 가실 분처럼."

　"아예 어디다 갔다 파묻어 버리려고 합니다."

　월예가 깜짝 놀란다.

　"파묻다니요? 무슨 소리세요?"

　"눈으로 보지 않으려 한다니까요. 그래서 뒤란에 갔다 푹 파고 묻어두려고 그럽니다."

　상재는 그날 이후 과거를 접었다. 입으로 접었다 폈다 말은 않지만 확고부동한 결심이다. 과거를 접기로 했으니 책을 들추지 않으려 하는 것이다. 책이 많다.

　"걱정 말아요. 부인이 보는 책은 파묻지 않을 터이니"

　상재가 하는 말에 월예가 경색을 하며 말한다.

　"책을 파묻는 사람이 어디 있습니까? 책이 뭐래요? 안 보시면 되는 거지."

　월예는 문득 책을 묻겠다는 말에 실망이다.

"그러지 마세요. 좀 있으면 모든 맘이 풀리실 것입니다. 아버님 아시면 걱정하세요."

상재가 힘주어 말한다.

"그러니까 참는 것이오. 아버님이 걱정하실까 봐 참으니까 파묻지 아니면 불살라 버릴 것입니다. 파묻었다 하면 언젠가는 파 낼 거라고 여기실 게 아니겠소. 난 파내지 않습니다. 그저 아버지를 낙심하시게 할 수 없어 한 가닥 희망을 남긴다고 파묻는다는 것이오. 부인이나 섭섭해하지 마시오. 나는 과거 안 볼 것이고 책은 덮습니다."

월예는 난감하다. 그러나 말릴 일도 아니다. '충격을 받아 저러시겠지' 혼자 마음을 다스리는 수밖에 도리가 없다.

상재가 뒤란을 판다. 깊이깊이 판다. 그리고 덮고 책을 묻는다. 비가 와도 젖지 않도록 경사지에 파고 묻어 버렸다.

그날 마을에 한 농부가 죽어 초상이 났다. 맹 진사 댁 농토에 농사를 짓던 농부는 지난겨울부터 신열이 나다가는 금세 한축이 나기를 반복한다더니 곡기를 끊었다 한 지도 오래되었다. 그 후 농부의 장례를 마치자 맹 진사 댁에서 소작할 농부를 찾는다는 말이 들렸다. 상재가 맹 진사를 찾아가서 토지를 맡겨달라고 하였다. 올 한 해는 일단 소작이라도 농사를 지으면서 내년 일은 내년에나 생각하기로 한 것이다. 월예나 희택에게 아무런 상의도 없이 찾아가자 맹 진사는 뚫어지게 본다.

"자네는 목은의 후손이고 이 감역의 아들 아닌가?"

"예, 이상재가 바로 저입니다."

"그래, 저번에 초시에 실패한…. 맞지?"

"예, 맞습니다."

"쯧쯧."

혀를 찬다.

"김 참의 자제는 합격했다는데 떨어졌구먼. 세상일이 실력만 가지고 되는 게 아니니까… 안 됐네. 그런데 물어 보세."

"예, 그러세요."

"농사는 농부가 짓는 거지 선비가 농사를 지으면 땅이 얕잡아봐서 농사가 되겠는가?"

"아닙니다. 젊은 뼈대를 가지고 유생만 고집해서 되겠습니까? 어떨지 모르지만 자신 있습니다."

"농사가 자신 가지고 되는 것은 아니거든."

하더니만,

"그래 심심풀이로 해 볼 모양인데 얼마나?"

"심심풀이가 아니라 몇 해가 되든 농부의 마음으로 청하러 왔습니다."

"어차피 누군가를 주기는 줘야 하는데 자네는 아니야. 손바닥만큼 떼어 줘 봤자 되는 일도 아니고. 농사로 한 해 마음을 추스를 생각인 모양인데 그게 잘못 됐네. 한 해가 10년보다 중요해. 힘들더라도 책을 펴야지 농사가 손가락으로 짓는 것도 아니고 자네 집에는 소가 있나, 쟁기가 있나? 안됐지만 그 마음 이해하는 것으로만 하겠네."

"진사어른! 저도 조금은 압니다. 그러나 누구한테 땅을 달라 할 사람도 없고 일을 하기는 해야 하겠고 그러니 청을 들어 주십시오."

만만찮다. 상재는 간곡히 매달리기로 했다.

사흘갈이 밭을 얻다

"허허. 선비는 선비로구먼. 자네에게 주고 싶고 않고의 문제가 아니라 왜 자네에게 줄 수 없는가 말하겠네. 농사를 지으려면 씨갑씨 (씨앗)가 있어야 하는데 없지? 또 올해 농사를 지으려면 작년에 이미 거름을 준비했어야 되는데 없지? 농사지을 소도 없고 농기구도 없지? 줄 수 있는 걸 안 주는 것이 아니라 농사는 하늘만 보고 짓는 것이 아니니 서운해할 문제가 아닐세. 그리고 알다시피 내가 남을 줘야 되는 농토가 논이고 밭이고 얼마나 많은지 아는가? 오죽하면 이참에 소작을 거두려 해도 일꾼 손이 모자라 줘도 작년 반만 줄 생각인데 자네는 어렵네."

맞다. 아버지 희택이 알면 오히려 맹 진사보다 더 말리고 반대 할 것이 분명하다. 순간 문득 스치고 지나가는 생각이 있다.

"그럼 밭만 주십시오. 씨앗과 거름은 돌아가신 분 집에 가서 제가 말해 보겠습니다."

내용은 정확하게 모른다. 다만 그 집에서 구하지 못하면 다른 데서라도 구하면 될 것 같고, 정이나 어려우면 체면 걷어치우고 솔뫼 처가댁에서 얻어오는 방법도 있다는 생각이다.

맹 진사가 잠자코 듣더니마는 끝까지 거절하기 어려운지 입을 연다.

"그럼 경험삼아 한 해 쉰다는 마음으로 그저 심심파적으로 밭 한 떼기(두럭)만 지어 보려는가?"
한다.

"한 떼기요? 떼기도 떼기 나름인데요."

하자,

"정이나 하고 싶다면 하루갈이(소가 쟁기를 끌고 하루를 갈면 되는 면적) 정도면 어떻겠는가?"

한다. 허나 하루갈이는 적다.

"아닙니다. 다 주세요."

하자

"다 주면 밭만 열흘갈일세. 턱도 없어."

맞다. 열흘갈이 밭농사는 상상도 못했고 닷새갈이는 할 것 같다.

"닷새갈이만 주세요."

"허허 춘부장님과 상의는 했는가?"

했다고도 아니라고도 못하겠다. 순간 대답했다.

"아버지는 제 일에 치워라 하신 일이 없으십니다."

하고 대충 넘기려 하자,

"그래, 좋아. 내 무리인줄 알지만 묵히는 셈치고 사흘갈이만 주겠네. 춘부장 일은 자네가 알아서 하고, 만약…"

말을 끊는다. 상재의 가슴이 철렁한다. '무슨 소리를 하시려는 게지?' 생각하는데,

"만약 상의해 보고 안 되겠거든 바로 못한다고 말하게. 잘 지으면 적은 땅은 아니니 한 해 풀칠은 하지 않겠는가?"

성공이다. 사흘갈이 밭을 구했다.

농사도 과거만큼 어려운 것이다

지금까지 이렇게 노하는 희택을 본적이 없다. 농사를 짓겠다는 상재의 말에

"하늘이 무너져도 유분수지, 남자가 어찌 한 번 떨어지고 걷어치운단 말이냐?"

상재를 향한 기대가 통째로 무너진 희택은 어쩔 바를 모른다.

"한 여름 쉬고 올가을이 되면 새 출발을 해야지 이게 무슨 소리냐?" 면서

"네 손을 봐라. 붓 잡는 손 다르고 농사짓는 손 다르고 선공감의 손이 다른 것이야."

희택의 진노가 심해 아니라고 우길 수는 없다. 묵묵부답 중이다. 그러나 이것은 농사를 짓겠다는 무언의 주장이 된다.

월예는 생각이 없나 보다.

"어떻게 생각하시오?"

하고 물으면

"저는 몰라요."

이 말 한 마디뿐이다.

"아니, 남편의 장래가 달린 문젠데 모르기만 하면 어쩐다는 거요?"

말을 끌어내 보려 하여도 역시나 같다.

"알지 못하는 것은 모르는 것 아니겠습니까?"

하더니마는

"비가 오나 눈이 오나 땅이 어찌 하늘에게 뭐라 하겠습니까? 모든 것은 서방님의 뜻이고 저는 눈이 오면 오는 거고, 비가 오면 오는 거

지요. 안 그래요? 제가 생각이 있지도 않지만 있은들 말하는 것이 옳
겠습니까?"

상재가 포기하고 말았다.

판포에 왔다. 혜산의 얼굴이 야위었다.

"그간 기체 강녕치 못하신 듯하옵니다."

문안하자 혜산은

"낙방은 자네가 하고 병은 내가 났다네. 이상하게 설사가 멎지를 않
아. 내가 나를 나무랐다네. 이만한 일에 휘청거리다니. 그러자 일정이
생각나더구먼. 그 친구가 알면 얼마나 어처구니가 없다 할 건가. 일정
말이 맞네. 떨어진 게 복이 될 수가 있어. '붙으면 죽고 떨어지면 산다.'
이것은 한편 인생의 진리이기도 하네. 그런데도 내가 영 병이 낫지를
않고 입맛도 잃어 회복이 안 되네. 벌써 한 달이 다 돼 가는데도…"

어쩐지. 어쩐지 혜산 스승님을 다시 보니 더더욱 야위셨다.

"불초 소생이 막급한 죄를 졌습니다. 죄송합니다."

해 봤자이지만 그래도 달리 할 말이 마뜩치 않다.

"걱정 말게, 그제부터 좀 끄지막 해. 쑥개떡이 약효가 있었는가 보
더라고. 먹지도 않던 건데 쑥개떡 먹고 좋아졌어. 좀 먹어 보겠는가?"

쑥개떡을 내민다.

"아닙니다. 스승님 드셔야지요."

하자

"이 사람아 독약이 아니면 나눠먹어야 좋지 혼자만 먹고 잘 낫겠는
가? 하나 들어 보게."

받고 쑥개떡을 물어뜯자니 울컥 가슴이 무너진다. 얼마나 마음고
생 하셨으며 그동안 얼마나 정을 쏟으셨는가. 그래서 지금 책을 묻고

농사를 지으려 한다는 말을 하려고 왔으나 말이 나오지 않는다.

"쉬는 동안 부인하고 정이나 쌓게. 가화가 만사성이라고 부부 정이 인생의 보약이 될 걸세. 말은 안 해도 얼마나 마음이 아리겠는가? 잘 해 주게. 그것이 곧 자네가 되돌려 받는 위로가 되고 양분이 될 걸세."

이러시는 분께 어찌 밭농사 얘길 하겠는가. 입을 못 열고 돌아와 마곡사로 가서 일정을 뵈어야 한다. 농사를 시작하면 찾아뵙기도 어려울 것이기 때문이다.

마곡사. 일정은 너털웃음을 웃는다. 순간 현만 스님이 떠오른다. 저렇게 호탕하게 자주 웃으시기는 두 분이 거의 비슷하다. 아마 지금 살아 계셨더라면 농(弄)으로 받으실 것도 같다.

"에이랏! 거 참 시원하게 잘 떨어졌다. 상재야. 툴툴 털어라. 왜 싫으냐? 그럼 싸고 드러눕든지. 내가 약 달여 들고 찾아가랴? 아니면 선공감님이 안절부절 탕재를 구하러 다니랴?"

일정의 웃음 속에 현만의 음성이 배어 있다.

드디어 일정의 일설이 시작된다.

"상재야! 너 붙었더라면 이름도 맘대로 못 부를 뻔한 게 아니냐. 에 참 잘 떨어져 상재야! 상재야! 부르니 좋기는 하다. 거 목매지 마라. 전부 거품이다. 뜬구름 잡기란다. 구름이 계곡에 내려오거든 너 한번 언제 잡아 보거라. 그거 잡아 봤자. 해나 달이나 별이나 하나다. 그 속에 들어 있는 것은 무한대이지만 아무 것도 없다."

이런 이야기를 자주 들은 상재는 맘 놓고 밭농사 이야기를 올렸다.

"그래 잘했는데, 상재야. 농사는 무슨 농사를 지을 생각이냐?"

"씨갑씨를 구하는 중이에요. 구해지는 대로 고추, 배추, 아욱, 상추, 뭐⋯ 참깨, 들깨, 호박, 오이, 콩, 하여간 사흘갈이니까 땅은 넉넉하거든요."

하자 일정이 소리를 버럭 지른다.

"떼끼! 그게 농사냐? 나도 농사를 잘은 모르지만 너처럼 맥 무식은 아니다. 농사꾼이 되려면 3가지를 알아야 한다. 첫째, 하늘을 볼 줄 알아야 하고, 둘째는 땅을 사귈 줄 알아야 하고, 셋째는 꾀가 있어야 한다."

도대체가 이게 무슨 소린지 일정 스님은 자주 너무나도 어렵다. 상재가

"예?"

하자 일정이 말한다.

"사흘갈이면 하루갈이씩 3가지만 심어야 한다. 뭐든 펼치면 안 좋다. 뭐든 전문가가 되어야지 네가 조선의 농토를 다 가질 테냐? 네 할 일 한 가지만 제대로 하기도 어렵다. 우선 작물의 병이 잘 안 나는 것부터 시작해야 한다. 배추? 고추? 너 그 병치레 알기나 하니? 농부는 수십 년 농사를 지어도 해마다 달라지게 돼 있다. 비가 해마다 같더냐? 가뭄이 같더냐? 기온이 같더냐? 토질이 그대로라더냐? 변화무쌍한 것이 농사지만 인생이나 학문이나 전부 마찬가지다. 유생이면 글줄이나 읽었으면서 해석이 딱 한 가지라고 배웠어? 현만이 그러든? 혜산이 그러든? 제발 좀 벌이지 좀 말아라. 하나라도 제대로 알아라."

상재가 비로소 귓구멍이 뚫린다.

"네 맘대로 심되 하루갈이에 한 가지만 심어도 벅차다."

제10부

농군의 고민

상재가 농사지을 준비를 한다. 우선 밭 주위를 정리하는 일과 씨앗을 구하고 있다. 거름은 작년까지 농사를 짓던 집에 좀 있으나 자기네가 써야 한다 하여 안 된다. 거름을 제대로 못하면 수확이 시원찮아 거름이 적어도 될성부른 작물을 생각하다 보니 역시 일정 스님의 말대로 콩, 감자, 들깨 농사를 생각 중이다.

"감자나 콩이나 거름을 해야 되고 들깨는 독해서 소(牛)도 안 먹는 식물이니 들깨야 그렇다지만 그것도 거름이 좋으면 낫지."

옆 밭 농부가 하는 말이다.

"농사는 잘 모릅니다마는…"

농부 축에 끼지도 못해 농군이라 해야 될 모양이다.

"농사는 뭐니 뭐니 해도 노동입니다. 힘만 있으면 다음에는 그냥 저냥 되기는 해요."

옆 농부가 힘을 실어는 준다.

막상 생각해 보니 문제가 태산이다. 집에 있는 농기구라야 지게, 삽, 호미, 낫, 괭이, 이런 정도로는 농사가 될 일이 아니다. 소가 없고, 보습(쟁기)도 없고, 쇠스랑, 삼태기, 갈퀴… 도무지 무엇부터 사들여야 농사가 될지 얼른 떠오르지도 않는다. 공부를 하려면 책이 있어야 하고, 무슨 책이 있어야 되느냐 하는 문제하고 다를 게 없다. 시작은 한다고 해 놓았으나 될 일인지 안 될 일인지 내심 정신이 하나도 없다. 달랑 맨손밖에 없으나 맨손도 농사지을 손이 아니라 붓만 잡던 손이고, 뼈대도 약하고 근육도 농사꾼 근육이 아니다. 게다가 지식도 없다. 언제 어떤 조건에서 씨를 뿌려야 하는지 농사 절기에 대하여도 남들 하는 것을 보고 따라해야 하는 실정이다. 농사가 거저 되는 것이 아니라는 생각에 어렵다는 생각이 든다.

허나 기왕 하기로 하였으니 그만 둘 수도 없다. 게다가 희택은 협조할 시간도 없고, 마음도 없고, 월예도 농사를 지어 본 사람이 아니다. 몇 번이고 한숨이 나오는데 티를 낼 수도 없다. 농사를 너무 쉬운 걸로 얕보았다는 생각마저 든다. 밭은 왜 이렇게 넓게만 보이는가. 공부하다 걷어치운 유생은 사실 농사에는 쓸 재목이 아니라는 생각이 맞다. '이거 큰일이로구나.' 겁이 덜컥 나기도 한다. '못하겠다고 말을 할까?' 별 생각이 다 든다. 여기다 대면 공부는 거저먹기 같기도 한데 과거가 얼마나 어려웠던가. 이래저래 소망의 끈이 자꾸 약해진다. 책을 도로 꺼내 올 수도 없고 3년 작정으로 공부를 하는 것도 간단치 않고 그렇다고 암만 생각해도 해 볼 일이라는 것이 없다.

이미 한바탕 난리가 난 후다. 희택이 처음부터 잘 생각했다고 하리라는 기대는 하지 않았다. 아니나 다를까 희택은 몇 마디하고 그 후 입을 굳게 닫아 버렸다.

"내가 가타부타 할 기력도 없다는 것만 알아두어라."

이게 희택이 말한 한 마디였다. 박씨 부인이 가끔 희택의 생각을 전해 주고 있다.

"아버지는 살맛이 안 난다고 하신다."

"그럼 제가 어쩌기를 바라신대요?"

"그냥 쉬라는 거지. 농사한다고 남의 땅 잡초 밭을 만들어 놓고 이도 저도 아닐까 봐 걱정하시는 것이지."

족히 짐작하고도 남는 일이다.

"아버지는 요즘 등청해도 맥이 풀리고 퇴청해도 맥이 풀리신다니 이를 어쩌면 좋으냐?"

박씨 부인까지 우려하고 있다.

집안에서 온 식구 모두가 밀어줘도 어려울 농사를 어찌 지을지 속이 편치 않은 상재다. 그렇다고 콩이야 팥이야 월예에게 심정을 드러낼 일도 아니다. 소하고 보습(쟁기) 문제도 있고 농사짓겠다고 말씀도 드릴 겸 솔뫼에 갔더니 장인어른도 할 말을 잃는다. 겨우 한다는 소리가 콩하고 감자 씨는 좀 있다는 것이나 탐탁지 않은 티가 역력하다.

"농사가 어렵다면 참 어려운 걸세. 더구나 자네는 무경험이라 더 어려울 것 같아."

맥 빠지는 말만 계속 들어야 한다. 월예의 마음도 왜 모르랴.

"걱정하지 마시오."

월예를 안심시킨다고 말은 하였지만 당장 소가 없어 빌려 와도 쑤어 먹일 여물도 없다. 남의 소를 풀만 베어다 먹이고 일을 시킬 수도 없고 풀 벨 시간도 없다. 소죽 끓일 만한 가마솥도 없고 여물 먹일 구영(소밥그릇)도 없다. 이건 빈손 하나뿐이다.

밭갈이 소

진사어른은 두고 보자 하면서 언제 소를 부려다 쓰라고는 하였으나, 사흘 아니라 어쩌면 열흘이 가도 제대로 갈지 못할 거라고 하였다. '못할 게 어디 있어?' 처음엔 자신 있었다. 그런데 밭갈이하는 것을 자주 보았으나 눈앞이 캄캄하다. 소가 내 말을 들을지, 얕보고 덤비지나 않을지, 소도 소 나름인데 순한 소를 만날지 사나운 놈을 만날지. 걷어차거나 뜸배질을 당하는 것은 아닐지… 암만 생각해 봐도 판단을 잘못 한 것 같다. '세상에 쉬운 일이 없구나.' '아니다, 이건 공부보다 더 어려운 것이로구나.' 싶어도 이제는 어쩔 방도도 없다. 하여 밭갈이 하는 농부와 소와 쟁기를 다시금 자세히 살펴보려도 다닌다. 이럴 줄 알았다면 처음부터 책을 볼 게 아니었구나 싶지만 소용없는 생각이다.

먼저 밭을 갈아엎어야 두럭을 짓고 씨앗을 심을 것이다. 밭갈이만 하면 다음은 손으로 해도 될 일 같기는 한데, 희택이 한 말이라고 박씨 부인이 전해 준다.

"소하고 쟁기에 일꾼까지 사다가 갈아야 돼."

하시더란다. 소+쟁기+사람, 다 사오면 품값이 여간 아니다. 일을 해서 갚으려면 원래 소 하루에 사람 품 이틀 주다가 사흘을 해 주기도 한다는데 상재 품은 나흘일지도 모르고, 사람 품도 상재 품 하루에 이틀을 쳐줘도 구하기 어려울 게 뻔하고, 또 일을 배우려면 직접 해 봐야지 품 사다가 소까지 쟁기까지 다 사다가 하려 해도 안 되지만, 구할 길도 막막하다. 첫째, 일소부터가 구하기가 어렵고 날짜도 잡히지 않는다. 몇 군데 부탁을 해 보았으나 상재네 밭은 언제 갈지 아직도 기약이 없다.

진사어른이 한 방법을 제시해 주었다.

"우리 집 일소는 쉽지 않으니 어린 중소를 가지고 해 보면 어떻겠나? 코뚜레를 씌워서 한 번 일을 가르치고 배워도 볼 텐가?"

상재는 이게 무슨 말인지 언뜻 알지 못했다. 어린 소는 말귀도 못 알아듣고 기운도 딸리고 밭갈이는 무경험이라 훈련을 받아야하는데 그러려면 코를 뚫고 가르쳐야 한다는 얘기다. 그 소는 얼마든지 시간이 나니까 어떠냐는 얘기다. 상재는 우선 그렇게라도 해 보기로 했다.

날카로운 꼬챙이로 소코를 뚫고 뚜레를 꿰고 마침내 훈련용 끙개(끌게)를 채웠다. 코가 뚫린 어린 소는 코뚜레를 잡히면 일단 아파서 고분고분 따라는 온다. 끙개에 돌을 잔뜩 싣고 상재가 고삐를 잡되 코뚜레까지 거머쥐었다. 그리고 길로 나갔다. 길이 울퉁불퉁하여 끙개에 실은 돌이 떨어져 가벼워지자 소가 달려버린다. 상재가 나뒹군다. 겨우 잡아 다시 돌을 얹고 훈련에 들어가기를 여러 날 하고 쟁기를 빌려 사흘만, 꼭 사흘만 고생하여 밭을 갈아엎기만 하면 그때부터는 삽과 괭이로 두럭을 지으면 일단 한숨은 넘어간다.

상재가 어린 소를 데리고 나와 밭을 가는 것은 큰 무리였다. 옆집 농부 말이 그게 어미 소 부리기보다 더 어려운 거라면서 열흘가도 못 갈고 갈아도 그게 갈은 게 아니라 한다. 한 줄 나가는데 반나절이 걸리고 하루가 가도 열 줄도 못 가는데 농부 말이 이렇게 갈아서는 농사가 안 된단다. 고랑이 너무 깊어도 안 되고 너무 낮아도 안 되고 둑이 이렇게 삐뚤거려서도 안 되는 이유가 비가 오면 물이 안 빠지고 둑이 무너지거나 잠겨서 이래서는 안 된다는 얘기다. 둑에 생땅이 얕아도 안 되고 너무 높기만 해도 안 된다는 얘기다. 중요한 기술은 갈 때 대략 두럭 모양을 잘 지어야지 아니면 손으로 하기가 어렵다는 것이다.

그러나 맘과 뜻과는 거리가 너무 멀다. '아 힘들다. 농사를 지어봤어야지.' 해가 지면 상재의 얼굴부터 살피는 월예는 상재의 마음속을 꿰뚫는 모양이다.

"누가 첨부터 배워가지고 나온 사람 없잖아요?"

한마디 한다는 것이 그래도 속이 깊다. 하지 말라 한들 무엇 하며, 그래서 언제 농사꾼이 되겠느냐고 한들 무엇 하며, 공부만 하던 사람이 잘못한 선택이 아니냐고 한들 무엇 하겠는가?

결국 보다 못한 옆 밭 농부가 우리 소로 나하고 같이 갈잔다.

"이 소도 배우는 중이라 일이 서툴러. 그러니 자네가 고삐를 잡고 앞에서 당기면서 끌어. 그러면 일이 빠르거든. 우리 밭 먼저 다 갈고 다음에 자네 밭 같이 갈면, 잘하면 전부 나흘이면 갈 걸세. 그러면 결국 소는 고생이지만 실제 내가(농부가) 들이는 품은 자네 밭에 이틀일 테고 자네는 소 품과 내 품까지 갚으려면 엿새가 되지 않겠어?" 한다.

"엿새 아니라 이레면 어떻고 여드레 아흐레면 어떻겠습니까? 좋습니다."

그렇게 하여 어렵사리 밭을 갈기는 갈았다. 줄여줘서 농부네 일 추가로 나흘을 더 해주기로 정한 것이다.

콩, 감자, 들깨가 주작물이고, 고구마 조금 심고, 옥수수와 호박, 오이, 파 같은 것은 손바닥만 하게 구석지에 흉내만 냈다. 어리어리 한 것이 뭐가 뭔지 일은 고되어도 될 건지, 말 건지도 모르겠다. 제발 적기에 비가 잘 와 주고 밭은 풀이 안 났으면 하는 생각이지만 풀이 여간 아니다.

희택의 말 못할 사연

희택은 제사 모시러 내려온다는 말에 손자뻘 되는 일가 이장직(李長稙)이 오기를 기다렸다. 이장직은 거창군수를 지낸 관리로서 장직이 오면 상재의 장래문제를 상의하고 싶어서다. 장직을 만난 희택은 상재 이야기를 했다.

"떨어졌다 소리 들었어요. 그래 농사를 짓는대요?"

"맞아. 그래서 하는 말인데 내 자식이라 하는 말이 아니라 상재는 공부를 해야지 농사를 지을 사람이 아니야."

"과거에 떨어져 낙심한 모양인데 농사라도 짓겠다니 술타령이나 하는 것도 아니니까 그건 다행이네요. 그래서 무슨 말씀이하고 싶으신데요?"

"자네 고모님한테 말씀드려서 박정양 댁에 가 있게 할 수 있겠느냐는 거야. 요즘 살맛이 안 나."

"그래서 다시 과거를 보라 하시려고요?"

"과거를 포기하였다니 문제지. 죽어도 과거는 안 본대. 부정시험에 충격이 너무 큰 거라. 그러니 박 대감 댁에 가기만 하면 과거를 보든 않든 저렇게 되지도 않는 농사짓는 꼴은 안 봐도 될 게 아니겠는가?"

"이미 장가를 들었는데 같이 보내시게요?"

"같이 가지는 못하겠지. 그런 무리한 부탁을 하고 싶지는 않고, 같이는 가지도 않을 거야. 사실 혼자라도 가려는지는 나도 아직 몰라. 일단 좀 알아볼 수 있겠는가? 며느리는 내가 데리고 있을 테니 그 걱정은 말고."

"간다고 할까요?"

"나도 알아. 그야 안 간다고 할 테지만 설득을 해야지. 먼저 박 대감댁에 의중을 물어봐야 말을 꺼내지."

이장직의 고모가 바로 박 대감이라 하는 박제근(朴齊近, 1819~1885)의 아들 죽천(竹泉) 박정양(朴定陽)의 어머니다. 박정양의 본관은 반남(潘南)이며 상재보다 9세 연상이다. 상재 나이 17세 되던 작년(1866년, 고종 3년)에 별시문과에 급제하여 이제 막 벼슬길로 나가고 있는 장래가 쟁쟁한 인물인데 아직 대감은 아니지만 그렇게도 부른다.

"제가 고모(박정양의 모친)님은 자주 뵙고 있어요. 집에도 자주 갑니다. 물론 죽천이 제 조카뻘이므로 어려서부터도 잘 압니다. 젊지만 그의 품성은 어른이 못 당할 정도로 사려 깊고 학문의 경지는 감히 현직의 대감들이 혀를 내두릅니다. 모두가 큰 인물 났다고 하고 장차 이 나라의 거목이 될 거라고 하지요. 저를 좋아는 하는데 글쎄요, 그것이 고모님 맘대로는 안 될 것 같거든요. 죽천이 어떻게 생각하느냐가 관건입니다. 고모님도 만나 얘기를 하겠지만 무엇보다도 죽천 조카를 만나 얘기가 잘 돼야 할 것입니다."

박정양의 부친 박제근은 8년 전(1860년) 한성부주부를 거쳐, 7년 전 형조정랑을 지냈다. 호조정랑을 거쳐 상재가 장가가던 해에는 경복궁을 중건하는 영건도감(營建都監/건축위원회)의 낭청(郞廳/별정관리)을 지냈고 지금은 재작년(1876년)부터 강화부판관(江華府判官/강화부백)에 재직 중인 종4품이다. 그러니까 유망한 아들 박정양과 함께할 인간관계를 만들어 주자는 것이다. 현재 49세다.

"그러니까 친하니 잘됐구먼. 나는 상재를 알아요. 스승이 한 마디하면 두 마디는 알아듣지. 무엇보다도 효심은 내가 감동할 정도이니 인격은 어디 내 놔도 그 걱정은 안 해도 된다고 믿고, 가장 중요한 것

이 자식 자랑 같지만 아주 영특하다는 것이고, 어려서부터 나나 스승
님들의 가르침이 백성을 위한 신하가 꿈이었으니 그 꿈을 이루도록
뒷받침을 못 하고서야 어찌 조상님들 앞에 나가겠는가? 부디 내 마음
을 헤아려 말은 제주도로 보내랬다고 큰물에서 큰 고기가 될 희망이
라도 갖게 힘 좀 써주면 좋겠네. 간절한 부탁일세, 일가님."

　"하여간에 무슨 조건이 맞아야 하지 않겠습니까? 그렇다고 머슴살
이를 가자는 것도 아니고 개인수행원으로 쓰라는 것도 아니고, 어디
관직에 넣을 곳을 찾아봐 달라는 부탁을 하는 것도 아니고. 장가까지
든 새신랑인데 종처럼 밥이나 먹여달라는 것도 말이 안 되고, 보낸다,
간다, 와라, 한다면 어떤 조건을 맞춰서 얘길 해야지 다짜고짜 그냥
데려가라는 것은 맞지 않는 얘기라 하겠습니다."

　"그래, 내 왜 그 생각이 없겠나. 그런데 그에 대해 내 사실 아무런
조건도 목적도 말할 것이 없어. 공부시켜 달라는 말도 아니고 새경을
달라는 머슴도 아니고, 나는 심정이 말이 아니라 울고 싶을 뿐이라네.
다만 막연하게 바닷고기는 짠물에서 살아야 한다는 것 말고는 없어.
지금은 민물도 아니고 짠물도 아니고 저런 상재의 모습을 눈뜨고 못
보겠어서 임시로 도피나 시키려 하는 것도 아니네. 그 문제는 자네가
그쪽 성정을 잘 알 테니 사실대로 내 뜻을 전해 주고 그쪽에서 내 주
는 조건대로 받는 것으로 해야 할 걸세. 허드렛일을 하라면 할 것이
고, 글 심부름을 하래도 할 것이고, 어디 갈 때 데리고 갈 데가 있으
면 수행원 삼아 데리고 가든지, 서재를 관리하고 글 잔심부름을 시켜
줬으면 하는 것이 내 바람이지만 그건 내 욕심일 테고, 오직 바다로
보내고 싶은 맘 하나일 뿐일세. 그다음은 내 아들이 아니라 이젠 그
집 사람이 될 터인즉 실개천을 떠나 바다로 나가기만을 바란다는 말

한마디일세."

장직이 고개를 끄덕인다.

"어쨌거나 운은 떼 보겠습니다. 그런데 왜 무슨 조건으로 들이라고 해야 할지…. 조카지만 죽천은 대충 상대할 사람이 아닙니다. 말이 말 같지 않으면 위아래도 없이 단박에 쏘거든요. 그것도 하도 정중하고 예의 바르게 쏘기 때문에 나도 자주 겁납니다."

장직이 생각에 잠긴다. 그러다가 또 입을 연다.

"대모(월예)는 찬성하실까요?"

희택도 모를 일이다. 다만 받아들여만 준다면 그건 그다음 문제다.

"그 문제도 있는데 오라고 하면 설득을 하는 수밖에, 다만 그렇게 는 못한다고 할 며느리는 아닐세."

하고서,

"참, 자네 상재 얼굴이라도 한번 보고 가서 말을 해도 해야 되지 않 겠는가? 얼굴도 안 보고 뭘 얘길 하겠는가. 자네가 먼저 선을 봐야지."

"뭐, 그래도 되지만 안 봐도 알아요. 장가갈 때 봤잖습니까? 상재 대부는 눈이 범눈(虎眼)입니다. 낮에도 불을 뿜어 눈이 예사사람의 눈 과 너무 달라요. 저는 그 눈을 아마 죽천 조카가 좋다 할 눈으로 생각 합니다. 죽천은 사람 보는 눈이 남달라 단박에 알아볼 것입니다. 그러 나 지금 그게 문제가 아니니 일단 보자고 하거든 그때 만나보게 하지 요 뭐."

장직은 희택에게 다음 달 증조부님 기일이니까 그때까지 답변을 드리겠다고 하고 헤어진다.

왜 태어났는가?

농사일은 상재에게 너무 벅차다. 몸이 야위고 허기가 지도록 일을 해도 밭은 별 표시도 없다. 희택은 가슴이 탄다. 제발 장직이 일가 쪽에서 얘기가 잘 돼야 할 텐데 아직도 오려면 멀었다. 한편 상재는 이런 저런 생각이 빙빙 돈다. '그 많은 사람들, 과거에 떨어지면 그들은 무엇을 하고 어떻게들 사는가?' 아마 이도저도 아닌 반 거칭이가 되어 선비도 아니고 농부도 아니고 인생마저 폐농할 것도 같다. 그러나 한편은 또 그게 아닐 것도 같다. 아버지가 기왕에 농사를 짓기라도 한다면 소도 있고 농토도 있어 서서히 농사일을 하면 될 일 같은데 희택은 농부가 아니다 보니 상재는 길이 안 보인다.

'생사람을 잡으려면 농사를 지으면 되겠구나!' 넓은 밭 어린 싹을 바라보며 상재는 곧잘 탄식이 나온다. 그런데도 월예는 새참과 점심을 해 나른다. 안 봐도 아는지 월예가 마음을 조이는 티가 역력하다.

"뭐 도와드릴 것 없어요?"

하더니마는 드디어 호미를 들지만 밭이 점점 크게만 보인다.

월예도 김을 맨다.

"품앗이를 해서 남들처럼 날을 잡아 일꾼을 한 번에 많이 써야지 이래서는 안 되지 않아요?"

이게 무슨 말인지는 알지만 상재는 아직도 누가 품앗이를 청하지 않는다. 장정 맞품은 고사하고 그렇다고 이틀에 장정 하루 품을 쳐주는 여자 반품으로 하자고 하기도 미안들 하니 품앗이 하자는 사람도 아직 없어 혼자다. 그런데도 해는 뜨고 진다.

때로는 힘에 겨워 풀숲 같은 밭고랑에 누워도 본다. 하늘이 언제

비를 주어 풀 뽑기가 쉬울는지. 지금은 땅이 딱딱해 풀뿌리가 자꾸 끊긴다. 문득 처량한 생각이 든다. 도대체 나는 무엇 하러 이 세상에 태어났는가? 갑자기 슬퍼진다. 아버지가 그렇게도 바라시는 훌륭한 사람과 큰 인물이라고 하는 것. 자신은 갈 길도 정한 바였다. 임금님 곁에서 임금님이 나라를 잘 다스리도록 진심 어린 요청을 해 올리는 것이다. 잘할 줄 알았다. 임금님이 칭찬하실 것으로 믿었다. 순간 현만 스님의 얼굴이 보인다.

"상재야! 공부보다 중요한 것이 인간관계다."

이렇게 시작해서 들려 주신 말씀이 가슴속에 살아 움직인다.

"사람이란 백이고 천이고 모두가 생각이 다르다. 그래서 임금님 모시는 신하가 어려운 것이다. 임금이 골이 아파 깨질 정도다. 특히 신하들끼리 자기말대로 하시라고 주장하다가 싸우면 임금은 누구 말을 들을 수도 말 수도 없고, 결국은 목을 자르라 하고 귀양을 보내라 하여 충신과 간신의 대결이 위험한 것이다. 이게 인간관계다. 하나만 말하면 절대로 미워하지 말아야 한다. 그 사람도 감싸는 사람이 큰 그릇이고 아버지가 말하는 큰 인물이다."

꿈만 같다. 한때는 벅차던 가슴에 꾸었던 꿈이 이제 사라졌다.'공부는 영영' 그러니까 임금은커녕 군수영감님 밑에도 가기가 틀려버렸다. 자신은 오히려 괜찮다. 입을 닫으신 아버지 희택의 말 못하는 가슴이다. 왜 내게 기대를 하셨던가? 공부를 잘한 죄다. 아예 먹통이었더라면 아버지는 내게 기대를 하지 않았을 것이다. 그런데 지금 나는 농부도 아니고, 머슴살이도 못가는 무능력한 얼치기 반편이다. '아, 나는 무엇을 위해 태어났는가?' 콩만도 못하고 저 감자만도 못하다. 콩을 맺히랴, 감자를 안으랴. 이런 날은 일이 힘든 것보다 마음이 힘들다.

글씨나 농사나 비슷하다. 잘 쓴 글씨를 보면 단박에 알고 못쓴 글씨도 보면 알듯이, 농사도 농부에 따라 작물의 본새가 다르고 밭의 폼새도 다르고 하다못해 논두렁 밭두렁 어디 한군데고 모양새가 다르다. 상재의 밭은 아주 못쓴 글씨와 같다. 아무리 손을 보고 봐도 끝이 없고 봐 봤자 별로 나아지지도 않는다. 그럭저럭 밭이라고 심기는 하였으나 풀이 곡식보다 더 무성하여 뽑고 뽑아도 돌아선 자리가 또 무성한 풀이다.

희택의 심기는 더더욱 뒤엉키고 말았다. 상재가 보아도 굳게 다문 희택의 입에는 걱정근심이 가득 차 있다. 아예 눈은커녕 얼굴도 마주치려 않는다. '날보고 어쩌라고 저러신다지?'그렇다고 원망할 일도 아니다. 반대로 성재까지 공부 않고 상재 밭에 나갈까 봐 단속하였다.

"성재야! 너 형 콩밭에는 얼씬도 하지 말아라."

애초부터 하도 엄하게 다져 놔서 상재는 외톨이다. 그래도 봄이 가고 여름이 오니 결국 곡식이 이기고 풀은 그런 대로 잡혀는 간다. 역시나 상재가 해서 된 일 같지 않고 하늘이 도운 모양이다. 문득 자라오른 잎사귀가 대견하기도하다.

"다, 아버지가 밥을 먹여 주시니 이 짓도 하는 게 아니겠소?"

상재가 월예에게 한 말이다.

두 스승님의 권면

한여름 뙤약볕에 상재 내외가 김을 매는데 어인 일로 거들떠도 안 보던 희택이 밭에 올라와 부른다.

"상재야! 상재야~."

부르기에 바라보니 혜산 스승님과 일정 스님이 뒤따라 올라온다.

"굳이 집에 계시라 하여도 꼭 밭 구경하시겠다고 이 더위에 올라오시겠다는구나."

혜산은 농사짓는 줄 알지도 못하고, 일정은 말해 주어 알고 있던 차에 며칠 전 둘이 만나 한번 가 보자고 하여 왔단다.

밭두렁 나무그늘에 둘러앉았다. 일정은 그래도 웃고 혜산은 말을 않고 희택의 얼굴에는 근심이 가득하다.

"마곡사로 들어올 생각은 없나?"

일정은 상재를 자기 곁에 두고 싶어 한다.

"지금?"

혜산이 쏘아붙인다.

"이 농사를 내던지고?"

"이 사람 성미도 급하군, 누가 오늘 가겠나?"

첫째는 불제자가 되기를 바라는 것이고, 다음은 공부를 더 해보자는 말이다. 희택은 차라리 불가(佛家)로라도 들어가기를 바라는 눈치다. 농사를 지으리라고는 생각지도 못했던 혜산의 닫힌 입이 열렸다.

"나이 30에라도 벼슬길에 나갈 수만 있다면 송충이가 솔잎을 먹어야지 공부를 접어서야 되겠는가?"

즉승, 앞으로 3년, 길면 6년 잡고 그래도 과거를 준비해야 한다는 것이다. 상재의 마음은 요지부동이다.

"제가 무슨 힘이 있어 저들과 힘겨루기를 하겠습니까? 실력도 모자랐겠지만 또 어떤 세력가의 자식들과 겨누어 부정을 뚫고 과거에 붙겠습니까? 저는 공부는 이미 접었습니다."

"그러니까 마곡사로 와서 부처님의 제자가 되자는 것이지. 상재는 아까운 인물이야."

상재의 머릿속이 빙글빙글 돈다. 아깝다는 말이 맞는가는 모르겠지만 불가에 가면 큰 문제가 있다. 결국 출가를 할 것이고 월예는 속세에 두고 언젠간 헤어져야 한다. 그럴 불심도 없어 가당치도 않다. 깊이 들어가면 갈수록 결론은 속세를 떠나는 길이라 두 번도 생각해 볼 게 아니다.

"그러면 몇 년 잡고 과거를 보면 되지 않겠나? 내가 완전히 출가하라는 말은 아닐세."

역시나이다. 그 말이 그 말이라 불심이 깊어질까 두려운 길을 어이 간단 말인가.

"농사도 그래. 안 되면 안 돼서 걱정이지만, 잘되면 뭐가 걱정인지나 아나? 징세다."

"잘되는 꼴을 보면 세금으로 뜯어가려고 눈을 부라리는 세월이라는 것 모르는가?"

상재도 안다. 제발 그러더라도 잘 되면야 얼마나 좋을까 싶지만 작황은 중하(中下) 수준이다. 밤이 되자 하루 묵고 가기로 하여 마주 앉았다. 혜산이 먼저 일장 훈시를 시작했다.

나도 농사는 잘 모른다. 그러나 이것은 안다. 농사짓는 사람을 백성이라 한다. 백성은 수백, 천, 만이다. 백성이 있다면 임금이 있고 임금이 있다면 임금 대신 농사짓는 백성의 뒤를 봐 줄 관리가 있어야 하는 것이 세상의 이치다. 이 말은 그릇이 다르다는 말이다. 잘나고 못나고 배우고 못 배우고의 문제가 아니라 대 바가지가 있고 쪽 바가지가 있고 종지가 있고 사발이 있다는 얘기다.

상재는 사발이라 해도 되고 종지라 해도 된다. 사발이 크고 좋고 종지는 작고 나쁜 것이 아니다. 상을 차리려면 밥그릇이 있고 국그릇이 있으며 접시가 있고 종지가 있는 법인데 종지는 필요 없고 사발만 있고 대접은 없어도 되는 것이 아닌 것처럼, 나라 일도 이와 같아서 상재는 상재의 생긴 모양과 용도대로 쓰여야 한다는 말이다. 농사는 절대 갈 길이 아닌 것 하나만은 분명하게 말한다.

"그럼 뭐란 말입니까?"

상재가 좀 퉁명스럽게 볼멘 말을 한다. 일정이 말을 가로챈다.

"자네는 자네 입으로 열 번 백 번 말했지 않은가? 임금님 곁에서 좋은 말씀을 해 드려 정사를 잘 이끄시도록 하는 신하가 되겠다고 하지 않았는가? 왜 이제 그 맘 변했는가? 그게 싫은가?"

상재가 할 말을 잃는다. 희택을 향해 혜산이 말한다.

"내가 상재를 위해 이럴 때 아무 힘이 돼 주지 못해 아우님께 정말 면목이 없네. 올해는 이렇게 된 줄 몰랐으나 기왕 이렇게 됐다고 치고, 내년에는 어떤 수가 있겠는가 나도 생각을 해 보겠네. 아우님이 너무 낙심하지 마시게. 내 눈에는 상재보다 아우님 눈에 더 큰 근심이 들었는데? 안 그런가, 아우님?"

"예, 형님 말씀 맞습니다. 저도 저 밭에 속이 상해서 오늘 처음 가 봤습니다. 농사라고 점수로는 빵점인데 그래도 상재 손으로 지었다니까 50점은 주어야 하겠다는 심정 눈물 나는 얘깁니다."

일정이 결론을 지어 버린다.

"인생사 뜬구름이라니까. 그래서 세상만사불여의(世上万事不如意)라고 하는 것이고 인생무상(人生無常)이라 하는 것 아닌가? 뜻대로 안 되니 불여의요, 늘 같지 않으니 무상이라는 것이지. 오늘만 살면 그게 성공일세. 길게 잡아도 올해만 잘살면 그건 아주 대 성공이야. 누가 오늘밤에 밥숟갈 놓고 세상 뜰 줄 알 것이며, 누가 내일 홍수가 날 줄 알 것인가? 상재는 우리 맘대로 안 되지. 누구나 마찬가지만 상재는 한 가지 분명한 것이 있어. 예사로운 아이가 아니란 말이지. 아참! 아이가 아닌가? 하하하."

맞다, 고갱이야

월예에게 태기(胎気)가 있는 줄 몰랐다. 처음에는 밭을 매다 더위를 먹은 줄 알았다. 벌써 한 달째 맥을 못 추고 있다.

"언제부터 아픈 거요?"

상재가 물어봐도 아픈 게 아니라 어지럽고 기운이 하나도 없다는 말이다.

"왜 어지럽고 기운이 없을까? 그저 기운만 없는 거요?"

물어도

"나도 모르겠어요. 무엇이고 입맛도 없는 것이…"

점점 심해진다. 월예도 왜 그런지 모르겠단다.

"더위를 먹은 모양이니 밭에 나오지 말아요. 점심도 들어와서 먹을 테니까."

박씨 부인이 상재를 나가라고 하고 둘이 무슨 할 이야기가 있는 모양이다. 그러더니 상재를 부른다.

"야야. 우리 새아기가 고갱이를 안았다. 틀림없어."

상재는 이게 무슨 말인지 영문을 모르는 소리다.

"맞다 고갱이야 고갱이…"

"고갱이가 뭐래요? 아니, 어디가 아프다더니 이게 무슨 소립니까?"

박씨만 아는 말이다.

"배추가 고갱이를 안지? 배추 속에 배추가 생겨서 크는 게 고갱이 아니냐? 태기가 있다는 말이다."

박씨가 심히 기뻐한다.

"안 그래도 내가 얼마나 기다렸는지 아느냐? 태기가 있을 때가 됐지 싶었는데 우리 집에 경사 났다, 경사 났어."

상재는 순간 전신에 전율이 흘렀다. 월예가 내 아이를 임신하다니 그럼 아버지가 되어 조상님들께 후손을 바치게 된다는 것이다. 후손 된 첫째 도리가 자식을 낳는 것이라는 것은 너무 잘 안다. 아내와 며느리 된 첫째의 도리도 자식을 생산하는 것이다. 월예의 얼굴이 오늘따라 유난히 뽀얗고 희다.

"병이 아니니까 마음을 잘 다스려라."

희택이 퇴청하자 모처럼 집안에 활기가 넘친다.

"암 그래야지. 암만 그래야 하고 말고, 봄에 심고 여름에 맺히지 못하면 가을이 온들 무엇 하겠는가."

희택도 오늘만은 상재와 눈동자를 맞춘다.

하루이틀 지나자 상재는 기쁜 마음이 모두 사라졌다. 자식을 낳는 것은 좋은데 농사가 엉망이다. 농사 엉망은 사실 별 상관없다. 내년에는 퇴비를 많이 만들어 놨다가 거름을 제대로 하고 풍작을 거두면 되는 일인데 아무리 생각해도 내 땅도 아니고 일은 손에 잘아 제대로 안 된다. 진짜 문제는 이것도 아니다. 아버지 희택이 자신을 낳고 오늘까지 길러 주셨지만 결국 낙방거사가 되어 농부감도 안 되다니 잡초와 같다. 낳기는 해야 되지만 낳아서 어떤 아이로 기를 것인가가 눈에 그려진다. 자신처럼 어려서부터 봉서암으로 판포로 보내고 공부를 시킬 것인가? 땅이 있어 물려 줄 것인가?

문득 온 조선천지 백성이 모두가 똑같다는 생각이다. 농사는 소작으로 짓고, 지어도 배를 곯아야 하고, 아파도 약을 쓸 돈도 없고, 과거는 실력이 있어도 소용이 없고, 마침내 점점 더 큰 수심에 잠겨든다. 그러자니 이중 얼굴을 하고 살아야 한다. 월예에게 이런 기분 나쁜 생각을 말하면 안 될 일이니 보는 대로 웃어주고 기 빠지는 말은 참아야 한다. 그러나 혼자 있으면 기운이 하나도 없다. 내입도 못 때우는 주제에 아들이라고 낳았댔자 아버지 희택만 등골이 휠 일이다. 그러나 이것도 잠시다. 일이 많아 밭을 가꿔야 한다. 월예를 잘 보살펴 주어야 한다. 아무리 생각해도, 말은 않지만 월예가 남편을 잘못 만났다. 살아갈 장래에 고생이 기다릴 뿐이다. 이렇게 무능력한 자신을 서방님으로 극진히 받들고 게다가 고갱이까지 안았다니 저 일을 어쩌면 좋은가?

드디어 상재의 가슴에 진한 상처가 생기고 깊은 멍이 들어 버린다. 사랑스럽고 예쁠수록, 보면 볼수록 월예가 애처롭다. 자식을 품고 무슨 생각을 할까. 생각하면 아찔아찔 현기증이 난다. 농부도 아니고, 선비도 아니고, 장래희망도 없고, 일도 못하고 아버지 희택하고는 대화가 단절되었고, 콩밭이나 감자밭이 제대로 되지는 않고, 상재는 고뇌로 가슴이 터질 것만 같다.

한성(한양)으로 가라

비가 오려나 보다. 시원한 바람이 불어 모처럼 더위가 물러가나 하였더니 먹구름이 몰려온다. 상재는 틈틈이 풀을 베어 밭 구석지에 퇴비장을 만들어 왔다. 자리를 제법 넓게 잡고 내년 농사를 위해 거름을 준비하는 것이다. 옆 밭 농부가 알려주었기 때문이다.

"퇴비가 농사고 퇴비가 결실일세. 퇴비는 시간 나는 대로 풀을 베되 잡 들풀 말고 산 풀을 베어야 분한이 나가네. 썩으면 한주먹도 안되는 풀은 소용없어."
하고서 알려주었다.

"풀 한 겹 깔고 반드시 인분 한 겹을 덮어줘야 거름이 걸단 말이지"
월예가 아이까지 가졌으니 아이와 월예를 위해 내년에는 퇴비가 재산이고 소출이 될 것이다. 풀을 베고 지게에 지고 나르고 펼쳐 깔고 있는데 천둥이 치고 번개가 번쩍이더니 순식간에 장대비가 쏟아져 내린다. 눈 깜빡하는 사이에 밭고랑에 물이 그득하게 들어찬다. 삽을 들고 물꼬를 내고 있다. 비가 점점 더 쏟아진다. 이런 비는 난생처음 본다. 갑자기 물논처럼 밭이 물에 잠긴다. 물매를 잡고 잡아도 이젠 소용이 없다. 밭 윗둑이 무너지고 갑자기 도랑이 푹푹 패이고 있다. 상재가 용을 쓰지만 밀려 내려오는 물길을 막지 못한다. 마침내 감자밭이 무너져 내린다. 무너져 내리는 밭을 삽질로 막을 방법이 없다. 결국 점점 무너져 내려 하루갈이 감자밭 절반이 뭉떡 사라지고 말았다.

속수무책 이 광경을 보노라니 하늘이 원망스럽다. 비는 그래도 그치지를 않는다. 갑자기 허탈해진 상재가 바위위에 주저앉았다. 그때

헐레벌떡 희택이 올라오고 있다.

"괜찮니?"

"예 아버지는 성곽은 어쩌시고 웬일이세요?"

"성곽이고 뭐고 이 장대비에 네가 걱정돼서 쫓아 온 것이다. 다행이다. 며느리가 얼마나 걱정을 하던지 안 와 볼 수가 있어야지."

감자밭이 거지반 사라진 것을 보며 희택이 한숨을 내쉰다.

"성곽은 장마준비를 잘해서 별 일 없을 것이다. 상재야! 일단 내려가자 며늘아기 걱정하니까."

"아버지 밭이 이 모양인데 내려가면 어떡합니까?"

"사람이 살아야지 작물 살린다고 사람이 위험해지면 되겠느냐? 네가 눈으로 본들 어쩔 것이냐? 하늘에 맡기고 며느리 걱정이나 풀어줘야 한다. 어서 내려가자."

상재를 끌고 집으로 내려왔다.

"내가 관아에 성이 걱정되지만 오늘은 맘먹고 너하고 얘기 좀 해봐야 하겠다."

"가감역이 늘어 넷이나 됐고 원래 나는 오후에 갈 데가 있다고 해서 안 가 봐도 되는 처지인데 거기는 못가더라도 너하고 모처럼 얘기를 좀 해봐야겠다."

희택이 상재를 자세히 훑어보며 한참 잔숨을 고르더니 아직껏 없는 비장한 얼굴로 무슨 말을 하려고 한다.

"예, 아버지 말씀하세요."

"말을 하기 전에⋯."

다시금 목을 고르고 숨을 내 쉰다. '무슨 일일까?' 아마도 월예와 임신, 뭐 이런 말을 할 모양이라고 짐작되었다.

"다름이 아니라, 너 내가 지금부터 하는 말은 내 평생 네게 하는 말 가운데 어쩌면 가장 중요한 말이라고 생각해도 될 것이다. 그러니 너는 내 말을 아버지 말이며 조상님들의 말씀이라 여기고 아무리 싫어도 내말을 따라 주기 바란다. 그럴 수 있겠느냐?"

"예, 그리 하겠습니다."

하자

"새아기도 명심해서 듣고 순종해 주기 바란다."

말끝마다 딱딱 쐐기를 박는다. 이런 묵직한 말을 들어본 일이 없다.

"농사를 중단하고 한양으로 가라."

희택의 말이다. 청천벽력 같은 말에 상재는 눈이 휘둥그레졌다. 어디서부터 왜 가느냐거나, 어디서부터 그럴 수는 없다고 할지도 모를 일이다. 하도 급작스러운 일이라 도무지 영문도 모르겠다. 죽천이고, 박정양이고 난생처음 듣는 얘기다.

"하실 말씀을 다 해 보세요. 끝까지 듣고 제 말씀을 드리겠습니다."

희택도 할 말이 너무 많단다. 그동안 상재로 인해 가슴앓이가 얼마나 심하였는가부터 낙방한 이후 하루도 생기가 돈 날이 없었다는 것과, 그래서 이장직과 만나 부탁한 이야기랑 희택의 구구절절한 상재에 대한 극진한 애정이 펄펄 끓는 아비의 심정을 토로하였다.

"사람은 되든, 안 되든 희망을 가지고 살아야 한다. 빨리 급제하고 일찍 벼슬에 나가면 좋지만 그렇지 못해 두 번 세 번 낙방하여 재수, 삼수 심지어는 백수를 하더라도 사람은 자기가 하고 싶은 짓거리를 하고 살아야 한다. 노름이 좋으면 노름을 하고, 술이 좋으면 남이 뭐래도 그놈은 술을 먹어야 행복한 것이 사람이다. 네가 하고 싶은 것은 불가능이라고 판단된 줄도 안다. 그러나 그게 하고 싶다면 딴 길로 바꿔 가서는 안 된다."

상재는 이런 희택의 말을 제대로 알아들을 수도 없다. 오직 하나. 갈 생각은 추호도 단 일점도 없다는 것 하나뿐이다.

희택의 말은 계속된다. 어렵게 승낙이 떨어졌다는 것이다. 장직이 조카가 있고 죽천의 모친이 계시니 이야기가 된 것인데 이달 내로 와서 상면을 하자고 했다하니 실기하면 갈수도 없다는 것이다. 첫 대면 준비를 하자는 것이다. 도대체 거기는 무슨 목적으로 왜 간다는 것인가? 상재에게는 어림 반 푼어치도 없는 말씀을 이렇게 심각하게 하시다니 아버지가 과연 자식에 대해 이 정도로 모르시는가 싶을 뿐이다. 이를 어쩌면 좋은가. 그러나 상재는 주저주저 해서는 아버지께 더 큰 불효가 될 것 같아 일언지하에 거절하기로 마음먹었다.

"아버님! 이 불효자식을 용서하고 상심치 마소서!"

상재도 극진한 예로서 이번에는 희택의 심정을 헤아려 마땅함을 알았다.

"저는 갈 생각이 단 일전도 없으니 이를 어쩌면 좋겠습니까?"

희택의 안색이 노랗게 변한다. 상재도 쐐기를 탁 박아버렸다.

"열 번 아니라 백 번을 말씀하셔도 저는 가지 않습니다."

"고얀 놈~!"

희택이 불같이 분노한다. 상재가 평생 처음 듣는 욕설이다.

제11부

한양 길 반(半)천리

희택의 생일

　그렇게 심한 역정을 낸 후 희택과 상재의 부자 관계는 더욱이 꼬여
버렸다. 벌써 보름째, 둘은 서로 얼굴도 안보고 밥상도 따로 쓴다.
　"그 녀석 꼴 보기 싫어 한 상에 밥 먹기도 싫다."
　희택이 거부하여 집안 공기가 냉각되고 만 것이다.
　상재는 상재대로 아버지께 서운한 감정이 식지 않는다. '어쩌면 자
식 심정을 이렇게도 모르신단 말인가' 생각사로 한숨이 나온다. 밭은
아버지가 마감한다 하셨다 치자. 월예도 아버지가 밥 굶길 일은 없다
하셨으니 그렇다 치자. 손자를 낳아도 희택이 알아서 키울 테니 걱정
말라 하셨으니까 그것도 그렇다고 치자. 물론 단 한 가지도 상재가
바라는 바이거나 순응할 말은 아니다. 희택이 농사마감을 지으려면
짬나는 대로 어머니 박씨와 월예와 성재까지 매달려 일단 수확 다소
를 떠나 마감하게 된다고 해도 이것은 꼭 상재가 마감하고 싶은 것이
고 각자 그럴 여가도 없는데 무리다.

월예 문제는 부부 생이별을 하라는 것이다. 월예는 천사도 아니면서 의견을 내놓지도 않고 있으니 싫어도 따른다 치더라도 어느새 월예는 상재의 심장에 자리 잡고 앉은 부인인데 말도 못하게 하고 밀어붙이니 이것도 간단한 문제가 아니며, 임신한 월예가 힘이 든들 남편도 없는데 어디다 말이라도 할 것인가. 상재가 순종하려야 순종할 수가 없는 명을 내리시고 아버지가 더 섭섭해 하시다니 상재는 상재대로 억울하다.

'저러시다가 좀 지나면 풀리시겠지' 했으나 보름이 넘어도 그대로시다. 문제는 이런 것이 본질이 아니라 불순종할 수밖에 없는 제일 큰 이유가 있다. 공부가 하기 싫다는 것이다. 가서 무엇을 하게 될지는 모르겠으나 박 대감 댁은 벼슬아치이므로 순전히 글이고 책에 묻혀 일하는 관직이다.

거기 가서 그러한 박 대감에게 글을 가르쳐 달라는 것도 말이 안되고, 공부는 혼자도 한다 치더라도 자기 밥 먹고 내 공부하라고 풀어 줄 이유가 없어 그 집 일가도 아니다.

엄밀히 따지면 사돈 이장직이 손자뻘이니까 장직의 고모 되는 죽천의 모친은 상재의 조카뻘이다. 하여 죽천에게는 외가로, 그것도 촌수가 상당히 먼 아저씨뻘이 되는 사람이 상재다. 무엇 때문에 상재를 선택할 것인가?

쓸 사람은 한양에도 널렸을 텐데 곧 부인의 출산을 앞둔 한산의 이름 없는 유생을 데려다가 어쩔 셈인가. 열 번 생각해도 승낙도 안 할 것이고 갈 자리가 아니다.

또 이 모든 것을 다 인정한다 치더라도 가서 머슴이 될지, 집사가 될지도 모르는 신분에서 부모 형제 처자식 여기 두고 간들 무슨 소망이 있겠는가. 참 맥없는 명을 내려놓고 서운해한다.

때에 희택의 생일이 되었다. 박씨가 말하기를

"안 그래도 울적한데 그냥 넘어가면 안 된다."

하며

"선공감과 나머지 세분의 가감역만 오시라 해서 술이라도 한잔 대접해야 한다."

라고 해 이연석 선공감과 민철식 가감역하고 새로 온 두 사람의 가감역을 점심에 오라고 청하였다.

"점심 드시고 술 한 잔 하시고 저녁 드시고 가시게 되면 그렇게 하세요. 요즘 맘도 울적하신데 약주라도 한잔 드시고 풀어내시면 좋지 않겠어요?"

다니면서 받은 대접도 있는데 거를 수는 없다는 것이다. 그러면 상재 욕먹고 자신이 욕먹는다는 박씨의 말에 마지못해 그러기로 한 날이다.

상재는 아버지 희택과 소원한 관계라 같이 낄 자리도 아니니 인사만 한 번 드리면 되는 터라 옆 밭 농부한테 똥장군을 빌려 거름을 재우기로 했다. 재우고 연신 뒤집어 줘야 거름이 되기 때문에 무리하게 풀을 베어 쌓다 보니 인분을 헤치고 끼얹을 수도 없으니까 인분을 한 겹 깔고 풀을 덮어야 한다는 것이다.

똥 장군을 깨다

똥장군
(세로형 옹기장군도 있음. 월남은 옹기장군을 씀)

"인분은 많은가?"

옆 밭 농부가 묻기에 상재가 대답했다.

"잘은 모르지만 오줌은 한 장군이면 될 거고요, 인분은 너덧 장군은 족할 겁니다."

"그냥 푸면 안 되고 막대기로 휘휘 저어야 하네. 그리고 똥바가지도 두 개 다 가지고 가 봐."

상재가 뒷간을 휘휘 저으면 냄새가 손님한테까지 갈까 걱정되지만 그보다는 잘 지고 갈지가 더 걱정이다.

"장군이 덜 차면 출렁거려서 지게질이 더 어려우니 채워야 해."

아직 져 보지 않은 장군이지만 이제는 지게질도 좀 할 수 있다.

상재가 오줌장군을 지고 언덕을 오른다. 다른 지게질과 영 다르다. 떼똑하니 출렁대서 다리가 발발 떨린다. 그래도 잘 지고 올라왔고, 상재가 작은 바가지에 오줌을 따라 퇴비에 뿌린다. 지고오기보다 뿌리는 작업이 여간 어려운 게 아니다. 내려놓고 따를 수가 없어 처음이 어렵다. 그러나 잘하고 있다.

이번에는 뒷간을 쑤시고 젓고 장군 아가리에 퍼 담는다. 오줌은 쉬웠는데 인분은 또 다르다. 짚 쏘시개로 마개를 치고 다시 언덕을 올라 퇴비장으로 올라간다. 순간 조그만 돌을 밟아 미끄러지자 기우뚱하던 장군이 넘어가면서 상재도 나뒹굴고 말았다. 몇 바퀴를 굴렀는지 일어나 보니 장군이 깨지고 상재는 전신에 똥물을 뒤집어쓰고 말았다. '남의 장군을 깼으니 이를 어쩌지?' 그런데 지독한 똥 냄새가 코를 찌른다. 다행이 다치지는 않았는데 옷이며 상투 속에도 똥물이 들어가 범벅이 되고 말았다. 상재가 털썩 주저 앉았다. 깨어진 장군에서 아직도 똥물이 흘러내린다.

한참을 앉아 생각해 보니 집으로는 못 가겠어서 개울에서 온몸을 닦는다. 옷을 짜서 도로 입고 집으로 들어서지만 냄새는 여전하다. 안방에서는 술이 잘 돌아가는지 왁자지껄한다. 월예가 놀라 바라보는데

"넘어졌소. 장군을 깨고 난 똥물을 뒤집어썼소. 뭐 자세히 볼 것 없소. 얼른 나가봐야 하니 장군 사올 돈이나 내 주시오."

한다.

"아닙니다. 냄새가 그냥 있고요. 똥독 든다던데…"

하자 말을 막고

"개울에서 다 씻었으니까 똥독 걱정은 안 해도 돼요."

상재가 장터로 가서 새 장군을 사서 지고 온다.

"묻은 김에 마자 해야 하오."

아버님 아시면 걱정 하실 테니 뒀다가 하라 하여도,

"나라고 오기가 없겠소. 아버지는 모르시니 아무 말 마시오. 내가 오늘 저걸 다 못 퍼내서야 어찌 당신의 남편이고 태어날 자식의 아비라 하겠소."

월예가 근심스러운 낯으로 상재를 지켜본다.

"다녀오리다, 들어가시오."

상재가 장군을 지고 일어서자 월예가 따라 나선다.

"왜 오시려 하오?"

제대로 돌아볼 수도 없는 상재다.

"그냥요, 저도 한번 따라갔다 오려고요."

"아버님이 찾으시면 어쩌려고."

말려도 아니라면서 따라나선다. 앞에는 장군을 진 상재가, 뒤에는 임신 중인 월예가 가고 있다. 다시 언덕을 오른다.

어렵게 오르는데 아까 그 자리에 오자 이번에는 지난번 장마에 팬 자리에 발이 빠져 상재는 다시 또 넘어진다. 그런데 구르는 사이에 상재의 이마가 찢겨 피가 나고 무릎도 깨진 장군 조각에 찔려 상처가 났는데 왼쪽 손목까지 삔 모양이다. 갑자기 손목이 부어오른다. 뒤따라오던 월예마저 똥물이 튀어 옷이 젖었다. 똥물 범벅이 된 상재가 이마와 무릎을 번갈아 잡고 통증에 찡그린다. 월예가 왈칵 울음을 터트린다. 상재에게 달려와 똥 냄새 나는 몸을 끌어안고 흐느껴 운다.

"서방님, 한양으로 가세요. 네? 아버님 말씀 한 번만 더 순종하세요."

우는 월예를 쓰다듬으며

"미안하오."

하고 한참을 바라보더니

"한성이나 한양에는 가지 않습니다."

긴 한숨 속에 섞은 상재의 말이다.

"여보! 세상에 부모 말 듣고 잘못된 사람 보셨습니까? 어른 말 들으면 자다가도 떡이 생긴다는데 나도 이런 당신의 모습 가슴 아파서 못 보겠어요."

갑자기 월예가 통사정을 한다.

손님들이 거나하게 취하여 기분 좋게 돌아가고 있다. 희택도 술이 취했다.

"상재야! 가신단다. 인사 올려라."

하면서 희택이 목청을 높인다.

"어이~ 내 아들 상잴세. 내가 이 세상에서 제일 잘난 아들을 두었다는 것 몰라?"

술기운에 말이 걸다.

"나? 누구든지 나와 보라 그래~ 장원급제? 나 그런 자식하고 상재하고 안 바꾼단 말이야."

처마에서 빗물 흘러내리듯 희택의 말이 줄을 잇는다.

"우리 상재는 상감마마의 오른팔이고 최고의 신하가 되어 백성들이 잘살 수 있는 정사를 펴시게 하는 데 1등 공신이 될 거란 말이야. 이거 왜 이래 응? 안 그런가, 철식이? 자네 내 말 틀리나? 한산 아니라 공충도(충청도) 선비들 다 나와 보라 그래. 우리 상재하고 한번 붙여 볼 쳐? 그래 좋다. 뭘 걸 테냐? 상재가 지면 내 몸뚱이라도 주겠다. 이기면 나한테 무엇을 줄 거냐, 응?"

희택이 많이 취했다. 그러더니 펑펑 운다.

"이 감역! 아니 이 석유! 왜 이러나 응? 들어가 쉬게."

손님이 떠나고 밤이 왔다.

똥 장군을 깬 이유

상재 부부는 또 밤을 지새우고 있다. 말이 없다. 그런데도 둘은 잠들지 못한다.

"휴~."

아무리 참으려 해도 상재가 연달아 한숨이 나온다. 희택의 방은 어둡고 조용하다. 그런데도 희택의 음성이 자꾸 들린다.

"어이~ 내 아들 상잴세. 내가 이 세상에서 제일 잘난 아들을 두었다는 것 몰라?"

마디마디 상재의 가슴을 훑어 내린다.

"나? 누구든지 나와 보라 그래. 장원급제? 나 그런 자식하고 상재하고 안 바꾼단 말이야."

'참 불효자로구나.' 그러나 방법이 없다.

"우리 상재는 상감마마의 오른팔이고 최고의 신하가 되어 백성들이 잘살 수 있는 정사를 펴시는 데 1등 공신이 될 거란 말이야. 이거 왜 그래 응? 안 그런가 철식이? 자네 내말 틀리나?"

참으로 가당치 않은 말씀이다.

"한산 아니라 공충도(충청도) 선비들 다 나와 보라 그래. 우리 상재하고 한번 붙여 볼 쳐? 그래 좋다. 뭘 걸 테냐? 상재가 지면 내 몸뚱이라도 주겠다. 이기면 나한테 무엇을 줄 거냐고, 응?"

아마도 월예마저 이 소리가 들리는 모양이다.

"서방니임~"

부르지만 대답할 기력도 없다. 아직도 냄새가 진동하는데 심지어는 월예의 머리에서도 냄새가 나나 싶다.

"참, 우리 아기는 다치지 않았소?"

월예는 대답대신 숨을 고르고 말한다.

"효경(孝経/공자가 수제자 증자를 위하여 쓴 책)에 보면 성치장(聖治章) 河1節에…."

느리게 말을 잇는다.

"'그 어버이를 순종(사랑)하지 않으면서 다른 사람을 사랑하는 것을 패덕(悖徳)이라 하고, 그 어버이를 공경하지 않으면서 다른 사람을 공경함을 패례(悖礼)라 하느니라.' 하였으니 이는 부모의 말씀이 틀려도 순종하라 하여 마땅하다는 것입니다. 미물들도 새끼를 위해 목숨을 바치거늘 하물며 아비 된 부모마음이야 어찌 아니라 하겠습니까?"

상재는 가타부타 대꾸할 말도 없다.

"그 똥장군이 왜 깨졌는지 모르시겠어요?"

엉뚱한 질문을 하는 월예다.

"무슨 소릴 하는 게요?"

월예가 말한다.

"부모 불순종하고 금을 캔들 무엇 하며 벼슬을 한들 무엇 하겠습니까? 순종하라고 깨졌다고 생각합니다."

이어서 말한다.

"부모가 아니면 어찌 세상에 나왔으며 서방님도 말했지요? 순종장가를 가는 것이라고. 저도 순종시집을 온 것인데 와 보니 저는 과분합니다. 서방님도 제가 소중하시다면 부모님의 은공이요, 그러시다면 아버님의 소원이신데 당신이 순종하고 제가 순종해야 되지 않을까요?"

상재는 더더욱 할 말이 없어 듣는다.

"죽으라면 죽는 시늉이라도 하라는 말이 있습니다. 가라시니까 가는 시늉이라도 하고 일단 가 보심이 어떠하실는지요? 가 보시고 아니 다 싶으면 아버님이 내려오라 하시지 않겠어요?"

상재는 유구무언. 그냥 들을 뿐이다. 여전히 내키지 않기 때문이다.

그런 줄도 모르고 월예가 묻는다.

"제가 친정아버님께 들은 얘긴데 한 가지 해 볼까요?"

묻는다.

이마저도 무언으로 넘길 수 없다.

"해보시오."

하자 월예가 들은 장인어른의 이야기를 한다.

옛날에 4형제를 둔 아버지가 나이 많아 세상을 떠날 때가 가까이 왔 더란다. 오랜 병석에 누웠던 아버지는 어느 날 억지로 기운을 차리고 4형제를 마당에 불러 내셨더란다. 그리고 맏아들의 이름을 부르면서

"맏이야, 저 사다리를 가져다 안채 지붕에 걸치고, 외양간에 가서 소를 끌고 나오너라."

하시더란다. 그리고는

"이제 사다리로 소를 몰고 지붕에 올라가라."

하시더란다. 맏이가 사다리를 도로 치우면서

"참 아버님도 난 또 무슨 말씀이라고."

하면서

"아버지 들어가 누우세요."

하고 거절하였단다.

아버지는 맏이가 거절하자 이번에는 둘째를 불러 같은 말을 하셨 단다. 둘째는 한숨을 쉬며

"아버님이 오랜 병석에 누워 계셔서 허깨비가 보이시나 봐요. 이게

올라갈 일입니까? 올라가면 저 지붕이 배겨 나겠어요?"

하고 역시나 들어가시라 하시더란다. 끝내 말을 듣지 않자 셋째를 불러 역시 그러라고 했단다. 셋째는 펑펑 울며 우리 아버지 불쌍하다고 아버지의 허리를 잡고 어서 방으로 들어가시라고 하더란다. 병으로 쇠약한 아버지도 눈물을 흘리며

"아니다, 놔라!"

하더니 이번에는 막내를 불러 역시 소를 몰고 지붕에 올라가라 하셨더란다.

막내는 안 되는 줄 알지만 사다리를 향해 소를 몰았다.

"이랴앗~ 어뎌 어뎌 어뎌뎌~."

하고 사다리로 소를 몬다. 소가 알아듣지 못하자 이번에는 소 앞발을 잡아 사다리 첫발에 올려주고 밀고 떠밀고 다리를 부여잡고 사다리로 올라가게 소를 몰지만 한발도 올라서지 못한다. 이 광경을 보고 3형제가 일제히 말했다.

"막내야! 대체 너 지금 이게 무슨 짓이냐? 아버지가 기를 뺏겨 하시는 소린데 꼭 이래야 되겠느냐?"

그래도 소다리를 끌어다 사다리에 걸친다. 결국 소 앞발 두 개가 사다리 첫발을 딛고 서자 이번에는 한쪽 발을 두 번째 사다리로 잡아 올린다. 그러나 소가 사다리에 올라갈 징조는 없다.

그러자 아버지가 말했다.

"됐다, 그만 하여라."

아버지는 막내와 4형제를 한동안 둘러보더니 말했다.

"우리 재산 절반은 막내가 갖고 나머지 절반은 셋이서 나누어 가져라. 이게 나의 유언이다."

하고 돌아가시더란다.

"서방님! 친정아버님께서 이 말을 하시고 뭐라 한지 아세요?"

월예가 바로 말한다.

"아버지는 하늘이시다. 하늘은 순종자를 기뻐하시고, 복을 주신다. 그러나 인간은 하늘을 모른다. 마찬가지로 자식은 부모의 깊은 뜻을 몰라 불효자가 되고 복을 받지 못한다."

하셨어요. 잠자코 듣던 상재가 월예의 말에

"가겠소이다."

하고 입술을 깨문다.

"어서 닭이 울고 날이 새어 아버님이 기침하시면 가겠다고 말씀을 드리겠습니다."

부자동행

상재는 희택과 한양으로 가기로 했다.

"나는 길동무로만 가는 것이다. 죽천이 좋다 하면 이 다음에나 죽천을 만날 생각이고 장직이하고 만나는 것만 보고 내려 올 것이다."

상재가 희택과 같이 집을 떠난다. 그런데 떠나기 전날 문제가 생겼다. 그토록 가라고 권한 월예가 막상 간다고 하니까 이틀 밤을 하염없이 울기만 했던 일이다.

"여보! 울지만 말고 말을 해 봐요."

그러나 상재는 안다. 가라고 할 때는 극진하더니만 막상 간다고 하니까 마음이 아픈 것이다.

"그럴 거면 왜 가라고 사정사정 했단 말이오?"

대답도 않고 울다가 한마디 하기를

"몰라요, 나도 모르겠다니까요."

하다니 어이가 없는 상재다.

"나도 가고 싶어 가는 것이 아니라는 것은 당신이 더 잘 알지 않소. 지금 심정이 말이 아닙니다. 난 도대체 뭐가 뭔지도 모르겠고, 당신 말마따나 봉사 밤길 가듯 영문도 모르고 순종장가 가는 그 심정으로 가는 거라오. 떠나는 내가 더 슬프다 하고 싶은데 내게는 그럴 겨를도 없소. 그만 우시오."

하면서도 상재도 가슴이 복잡하다.

희택은 일(一)자로 다문 입가에 그래도 기쁨이 있나 보다. 그러면서 장직과 짜 놓은 거짓말을 한다.

"가면 품값이랄지 급여라고 할지 네가 농사짓는 것보다는 낫게 줄 가능성도 있다고 그랬으니 며느리와 떨어진다고 애달파 하지만 말거라."

하면서도,

"아가야! 몸이 점점 무거워질 텐데 상재가 네 몸속에 있거니 하고 우선은 견뎌 주면 고맙겠다."

말하지만 한편 가슴이 짠한 티도 숨기지 못한다.

월예가 아버님 말씀에 순종하자고 하여 결심을 하였다고 말할 때만 해도 희택은

"기특하다. 기특하다"

하면서

"부족한 아비지만 아비의 이 말 못하는 복잡한 심사를 헤아려 준다니 막연하지만 나는 하늘이 감동할 것으로 믿는다."

하면서도 잘못한 생각으로 인해 강제로 보내는 것이 아닌가 하는 내심이 일(一)자 입술을 만든 것이다.

"갔다가 아버지는 바로 올 것이고, 상재도 상면을 한 다음에 죽천이 올라오라고 하면 일단은 한 번 내려왔다가 다시 올라갈 것이다. 나는 한 이레나 걸릴 테고 상재는 보름이나 길면 스무날 걸리지 않겠니. 그러니까 아직은 간다 아니다 할 수도 없다. 물론 가게 돼야지 안 그러냐, 아가야?"

하면

"아버님 말씀 지당하십니다."

매번 이렇게 말하면서도 월예가 밤만 되면 울었다. 허리를 잡고 울고, 목을 감고 울고, 누워서 울고, 매달려 울고, 손을 놓지 않고 울고 또 운다.

"울지 마오. 그러면 내가 어쩌면 좋다는 것입니까? 가지 말까요?"

심히 울어 대어 일순, 상재는 마음을 꺾을까도 생각해 보았다. 마음이 약해진 상재는 월예가 포기하자 하면 그럴까도 싶었다. 그러나 그게 아니다.

"서방님 포기라니요, 안 되십니다. 가셔야 합니다."

하면서도 운다. 희택도 모르는 일이고 박씨도 모르고 상재와 월예만 아는 울음이다. 그런데도 희택은 아는 듯이

"눈물도 나겠지만 이게 다 아비가 부족하여 상재의 길을 못 터주는 죄니 못난 아비를 너무 원망치 마라. 그러니까 나는 지금 자식을 하늘의 운명에 맡기려고 하는 것이다. 이 심정 그야말로 땅은 모르고 하늘만 안다. 내 입으로 설명할 재주도 없고."

한양 길 500리

지금은 한성이라 부르는 것이 맞다. 한양은 조선 개국 초기에 부르다가 한성(부/府)으로 바꾸고 한성부윤(漢城府尹/지금의 서울시장)이 지방으로 치면 관찰사다.6) 한산에서 한성은 500리(약200km) 거리다. 상재는 길만 가르쳐 달라고 하였으나 희택은 단호하다.

"이 길은 너와 내가 부자의 연으로 엮인 중요한 갈림길이다. 부모가 죽어도 같이 갈 수 없는 저승길도 아니거늘 쓸데없는 소리 말고 같이 가자."

하여 역시나 순종하며 올라가는 한양 길 반 천리 길이다.

"아버지는 한양에 몇 번이나 가보셨어요?"

희택은 거의 말이 없어 상재가 물어야 대답한다.

"응 이번이 네 번째다."

그리고는 말이 없다. 생각이 많으면 말이 없어지는 모양이다. 그러다가 오랜만에 한마디씩 할 뿐이다.

"아마도 가다가 사흘 밤은 주막에서 자야 될 것이다."

"어디로 해서 가는 거지요?"

상재는 현만에게 언뜻 듣기는 했으나 하나도 기억에 없다.

"백제시대에 마산현(馬山縣)이라고 했고 그 이전 삼한시대에 마한(馬韓)이라고 했던 곳이 한산 옆 마산인데 마산은 알지? 마산으로 해서 홍산, 내삼, 외산, 청양, 신양, 온양온천, 천안삼거리 까지 가면 천안서부터는 어디서 가나 똑같은 길이다. 천안을 가면 절반을 간 건데 약 200리가 좀 넘지. 가면서 알려 줄 테니 잘 기억해 두어야 한다."

---

6) 1910년 한일합방으로 '경성'이라 하다가 1945년 해방과 더불어 '서울'이라 칭함.

상재는 제대로 기억을 할지도 걱정이다.

"어디 과거 보러 가는 선비들이 길을 몰라서도 제대로 가겠어요?"
묻자 모처럼 한번 웃는다.

"그럴 일은 절대로 없다. 가면서 '한양 가는 길이 어디요?' 하고 물
으면 단박에 '마산에서 홍산으로 가서 물으시오'하면 또 홍산 가서
물으면 길은 빤하다. 가다가 보면 하루 걸음이 닿는 데면 주막이 있
으니 게서 자고 가면 되는 것이고, 항상 같이 가는 길동무를 만나게
돼 있어서 한양 길을 못 찾아 못 갈 일은 절대 없다."하며 웃었다.

기왕지사 가는 길이다. 월예는 고개를 깊숙이 숙여 절을 하더니 안
보일 때까지 손을 들고 흔들었다. 정작 오늘 아침에는 눈물대신 생글
생글 웃기도 하였으나 눈은 부어있었던 월예. 그러나 어차피 떠나야
하는 길이다. 자욱한 안개처럼 앞날이 보이지 않지만 숭례문을 지나
대궐 앞으로 간다는 것과, 어려서부터 가졌던 큰 꿈을 이루는 길이
되었으면 좋겠다는 생각에 상재는 마음을 추슬렀다. 역시나 말이 없
는 아버지 희택. 왜 그러실까 생각하다가 이번에는 아버지의 마음이
무거운가 보다고 하는 생각도 들었다. 그러니까 상재가 자주 말을 해
야 하는데 별로 할 말도 없다.

"첫날이니까 오늘은 청양에서 하룻밤 자자. 첫날은 힘들거든."

"어디 어디서 잠을 잡니까?"

"근 50리에 닿는 곳이 청양, 천안, 수원이다. 여기서 세 밤을 자고
수원서 한양에 다다르면 나흘 걸릴 게다."

이래서 부자가 모처럼 단둘이서 오랜 시간을 같이 가는 것이다. 되
지도 않은 농작물을 두고 떠나는 상재와 희택은 요즘들어 데면데면
한 관계지만 천륜의 부자지간이라 매듭이 없어 다 풀렸다.

말과 생각

상재 부자가 초겨울 한양으로 가고 있다. 첫날밤을 청양에서 보내고 이틀째 길은 첫 새벽에 떠났다. 어제와 달리 희택이 닫힌 입을 열고 "잘 들어라." "꼭 기억해라." 등등 과거에 떨어지고 돌아왔던 그날처럼 의미를 담아 말해 준다. 어쩌면 아들 상재와 이렇게 단둘이서 먼 길 가며 깊은 대화를 나눌 일은 다시없을 것이고 그러므로 이렇게 단출하게 말할 기회도 다시는 없을 것이라는 생각을 하는 모양이다. 상재도 같은 생각이다. 같이 올라가도 혼자 먼저 내려간다 하셨고, 이 다음에 이 길을 자주 다녀도 아버지 희택이 지금처럼 동행 해줄 일은 아예 없거나 있어도 극히 드물 것이라고 생각하는 중이다.

"이제 네가 죽천의 사가로 가게 되면 아버지의 뜻을 새겨 간직하고 가야 할 것이 있다."

비로소 같이 길을 나선 희택의 심사를 밝히는 것이다.

"예."

"먼저 묻겠는데 죽천 대감과 만나 무어라고 하거나 '나는 죽천의 사가로 오겠다'는 중심만 분명히 하고 그 다음은 네 태생과 아는 대로 가감없이 대답하면 될 것인즉, 그 중심이 약하면 아버지께 더 없는 불효가 된다."

이렇게 말을 시작한다.

사람은 나가나 들어가나 망매(茫昧/물정에 아주 어두움)함을 벗어야 한다. 대신 현명(賢明/어질고 영리하여 사리에 밝음)하고 곧아야 한다. 그것은 말에 있다. 그러나 말은 생각에서 나온다. 비록 망매한 자라도 생각은 깊고 넓다. 그러나 깊고 넓은 생각은 안 보이는 마음

속에만 있지, 드러나지 않거나 제대로 드러내지 못하는 게 더 많다.

"가령 너는 지금의 내 마음을 다 모른다. 그것은 내 생각을 모르는 것이다. 그러나 나 자신도 내 생각을 다 표현하지 못한다. 그러면 가슴만 답답하고 상대가 마음을 몰라줄 수밖에 없다. 상대가 아내든 아버지든 임금이든 간에, 내 생각을 알게 하는 방법은 말이다. 그러니 먼저 생각을 넓고 바르게 잘해야 마땅할 것이나 생각한 것을 꺼내 말을 잘해야 한다. 아버지가 네 속을 다 모르거나 네가 내 마음을 다 모르는 이유도 생각을 끌어낸 말이 부족한 까닭이다. 내 말 알아듣겠느냐?"

"예, 이를테면 저를 죽천에게 보내시는 아버지의 마음을 제가 다 모르고, 가지 않으려 했던 제 마음을 아버지가 다 모르셨다는 것이지요?"

"그렇다."

"예, 알아는 듣겠습니다. 스승님들께서도 비슷한 말씀하셨습니다."

"맞다. 속은 태평양처럼 넓고 백두산보다 높아도 말을 안 하거나 바르게 하지 못하면 피차 답답하고 오해가 생기고 부자간에 싸움도 나는 것이다. 그래서 제대로 잘된 생각이라도 말로 전달하는 것, 즉 이 말이라고 하는 것이 전부를 지배하되 나라와 인간관계와 성공과 실패를 좌지우지 한다는 것이다. 그래서 말을 잘하는 재주를 연마해야 망매함을 벗고 현명함에 이르는 것이다. 아버지는 여기에서부터 재주가 부족한 까닭에 조상님 앞에 불효자가 된 것이다."

갑자기 현만이나 일정 스님의 말을 듣는 것 같다. '아버지께 이런 깊은 교훈을 받다니 우리 아버지가 대단하시구나.' 문득 이런 생각마저 든다.

"아버지! 참 좋은 말씀입니다."

"허허 그래? 이제 시작이다. 들어 보아라. 그런데 바쁠 것도 없으니 고개를 올라갈 때는 쉬고 내려가거나 평지를 갈 때 드문드문 이야기하겠다."

하시고 말을 이어간다.

　"그런데 말만 잘하면 이 또한 망매(茫昧)함이 되어 상대는 사술(詐術/남을 속여 넘기려는 수단)인 줄 단박에 안다. 이것이 진정이다. 진정성이 없는 말뿐이라면 통하지 않는다. 이것은 생각이 잘못되어 화자(話者: 말하는 사람)나 청자(聽者/듣는 사람) 사이에 불화를 만들게 된다. 바른 생각과 정직한 말은 그렇지 않은 것과 현격하게 드러나 사람다움을 잃게 만든다. 그러므로 생각과 말은 하나여야 하는데, 이때 만일 생각이 사리사욕을 채우기 위한 것에 바탕을 둔 것이라고 한다면 말은 무용지물이며 자기를 쏘고 베는 화살이 되고 칼이 되어 되돌아온다. 생각이 중요한 만큼 말이 중요하고 말이 중요한 만큼 생각이 중요하다. 어렵지 않으냐?"

　"예. 어렵습니다마는 현만 스님이나 일정 스님, 그리고 혜산 스승님께 자주 듣고 배운 바 있어 걸림은 없습니다. 다만 아버지께서도 그런 분들만큼 대단히 높으시다고 새로 깨닫고 있는 중입니다."

　"그래 고맙다. 그런데 이에 대해 너도 배워서 알 텐데 맹자는 뭐라고 했느냐 하면, 힘으로 이기는 자를 용장(勇壯)이라 하였고, 지식으로 이기는 자를 지장(智將)이라고 하였고, 덕으로 이기는 자를 덕장(德將)이라 하고 덕장을 1등 장군으로, 지장을 2등 장군으로 용장을 하급 장군으로 정의하였다."

　희택이 말을 계속한다.

　"맹자는 또 부동심의 경지를 논하여 '타당하지 않은 이야기를 들으면 상대가 어느 정도 어리석은 가를 판단한다. 터무니없는 이야기를 들으면 무엇에 현혹되었는가를 판단한다. 사악한 이야기를 들으면 어디에서 도리에 벗어났는가를 판단한다. 발뺌하는 이야기를 들으면 어디에서 벽에 부딪쳤는가를 판단한다'고 하였으니 바른 생각과 옳은 말은 당장 속아 넘어가는 듯해도 속지 않았고 훗날 그것이 말한 자를 자르는 창검이 되어 되돌아오는 것이므로 죽천의 사가나 대궐이나 일본이나 중국에 가 누구를 만나더라도 생각과 말의 관계에 기술과 재주를 내어 그들을 꾀여 수작을 내려 하지 말고 진심으로 나를 이해하고 내 뜻에 따르는 것이 피차 유익이라고 생각을 바꾸게 하는 말이 생각을 제대로 드러내고 잘하는 말이다. 상재야 알아듣느냐?"

상재가 심히 놀란다. 아버지 희택이 이렇게 깊은 교훈을 내려 줄 줄 생각도 못했다. 오히려 아버지 희택과 세 분의 스승님을 비교하면 옳지 않지만 무엇보다 나이차가 수십 년이라 아버지 희택은 세 분 스승님이 가르치신 교훈의 경지와는 큰 차이가 있음이 당연하다고도 생각해 왔다. 하지만 오늘 들어 보니 아버지는 수십 년 연하지만 대등하다거나 보다 위 단계에 서 계신다.

"예, 아버지 말씀 백분 알아듣습니다. 제 귀가 그 정도는 열렸으니 아버지의 은덕이요, 스승님 세 분의 은공입니다."

희택이 신명이 돋았다. 말은 해도 제대로 하는 건지 전달이 되는 것인지. 화자와 청자의 간격을 메울 수 있다면 성공인 줄 알기 때문이다.

"그래서 어디를 가나 장(長)이 있다. 장이 자라 군(君/임금)이 되는 것처럼 가정에는 가장이 있고 군사에도 장이 있어 열 사람을 거느리면 십부장(十部長)이요, 백 사람을 거느리면 백부장(百部長)이며, 천명을 거느리면 천부장(千部長)이고, 만 명의 군사를 거느리면 장의 군이니 장군(將軍)이며, 장군을 거느리면 왕(王/임금)이 된다. 문제는 그릇이 맞아야 하는 것이다. 십부장에게 천부장을 맡기면 모두 죽는다. 십부장의 생각과 말이 있고, 백부장의 능력과 천부장의 통솔력이 다르기 때문에 그릇대로 담아야지 넘치거나 남게 담아서는 조직이 무너지고 전쟁에 지는 것이다."

"이 말은 네 그릇을 넓히고 채워야 한다는 것이다. 과거에 낙방하였으나 네 그릇은 족한 그릇이기에 아버지도 억울하고 혜산 형님도 병이 난 것은 천부장에게 십부장도 허락하지 않은 것 때문이며, 십부장도 안 되는 김인길에게 천부장이라 하였으니 분한 것이나 결론은 본인과 관료와 나라가 망한다."

붓(筆, 글)에 지면 다 진다

능수버들 휘늘어진 천안 삼거리는 전라+경상+충정의 한양 나그네가 만나 피곤한 여정의 회포를 푸는 당대의 요충지 중에 하나다. 과거보러 가는 사람과 벼슬길에 올라가고 내려가는 벼슬아치와 가솔식솔들이 어우러져 시끌벅적한 주막이 즐비한 곳이 천안이며 여기가 삼거리다. 상재와 희택은 두 번째 날 밤을 자고 이제 조선의 동맥길이 되는 한양 길로 접어들었다. 어제의 한적함은 어디로 가고 제법 오가는 나그네가 많아졌는데 걷지 않고 말을 탄 나그네가 눈에 띈다. 보니 여기저기 종을 둔 나그네에 마부를 둔 나그네와 걷는 나그네가 북적거려 어인 말이 이렇게 많으며 달구지 가득 짐을 싣고 가는 사람이랑 한산 시전에서는 보지도 못한 광경에 넋이 나갈 정도다.

"상재야! 어제 했던 이야기가 다 한 것이 아니라 두 가지가 더 남아 있다. 아버지가 동행 길에 나선 중요한 이유이기도 하니 잘 들어두어라."

오늘로 사흘째 길을 떠나고 내일까지 꼬박 걸어야 성안 북촌마을 이장직의 집에 당도할 것이다.

"예, 재미있고 유익합니다. 말씀하십시오."

희택이 말한다.

"인생사는 성공과 실패로 나누게 된다. 이것은 이기고 지는 것의 다른 말이다. 패자는 죽는다. 승자는 패자의 땅을 차지하고 패자의 아내를 첩으로 들이며 가솔 중에 위험스러운 아들들은 아예 목숨을 끊어 버린다. 아녀자는 종으로 삼는다. 그러니 이겨야 한다. 학문에도 승자와 패자가 있어 너는 결과적으로 패자다. 그러나 인생은 장거리다. 먼 길을 가노라면 처음에는 빨리 가도 나중에는 뒤처지고, 가다가 죽고 다치기도 하여 변고가 많은 것이 인생길이다."

"이 점은 네가 살아갈 장래에도 현존할 것이다. 이때 중요한 것이 있다. '붓으로 지면 다 진다'고 하는 것이다."

순간 상재가 물었다.

"생각과 말이 아니라 붓이란 말입니까?"

"그렇다 생각 위에 말이 있고 말 위에 붓이 있다. 꼭 알아야 할 것은 어제 말한 용장은 무식하여도 용장이다. 그러나 지장은 무식하지 않은 장군이다. 손자가 말한 무전승과 장자 말한 상선은 물이라고 하는 것도 맥을 같이 하는 말이다. 이기는 것에도 여러 가지가 있다는 뜻이다."

"주먹으로 이기고 총칼로 이기는 것이 용장이라면 싸우지 않고 보내고 오라고 하여 만나서 대화로 전쟁을 막고 취할 바를 얻는다면 아까운 생명 다치지 않고 뜻을 이루었으니 일거양득이다. 그래서 꼭 하고 싶은 말은 주먹으로 이기는 것보다 말로 이겨야 한다는 것이며 이것이 현명이요, 망매함을 벗는 장수가 되는 것이다. 네가 인생의 목표로 정하고 내가 크게 기대하는 꿈이 바로 칼이 아니라 말을 무기로 하여 임금님께 백성과 나라를 잘 다스리도록 충성스러운 신하가 되는 것이라고 하는 것은 바로 주먹이 아닌 말이며 무관이 아닌 문관이 되는 것이다."

상재가 희택의 말에 깊이 빠져든다.

"그러나 말은 하고 나면 사라진다. 그래서 말 윗자리가 붓이다. 그러므로 힘에는 져도 좋다. 하지만 말에는 지면 안 된다. 더 나아가 말에는 좀 져도 좋다. 그러나 절대로 붓으로 쓰는 글 싸움에서 지면 끝장이다. 너도 알다시피 모든 정사는 우리 한산만 해도 말이 행동을 움직이는데 말보다 상석에서 한산관아를 움직이는 것은 글씨라고 하는 사실이다. 문제는 생각만큼 말을 못하고 말만큼의 글을 써 내지 못하므로 이 세상에서 글이 가장 어렵기 때문에 글에서 지면 대책이 없다."

"글이란 무엇이냐? 문서다. 왕의 말이 어명이지만 어명은 글로써 나타나 교지가 되고 칙서가 된다. 한양 궁궐에서 임금이 아무리 소리를 질러도 한산이나 공주 감영에서는 듣지 못하나 교지나 칙령이 내려오면 그것이 말을 드러내어 어명이 살아 움직인다. 바로 그래서 학문의 길로 가야 큰 인물이 된다는 것이니 말도 잘하고 글도 잘 쓰는 너 상재가 되어야 한다. 할 수 있다, 너는."

그리고 희택이 말한다.

"이제 내 할 말은 다 했다. 굳이 한 가지만 더 말한다면 그건 내일 하기로 하자."

균형이 맥이다

수원서 셋째날 밤을 자려 하는데 갑자기 월예가 생각난다. 울고 있을 월예. 그러니 상재는 희택의 말을 잘 듣고 이게 웬일인가 싶어 억지로 지우고 잠이 들어야 했다.

"오늘 이후 언제 다시 너하고 이런 시간을 가질지 모르겠구나."

희택은 나흘째 마지막 날 한양길이 아쉬운가 보다.

"남태령 고개를 넘어가면 한양이다. 넘기 전에 이제 간단히 한마디만 한다."

오늘 희택의 말은 짧고 간단하다.

"생각이나 말이나 글은 균형이다. 치우친 말이나 글은 가치가 없다. 내 몸이나, 내 식구나, 내 식솔들이나, 내 재산을 지키고 나의 입신양명을 목적으로 하는 생각이나 말과 글은 이미 글도 말도 아니다. 모두에게 좋고 유익한 것이 좋은 글이다. 필체 좋고 학식 높아도 치우쳐 버리면 그것은 무식함만 못하고 말하지 않음이나 생각하지 않음만 못하다."

"그래서 아버지는 네게 부탁이 있다. 첫째는 임금이며 둘째는 백성이다. 임금을 흔들어도 안 되고 백성을 괴롭혀도 안 되고 순위가 바뀌어 백성을 위한다는 명분으로 왕권을 무너뜨릴 말이나 글은 부모를 훼파하고 인륜도덕을 파괴하는 악질이 되어 간신배의 전형이다.

휴, 정말 네가 죽천을 만나 아득하지만 꿈대로 그런 신하가 되어 이번에 아버지가 한 말들을 새겨 과연 훌륭하고 큰 인물의 신하가 되는 날이 온다면 죽어도 여한이 없겠구나."

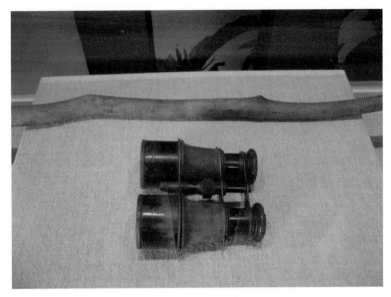

월남의 손때가 묻은 지팡이와 쌍안경

죽천 박정양과 만남

한양의 첫밤

천안 삼거리부터 보이기 시작하여 시흥 과천을 들어서자니 걸리느니 말(馬)이다. 걷는 사람이 열이라면 말 탄 사람이 둘셋이고 짐을 실은 수레도 늘어났다. 말에 올라타 든든한 위상으로 점잖게 앉아 길을 가는 벼슬아치들이 걷는 상재 일행 무리들을 연달아 앞지른다.

"비키시오! 비켜!"

거추장스러워 걸음이 늦다. 남태령을 넘어서자 길에는 오가는 사람들로 가끔 몸이 부딪칠 때도 있다. 점점 걸음은 느려지고 해는 서산에 걸린다.

"이거 늦겠는데…."

희택이 걱정한다. 한강 노량진 나룻배머리에 이르러 배를 타는데 우마차, 말, 사람, 짐이 뒤엉켜 배가 떠나려면 아직도 멀었고 해는 진다.

이렇게 배를 건넜지만

"아직 멀었어요?"

아버지 희택에게 물어보니 4대문 안으로 들어서야 하는데 아직도 남대문까지 가려면 멀었단다. 밤 해시(亥時/오후 8시)가 되어서야 남대문을 들어선다. 문이 너무 커서 놀라고, 어두워져 어떻게 생긴 문인지 알지도 못하겠다. 대문 밖 시전(市典/시장)에는 장사꾼들이 꽉 들어찼고 다들 어디를 가는지 오는지 사람에 치여 죽을 지경이다.

"여기가 숭례문이라고 하는데 동서남북에 선 4대문 중에 하나 남대문이다."

"동대문과 서대문은 멀지요?"

"암 동서남북 대문이 4개고, 대문과 대문은 성을 쌓아 막았지. 그래서 성 안과 성 밖으로 나누어야 하는 곳이 한양이다."

"대궐은 성 안에 있다지요?"

"당연하지. 어두워서 아직은 안 보이지만 그렇게 멀지는 않다."

순간 '아버지와 같이 오기를 정말 잘했구나.' 하는 생각이 든다. 혼자 와 물어서 찾아가려면 이 밤에는 어렵겠고 성 밖에서 하루를 더 자고 아침에나 찾아갈 것이고 그래도 혼자서는 묻고 찾아가기가 어렵게 생겼다.

밤인데도 번잡하고 넓은 길을 지나 도무지 어디로 왔는지도 모르는 곳에 오자,

"저기가 대궐이다."

하고 손가락으로 가르쳐 주지만 대궐 앞이 하도 넓어 제대로 보이지를 않는다. 바로 육조거리에 온 것이다.

"힘들지? 여기는 눈 없으면 코 베어 간다는 곳이다."

한참을 더 걸어올라 기와집이 꽉 들어찬 마을에 와서도 또 한참을 돌고 오르고 걸어 어느 낯선 집 앞. 이제야 장직의 집에 왔다. 이미

지쳤다. 어제도 그제도 이런 일이 없었는데 한양이라는 곳이 지치게 하는 곳인가 보다. 둘이서 호젓하게 천안까지 올 때가 좋았다. 사람 숲을 헤집고 들어선 한양 성 밖과 성 안은 상재를 힘들게 한 것이다. 어지럽고 빙빙 돈다. 누우니 어디서 자는 건지도 모를 정도다. 늦은 밥을 먹고 누운 상재는 곯아떨어져 잠이 들었다.

장직과 희택은 아직 마주앉아 있다.

"죽천 댁에 얘기는 잘해 놓았지?"

"예, 그때 고모님은 사람을 찾기는 찾는다 하셨고, 죽천 조카한테도 얘기는 했습니다. 지난번에 말씀 드렸지요?"

"알아. 그 후에 또 만나 봤는가 묻는 거지."

"예, 또 만났지요."

"죽천은 뭐라고 하던가?"

"죽천은 어떤 사람인가가 중요하답니다. 욕심 같아서야 열 명은 못 들이겠습니까만 마음에 드는 사람이냐고 하는 것이 중요하니까 만나 보고 얘길 하자했어요."

"그래, 무슨 일을 시킬 참이라던가?"

"글쎄 그건 저도 잘 모르겠습니다. 자기와 마음이 맞으면 뭔가 하도록 하지 않겠어요?"

"그런데 내가 왜 언질을 줬지 않았던가? 알아서 품값은 줄 거라고 한다고 했잖아? 그것도 큰 걱정일세. 거짓말을 해 놨으니 말이야."

"대부님! 죽천하고 돈 얘기는 못했습니다. 말을 해 보니 그럴 분위기가 아닙니다. 사람을 봐야 뭔 얘기를 한다는데 안 그렇겠어요? 그러나 고모님이나 죽천이나 그냥 부려먹을 사람은 아닌 것만은 믿어도 될 겁니다. 마음에 드느냐가 문제지 돈 없어서 못 줄 일은 없지 않습니까? 눈치가 빠르면 절에서도 고기를 얻어먹는다는데 일단 두고 보자고요."

"그래, 다 제 팔자겠지. 나나 장직이 조카가 마음 쓴들 그대로 되겠는가? 하여간 내일 나는 내려갈 테니까 그쪽하고 잘 상면하게 힘써 주게."

"그러세요. 주무십시오."

얼마나 잤을까. 깊은 잠에 빠진 상재가 솔찮하니 잠이 깼다. 잠자리 바뀌는 것이야 몸에 배 잘 자지만 한양에서의 첫밤은 다른가 보다. 갑자기 정신이 맑아지고 이런저런 생각이 엄습해 들어온다. 순종하는 마음으로 왔으나 여전히 잘못된 것 같다.

'죽천이 나를 들여 도대체 어디다 쓸까?'

아무리 생각해도 할 일도, 시킬 일도 없다고 보인다.

아침 먹고 죽천이 등청하고 나면 나는 혼자서 할 게 무엇인가. 죽천은 바쁜 사람일 것이다. 자기 일과 자기 공부도 바쁜데 나는 거추장스럽기만 할 것 같다. 상재는 특히 어중간한 것은 질색이다. 일도 없이 빈둥거리면 얼마나 지루하고 죽천도 좋다 할 일이 아니다.

'아버지는 왜 이런 고집을 부리셨지?'

다시금 공연한 길을 왔다는 생각이다. 월예도 야속하다. 부부가 떨어진 것도 그렇지만 남편이 어정쩡하게 무위도식한다면 후회할 것이다.

머리를 싸매고 생각을 하고 또 해 봐도 죽천이 나를 들이지 않을 것 같다. 들여도 문제다. 도대체 무엇을 할 것인가? 그러다가 한두 달 만에 다시 한산으로 내려가야 될 일은 아닐지. 거의 새운다. 그래도 무엇을 할 것인지 짐작이 안 된다. 마당 쓸고 장작 패고 불 때고 이런 저런 허드렛일 하고 밥이나 얻어먹으러 온 것도 아니고 배겨내지도 못할 노릇이다.

한양에 온 상재와 일본의 역사

한양에 와서 하루를 자고 첫 아침을 맞았다. 마곡사에서 보았던 기와지붕 묵직한 느낌의 수십 배에 달하는 북촌마을(현/가회동 한옥 보존마을). 줄을 이은 기와지붕이 상재를 놀라게 한다. 나무 울타리는 하나도 없고 모두 기와를 얹은 돌담장으로 둘러싼 마을이다. 장직의 집에서 죽천의 사가(집)는 멀지 않다고 한다. 임금이 사는 대궐의 기와집은 얼마나 클지 어젯밤에는 어두워서 제대로 보지 못한 상재다.

그런데 상재가 죽천에게로 가는 지금 상재도 모르고 희택도 모르는 중대한 일이 일어났다. 바로 조선을 뺏고자 조선 초기 일본이 일으킨 삼포(제포/부산포/염포)왜란을 비롯하여, 도요토미 히데요시(加藤清正)가 명(明)국을 치기 위해 길을 빌려 달라 했는데, 조선이 그걸 거부하면서 일어나 수많은(약 1/3이라고 함) 우리 조선 백성이 죽은 임진왜란 침략과, 이순신이 노량해전에서 지휘한 전투로서 정유재란 등등 무수하게 조선을 넘보고 전쟁을 일으켰던 에도막부(江戶幕府) 264년이 역사 속으로 사라지는 것이다. 조선에 심대한 영향을 끼친 일본이 지금 메이지유신(明治維新)을 단행하는 대변혁에 접어든 것이다.

당시(작년, 또는 금년 초)까지만 해도 일본은 도쿠가와 이에야스(德川家康)가 천하통일을 이루고 에도(江戶/현재의 도쿄)에 수립한 일본의 부케정권(武家政權, 1603~1867) 시절이었다.

고종과 동갑나이인 무쓰 히토(睦仁/목인, 1852.11.3~1912.7.30) 일본 제122대 왕은 지금(1867년/상재18세) 16세의 나이로 즉위하여 다음해 9월 연호를 '메이지(明治)'로 고치고(상재 나이 19세 되는 해) 1세1원제(一世一元制)를 택하는 출발을 하는데 바로 지금 상재가 한양에 올라가고 있는 현재다. 1869년(내년) 에도(江戶)를 도쿄(東京)로 바꾸고 도쿠가와 막부(德川幕府)의 아성이던 에도성(江戶城/도쿄)을 왕궁으로 정하게 될 것이다. 최고통치권자로서 천황친정(天皇親政)의 대의명분 아래 왕정복고(王政復古)를 실현하고 메이지 신정부를 수립하는 메이지(明治)유신을 단행한 것이다.

이상재를 말하려면 이와 같은 일본의 역사를 알아야 하는데 간단치 아니하나, 일본의 역사는 지금까지(2009년, 오늘 현재) 대략 약 15개로 나누어진다. 차후에 필요할 경우 자세히 쓸 것이나 연조의 개략만 살펴보면 이러하다. 앞서 구석기 시대를 맞고 지나면서부터 일본의 역사는 시작된다.

① 조몬(승문) 시대(繩文時代, 승문은 빗살무늬 토기라는 뜻)
일본의 선사시대 중 기원전 약 1만5천 년 전~1천3백 년 전 사이의 중석기시대에서 신석기시대 사이이다.[공주 석장리 유적 2만 년 후~단군왕검 고조선 건국 1천 년 전까지]

② 야요이(미생) 시대(弥生時代)
기원전 10세기(B.C. 1000년 전) 중반부터 3세기(B.C. 400년) 중반까지에 해당하는 시대이다[단군왕검 고조선 건국 1천3백 년 후/ 기자조선~삼한시대 진국(삼한시대 있던 작은 국가)까지].

③ 고훈(고분) 시대(古墳時代)
3세기(A.D. 200년) 중반부터 7세기(A.D. 600년) 말까지의 약 4백년이다[고조선 건국 2633년~백제 멸망 전(A.D. 663년 멸망)까지].

④ 아스카(비조) 시대(飛鳥時代)
고훈 시대의 종말기와 겹치기도 하지만 6세기(A.D. 700년) 후반부터 8세기(A.D. 900년) 초반에 걸쳐 아스카에 궁전과 도시가 세워진 시대를 가리키는 일본역사의 시대이다[일부 겹침은 일본통일 전/ 통일신라 27대 선덕여왕(780년 즉위)~고려 1대 태조 왕건 재위

(918~943년)까지].

⑤ 나라(내량) 시대(奈良時代, 710~794년)
넓은 의미로는 710년 겐메이 천황이 헤이죠쿄(平城京)로 천도한 것
으로부터, 794년 간무 천황이 헤이안쿄(平安京)로 천도할 때까지의
84년의 기간을 말하고, 좁은 의미로는 710년에서 784년에 간무 천황
이 나가오카쿄(長岡京)로 천도할 때까지 74년의 기간을 가리키는 일
본역사의 시대 구분의 하나이다[앞과 겹침/ 백제 멸망 후 8년/신라
효소왕 19년~신라 27대 선덕여왕 사후 14년/ 38대 원성왕 9년까지].

⑥ 헤이안(평안) 시대(平安時代, 794~1185년)
794년 간무 천황이 헤이안쿄(平安京)로 천도한 것으로부터 가마쿠
라 막부의 설립까지의 약 390간을 지칭하는 일본역사의 시대이
다[신라 27대 선덕여왕 사후 14년/ 38대 원성왕 9년~고려 19대 명
종 16년까지].

⑦ 가마쿠라(겸창) 시대(鎌倉時代, 1185~1333년)
무사계급이 천황, 귀족계급과 분리된 새로운 지배체제로, 봉건정치
의 시작을 의미하되 봉건정치는 그 후에도 막부가 막을 내리는
1868년까지 계속되었다[고려 19대 명종 16년/재위 1170~1197년~
조선 23대 순조 26년차까지 겹침].

⑧ 남북조 시대(南北朝 時代)
1392년(태조 이성계 조선을 건국한 해)에 남조와 북조가 합쳐지기
까지의 기간을 남북조 시대라고 하고 무로마치 시대의 초기에 해
당. 이 시대에 일본은 남조와 북조로 두 조정이 존재하였고 각자
정당성을 주장하였다. 남조가 정통이라고 하는 사람은 요시노초 시
대(吉野朝時代)라고 하기도 한다[겹침].

⑨ 무로마치(실정) 시대(室町時代)
무로마치 막부(室町幕府)가 일본을 통치하던 시기로, 아시카가 다카
우지(足利尊氏)가 막부를 세운 1336년부터 1573년까지를 가리킨다
[고려 28대 충혜왕 4년/재위 1330~1339년~조선 14대 선조16년까지].

⑩ 센고쿠(전국)/아즈치모모야마 시대(戰国時代)
일본의 15세기 중반부터 17세기 초까지의 사회적, 정치적 변동 및

계속되는 내란의 시기이다. 한자어를 음차 한 전국시대라는 표현도 사용된다. 아즈치모모야마 지다이(안사도산) 시대(安土桃山時代)는 오다 노부나가와 도요토미 히데요시가 정권을 장악한 시대를 말하며 연도상으로 따지면 1568년에서 1603년까지를 가리킨다[조선 14대 선조 16년~조선 14대 선조 35년차까지].

⑪ 에도(강호) 시대(江戶時代, 1603~1867년)
에도 막부가 정권을 잡은 시기를 말하며, 1603년 3월 24일 도쿠가와 이에야스가 세이이타이 쇼군으로 임명되어 에도에 막부를 연 시기를 에도 시대의 시작으로 보고 있다. 1867년 11월 15일 막부의 권력이 천황으로 이관되는 대정봉환(大政奉還: 江戶幕府가 천황에게 국가 통치권을 돌려줌)이 있을 때까지 264년간 유지되었다[조선 14대 선조 35년차~조선 26대 고종 5년차까지].

⑫ 메이지(명치) 시대(明治時代)
명치 시대는 일본의 시대 구분의 하나로 지금 열리고 있다. 1868년 10월 23일부터 1912년 7월 30일까지를 가리킨다. 개국 1년(1868년): 에도 막부 붕괴. 4년(1871년) 단발령으로 일본식 상투인 촘마게가 폐지됨. 5년(1872년) 그레고리력을 도입. 6년(1873년) 징병제 실시. 9년(1876년) 하이토레이로 무사계급이 칼을 차고 다니지 않게 됨. 22년(1889년) 일본제국 헌법 공포. 27년(1894년) 청일전쟁 발발. 37년(1904년) 러일전쟁 발발. 42년(1909년) 한국인 안중근이 이토 히로부미를 총살함. 43년(1910년) 한일 병합 조약으로 대한제국을 병합함. 45년(1912년) 메이지 천황 사망[26대 고종 6년~일제강점기 3년차까지].

⑬ 다이쇼(대정) 시대(大正時代)
일본의 시대 구분의 하나이다. 1912년 7월 30일부터 1926년 12월 25일까지를 가리킨다[일제강점기 3년차~일제강점기 17년차까지].

⑭ 쇼와(소화) 시대(昭和時代)
일본의 시대 구분의 하나이다. 쇼와(昭和, 124대 천황) 천황의 재위 기간인 1926년 12월 25일부터 1989년 1월 7일까지를 가리킨다[일제강점기 17년차~6공 노태우 정부 2년차까지].

⑮ 헤이세이(평성) 시대(平成時代)
일본의 시대 구분의 하나. 아키히토(明仁, 125대 천황)가 즉위한
1989년 1월 8일부터 현재까지를 가리킨다[6공 노태우 정부 2년차~
현재까지].

현재하고 있는 이야기는 ⑫번째 메이지(明治) 시대가 열리는 중이다.

명치유신

   1868년(고종5년) 일본정부는 그들의 왕정복고(王政复古)를 조선정부
에 통고하고 양국의 국교 회복을 청하는 사신을 보내왔으나, 척왜정책
(斥倭政策, 일본 거부)으로 기운 대원군 집정의 조선정부는 서계(書契/
外交文書)의 격식이 종전과 같지 않고 도서(図書/符印)도 조선정부가
인각(印刻)한 것이 아니라는 이유를 들어 사신의 접견조차 거부하였다
   전환기 일본사회는 혼란스러웠다. 고메이 천황이 구시대 유산고수
와 권력의 정점으로서의 역할을 제대로 수행하지 못한 데 대한 도막
파(倒幕派)의 기대가 부응하면서 정권 이양의 문제가 제기되었다. 즉,
막부를 폐지하고 천황을 중심으로 한 왕정복고의 움직임이 그것이다.
한계에 부딪힌 중앙막부는 결국 1867년(금년, 상재 나이 18세) 대정봉
환(大政奉還)의 뜻을 밝히고, 중앙막부에 대항하던 도막파의 저항을
무마하고자 한다. 이러한 대정봉환은 형식적인 의미에서 천황제를 유
지하되, 실권은 유력한 다이묘(大名/城主)는 자신이 다스리는 지역의
사법권, 통치권, 군사권, 징세권 등의 모든 권한을 갖고 성을 세우고
신하를 거느리는 등 마치 왕처럼 행동하였다.

이러한 다이묘란 일본에서 헤이안 시대에 등장하여 19세기 말까지 각 지방의 영토를 다스리고 권력을 행사했던 유력자를 지칭하는 말이다. 초기 무사계급의 우두머리로 출발했으나 점차 그 권한이 확대되어 지역 내에 군사권 및 사법권, 행정권, 경제권을 가지기에 이른다. 에도 시대 서약을 통해 쇼군 아래로 편입되었으나 자신의 성(城)에서 가신들을 거느린 봉건 영주의 삶을 살았다. 19세기 메이지 유신으로 일본에 근대화 바람이 불면서 영주의 통치권을 박탈당하고 귀족이 되어 연금을 받았다.

천황의 왕정복고(명치유신) 선포 후, 새로운 체제의 대원칙으로 5개 조서문을 발표하였는데, 내용은 선진자본주의 열강이 제국주의로 이행하기 전야인, 18세기 후반의 시점에서 일본 자본주의 형성의 기점이 된 과정으로 그 시기는 대체로 1853년에서 1877년 전후로 잡고 있다. 1853년 미국의 동인도함대 사령관 M.C.페리 제독이 미국 대통령의 개국(開国) 요구 국서(国書)를 가지고 일본에 왔다. 이때 유신의 싹이 텄고, 1854년 미/일 화친조약에 이어 1858년에는 미국을 비롯하여 영국·러시아·네덜란드·프랑스와 통상조약을 체결하였다.

그러나 이 조약은 칙허 없이 처리한 막부(幕府)의 독단적 처사였으므로 반막부세력(反幕府勢力)이 일어나 막부와 대립하는 격동을 겪었다. 그러다가 300여 년 내려오던 막부가 1866년 패배하였고, 1867년에는 대정봉환[大政奉還: 1867년 일본 에도 바쿠후(江戸幕府)가 천황에게 국가 통치권을 돌려준 사건] 왕정복고가 이루어졌다. 메이지 정부는 학제, 징병령, 지조개정(地租改正/토지) 등 일련의 개혁을 추진하고, 부국강병의 기치하에 구미(欧美) 근대국가를 모델로, 국민의 실정을 고려하지 않는 관주도(官主導)의 일방적 자본주의 육성과 군사적 강화에 노력하여 새 시대를 열었다.

아무튼 일본은 명치유신으로 근대적 통일국가가 형성되었다. 경제적으로는 자본주의가 성립하였고, 정치적으로는 입헌정치가 개시되었으며, 사회·문화적으로는 근대화가 추진되었다. 또, 국제적으로는 제국주의 국가가 되어 천황제적 절대주의를 국가구조의 전 분야에 실현시키게 되었다. 유신을 이룩한 일본은 구미에 대한 굴종적 태도와는 달리 아시아 여러 나라에 대해서는 강압적·침략적 태도로 나왔다.

특히 사이고 다카모리(西鄕隆盛: 우에노(上野) 공원 입구에 세워진 일본 메이지유신 일등 공신)는 정한론(征韓論)을 펴 조선정복을 주장하고 반대파와 전쟁을 벌였으나 패배하여 실각한 후 자살하고 말았다. 메이지(明治) 신정부의 참의(參議)인 사이고 다카모리 및 이다가키 다이스케(板垣退助) 외무경(外務卿) 소에지마 다네오미(副島種臣) 등 강경 정한론자들은 우대신(右大臣) 이와쿠라 도모미(岩倉具視) 등이 해외시찰차 나가 있는 사이에 사이고가 스스로 견한대사(遣韓大使)를 자임해 왔던 터였다.

이와 같이 일본이 무가(武家), 무림(武林) 정권에서 임진왜란 등 조선 침략을 일삼던 에도(江戶) 정부가 물러나면서 조선은 이제 지긋지긋한 일본의 침략으로부터 해방되는가도 싶을 것이나 세상은 완전히 더 심하게 뒤집어져 정한론을 토대한 일본의 침략은 이제부터 무력과 문화, 사회전반에 걸쳐 앞선 서양문물에서 얻은 막강한 힘으로 더욱 강력해지고, 마침내 한일병합으로 가게 되는 토대가 만들어져 가고 있는 것이다. 그러나 조선은 이에 대해 방심했고 척화(排斥/鎖国)에만 몰두하고 있는 중이다.

명치유신이 강력한 일본을 만든 면면을 보면 ① 입헌(헌법제정)국

가를 세움, ② 근대식 경찰 설립, ③ 메이지 초기 우체국 설치, ④ 근대적인 공장설립과 여성노동자의 생산직 참여, ⑤ 메이지 초기 신화폐 발행, ⑥ 일본 최초의 신문 창간, ⑦ 메이지 초기의 집배원 활성화로 전국문서 우송체제 확립, ⑧ 이어서 전화 개통, ⑨ 서양식 군대 편제 조성, ⑩ 서양식 병기창 설립, ⑪ 신교육제도 도입, ⑫ 촌(村/むら/마을)마다 소학교 설립, ⑬ 종교문호 개방으로 다종교 국가 체제 조성, ⑭ 서양교육제도수용(영어교육+다국적 언어) 등등이다.

박정양과 상면

죽천의 부친 박제근(1819~1885, 현 49세)은 강화에 가 있어 만나지 못한다. 죽천에게 알아서 하라고 했다 하므로 먼저 장직의 고모(박제근의 부인) 되는 죽천의 모친을 뵈었다.

"이상재라 하옵니다."

인사를 하자

"나보다 죽천이 더 기다리네."

하고 말을 내린다. 자기에게 있어 상재는 '재'자 돌림이고 '승'자는 아들 돌림자니까 조카여식이라 할 텐데 단박에 말을 내리다니 무례하다 싶은 상재다.

"나야 결정권이 없으니까 죽천을 만나야지. 그리고 여기 머물 자리는 준비됐으니 다른 걱정은 안 해도 되네. 조카(이장직)도 같이 만나보라고."

"고모님이 보시기에는 어떠십니까?"

"내가 보기에 좋은들 싫은들 그런 말을 할 일이겠는가? 죽천이 좋다면 나는 싫어도 좋고, 죽천이 싫다면 나는 좋아도 싫은 게 아니겠는가?"

셋이 얘기를 나눠 보란다.

죽천을 만났다.

"아, 형님! 어머니한테는 들르셨습니까?"

"암, 인사부터 드리고 왔지. 당연하지 않은가?"

그리고 상재도 인사를 했다.

"아 그러신가? 형님한테 잘 들었네. 음… 키가 마침 맞구먼."

생경하게 죽천도 말을 내린다. 나이는 9세 연상이지만 손자뻘 되는데 아무리 외가 촌수라도 그렇지. 먼 일가라도 촌수는 촌수가 아닌가. 선뜻 마음이 편치 않은 상재다.

눈치를 챘나 보다.

"이보시게! 혹 내가 말을 내린다고 섭섭하게라도 들리는가?"

갈수록 태산이다.

"아닙니다, 대감."

하자

"허허. 난 아직 대감도 아닐세. 그런데 한 가지는 미리 말해 두어야 하겠네. 가정에서는 촌수를 중시하지만 나라에서는 자리를 중시하네. 아우가 왕이 되면 형이 절을 하는 것이고, 말의 공대와 하대가 바뀐다네. 내가 따지면 외가 아저씨한테 말을 내리는 것이 잘하는 것은 아닐지도 모르지만 세상에는 각각 법도가 있으니, 이 점 인격 무시하는 것은 아니니 자네도 말을 내린들 상관없으나 나는 존칭 대신 평칭을 써야 함을 이해하시게나."

'아하, 이런 것이 있구나.' 상재가 말했다.

"괘념치 않으셔도 됩니다. 그래야 제가 더 편합니다."

죽천은 대쪽 같은 사람으로 보인다. 몸집도 크고 키도 크고 눈이 부리부리하면서 다정한 눈빛이다.

"그런데 자네는 다부진 데다가 눈이 번쩍거리는구먼. 오호라~."

죽천이 상재의 눈을 보고 고개를 끄덕인다. 이로써 싫다는 것인지, 좋다는 것인지 상재는 잘 모를 일이다. 싫다한들 상관이 뭐며 좋다한들 또 뭐 별게 있겠는가. 다만 부티가 나고 귀티가 나는 죽천이 부럽게는 보인다. 하지만 그런 것에 별 신경을 쓸 일은 아니다.

상이 나오고 진수성찬이 꽉 찼다.

"드십시오, 외삼촌. 자네도 먹자고."

장직이 한마디 한다.

"아, 많이 차렸네. 고모님이 나 오길 기다리셨나 봐."

"제가 잘 차리라 했어요. 보통 때는 제가 검소하게 차리지 않으면 뭐라 합니다. 이렇게 차리려면 제게 물어봐야지 아니면 제가 손을 안 대거든요."

생일상이 아니라 환갑상 같다. 상재는 모처럼 입맛이 돌았다. 상을 물리자

"아참! 차츰 인사 나눠도 되겠지마는…"

하더니

"어이, 점묵이! 길덕이!"

하고 부른다.

"행랑아범과 가솔일세. 이쪽은 이상재라고 하고. 인사들 하시게. 우리 집 살림을 맡아서 고생이 많은 사람들일세."

가족까지 여기서 같이들 사는 모양이다.

"저쪽 건너 행랑채에 살지. 잘들 지내게."

인사를 시키고 장직은 돌아갔고 상재에게 방을 정해준다. 그리고 밤이 되어 죽천과 마주 앉았다.

"자네는 무엇을 하고 살 생각인가?"

밑도 끝도 없이 묵직한 질문을 한다.

"인생의 목표가 뭐냐고 묻는 걸세."

점점 무겁다.

"지금 제게는 목적이라고 할 무엇이 없습니다. 그저 아버지가 농사지을 네가 아니다 하시니 우선은 순종하는 마음으로 여기까지 왔습니다. 맹물 같은 말씀을 올려 죄송합니다."

"어허, 그래? 대장부가 뜻이 없다는 말인가?"

"있었지요. 그러나 있은들 무엇 하나 하고 다시 생각 중인데 마땅히 정하지 못한 상태입니다."

"그럼 전에 세웠던 뜻은 무엇이었는가?"

상재가 당황스럽다. 이거다 저거다 할 말도 마뜩찮다.

"뭐 전에는 과거를 잘 치르고 좋은 신하가 되어 임금을 모시는 것이었습니다."

"신하? 과거? 그러면 선비였구먼. 그래서? 공부는 얼마나 했는가?"

대답이 선뜻 나오지 않는다.

"사서오경이야 마쳤을 테고…."

"예, 그리고는 한 여나무 권 읽었습니다."

"그게 중요한 것이 아니네. 나는 이번으로 5번째 사람을 만나보는 중일세. 내가 바라는 것은 인생의 벗이라고나 할까? 위아래가 아니라 '우리'라고 하는 친구 같은 사이를 찾네. 어떻게 말해야 할지 모르겠구먼."

죽천이 계속 말한다.

내가 하지 말고 우리가 같이하자

"나는 친구가 없다네. 모두가 나를 경쟁자로 대하여 마음을 주지 않아. 그러니 나라의 부름을 받고 나가야 하는 나는 걱정이 많네. 그것은 학문도 중요하지만 터놓고 상의하고 피차 연구하고 새 길을 찾자는 것인데 믿을 만한 사람이 없어. 그런 인물은 대단한 지식인이 아니고 과거에 급제한 벼슬아치는 더더욱 아닐세. 각자 자기가 갈 길이 다르므로 나는 네게, 너는 내게 관심을 가질 수도 없으니 당연하지."

상재가 듣고 있다.

"내 곁으로 오고 않고의 결정은 자네가 할 일일세. 다만 나를 알고 와야 한다는 것이지. 그렇다고 하루에 나를 알기란 어려울 일이고 오게 되면 차츰 알게 될 것인데, 한마디로 내가 나를 말하라고 하면, 이제부터 나라 일에 참여하면 나로서는 진정한 벗이 필요하다는 것이야. 내가 아무리 많이 알아도 누군가가 곁에서 나를 붙잡아 주는 사람이 필요하다는 것이지."

"글쎄요. 솔직히 저는 많이 부족합니다. 특히 마음에 어떤 준비가 된 것도 없습니다. 게다가 장가를 갔고 내년이면 자식도 태어납니다. 이런 제가 아버님이 원하시기를 큰 고기가 되려면 바다로 가야 한다 하시므로 결정은 차후에 하고 순종하는 마음으로 올라왔을 뿐이어서 한마디로 '예! 그리 하겠습니다.' 하는 것은 맞지도 않는 것 같습니다.

다만 대감께서 오라 하시면 부족해도 순종하겠으나 이렇게 훌륭하신 대감의 벗은 가당찮고 수종을 든다는 것은 지난 과거에 낙방할 정도로 학문도 낮습니다."

상재는 생각한다. 이것이 거절하는 말로 들릴지 우려다. 거절은 아니다. 그렇다고 수용도 아니다. 우려가 맞다는 뜻이다. 말은 생각을 다 나타내지 못한다는 희택의 말처럼, 부족하지만 오겠다는 것이라고도 할 것이고 죽천이 우리 같이 살아보자 하면 순종은 하겠다는 좀 모호한 표현이 되고 말았다. 죽천이 말한다.

"하하 우리가 피차 말을 어렵게 하고 있네. 빙빙 돌리지 말고 우리 바로 말해 보세. 물론 바로 대답을 하라는 재촉은 않겠네. 생각해 보고 결정을 하되, 거두절미하고 말한다면 이러하네. 내가 무엇을 한다면 나 혼자가 아니라 누군가와 힘을 합해 같이 해야 하니. 물론 지식도 모아야지. 더 중요한 것은 나보다 나은 사람들이나 못한 사람들 여럿이 뜻을 합쳐야 나라일이 된다는 것일세. 백부장이 열이면 천부장이고, 천부장이 열이면 만부장이라 할 것인데 나라에는 만부장이 만 명이라고 보면 되네. 그 만부장을 다스리는 사람이 임금일세. 나는 임금을 돕는 신하야. 자네는 나를 돕는 일을 하겠느냐고 묻는 것일세. 이 말이 어렵나?"

상재는 알아들었다. 죽천이 말을 잇는다.

"나라에는 임금이 계시고 임금에게는 신하가 있지. 신하에게는 신하를 조언하고 받쳐주는 인물이 필요하다 그것이지. 일은 말로 다 못할 정도로 많네."

"예, 알아듣고 좋습니다만, 많다는 그 일이 무엇인지요?"

"일? 하하하. 일은 만들면 일이고, 만들지 않으면 아무것도 없네.

가랑비가 오면 비 온다고 안할 수도 있지만 일을 찾으면 가랑비가 오니까 더 많을 수도 있네. 일이 뭐냐고 물으면 내가 뭐라고 하겠나. 만들면 너무 많고, 만들지 않으면 아무것도 없으니 나나 자네가 만들 거냐, 말거냐의 문제지."

상재가 점점 알아듣겠다.

"나나 자네가 일을 만들어서 해야 하는데, 틀림없는 사실은 세월이 아깝다 할 정도로 일은 무한정이라고만 알면 되네."

하고서

"또 나는 아직 과거만 보고 벼슬도 없지만 나라가 필요로 하는 일이 무엇인가는 알 만하네. 잘되는 것도 많지만 고쳐야 할 것도 많고 새로 만들어야 할 일도 태산일세. 가령, 우리는 지금 외국과 대치하고 있네. 일본, 중국, 미국, 이 세 나라 얘기만 해도 우리는 그 나라 말을 다 배워야 말이 통하고 나라를 운영하는 것이지. 나라가 무식해. 언제까지 공자 왈, 맹자 왈, 이것만이 최고의 학문이라고 고집할 때가 아니지. 세월이 갈수록 일이 늘어나게 돼 있으나 안 하면 없는 게 일이 겠고… 그래서 나는 남아이십(男児二十) 미평국(未平国)이면 후세세칭대장부(後世世称大丈夫)라는 말의 의미를 많이 생각하는 중일세. 우리가 뭘 어떻게 해야 만부장 만 명이 하나가 되어 임금을 모시고, 500만 백성을 잘살게 할까를 전문적으로 찾아내어 이 나라를 튼튼하게 만드는 데 내 몸을 바칠 수 있을까 하는 것이지. 그러려면 나 혼자는 안 되고 우리가 모여 배우고 뜻을 합쳐 임금을 잘 보필하고 백성을 편안히 살도록 해야 할 동지가 되어 마음을 터놓고 학문에 정진하는 터전 같은 기능이 있어야 한다는 뜻일세. 자네가 나와 같이 그 터전이 될 생각이 있느냐고 묻는 것이지."

상재는 넋이 나갈 지경이다. '틀림없이 뭔가가 있구나.' 그런데 그게 뭔지는 잘 모르겠다.

"그것은 새로운 학문이며 새로운 인간관계이며 새로운 왕권 강화라고 할 것이네. 자네가 나를 도와주겠다면 나는 결정하겠네. 일을 만들고 튼튼한 새 나라를 만드는 데 내가 큰 힘을 내도록 나를 도와줄 수 있겠는가?"

상재는 지금까지 감자, 콩, 들깨만 머리에 가득했는데 죽천은 나라의 먼 미래를 위한 생각만 머리에 가득하다. '아 이런 사람도 있나' 상재가 감동을 받는다.

"초시고, 복시고, 관시에 합격한 수백천 명에게 일할 여건을 만들어 주고, 그들로 나라에 충성하게 만들어 주는 것이 진정한 신하가 아닌가? 자네는 신하의 신하가 되라는 말 같지만 신하의 신하면 상관이 뭔가? 응? 나라와 임금님께 유익하다면 나무꾼이면 안 되겠는가?"

상재의 가슴이 요동친다.

"내가 뜨면 한 삽이지만 전체가 뜨면 만 삽이 되네. 가래질 해봤으면 알 걸세. 셋이서 하면 열 명의 효과지. 이처럼 배워 알고 직접 하는 것도 중요하지만 만 명이 다 잘하도록 가래를 만들어 주고 총감독이 되어 지휘하는 일을 하자는 것이야."

거의 알아들었다. 다만 구체적이고 실질적인 일이 무엇인가는 차후에 알려줄 것으로 믿어졌다. 며칠 묵으면서 한양 성 안을 돌아보라 한다. 점묵과 길석이 같이 안내하라고 한다. 경복궁, 창경궁, 창덕궁, 덕수궁을 돌아보고 경희궁과 운현궁도 둘러보기로 하였다. 걸어다니니 멀다. 물론 대궐 안에는 들어가지 못했다. 어디 있는가만 알아둔 것이다.

박정양은 누구인가

월남 이상재의 스승 죽천 박정양

죽천 박정양은 반남(潘南) 박씨 참봉공파 23세손이다. 부친은 경암(敬菴) 박제근(朴齊近, 1819~1885년)이며 강화부판관에 재직 중이다. 같은 반남박씨로는 연암박지원이 죽천의 증조부뻘이나 직계가 아니어서 연암은 오창공파 19세손이다. 열하일기로 유명한 박지원(朴趾源, 1737~1805년)의 부친은 박사유(朴師愈)이며 박사유의 둘째아들 박종채(朴宗采, 1780~1835년)의 장남이 박규수로 21세손이다.

연암 박지원은 1780년(정조 4년) 44세 때 삼종형 진하사 박명원(朴明源)을 따라 북경을 거쳐 청나라 황제의 여름 별궁이 있는 열하(熱河)까지 갔다. 이 과정에서 중국의 발달된 사회를 보고 실학에 뜻을 두게 된다. 그의 대표작『열하일기』는 이때의 견문을 기록한 책이다.

연암은 상재의 부친 희택과 같이 왕의 특명으로 첫 관직이 선공감(繕工監)이었다. 단 가감역(仮監役)이 아닌 감역(監役)을 지냈고 사복시(말, 馬/관리부처) 주부, 이듬해 의금부 도사, 제릉령, 한성부 판관을 거쳐 나중에 안의현감을 역임한 뒤 양양부사를 끝으로 벼슬에서 물러났다.

참고로 당시 벼슬아치의 호칭을 살펴보면 대감(大監)은 정2품 이상의 관원을 높여서 부르는 말이며, 영감(令監)은 정3품과 종2품 벼슬아치를 일컫던 말이나 당시 지방군수도 영감이라 불렀는데 이는 극존칭 예우일 뿐 바른 호칭은 아니나 일반화된 호칭이기도 하였다. '나리'는 '나으리'라고 하기도 하나 '나리'가 맞으며, 원래는 당하관(정4품 이하)을 높여 부르던 말이었다. 광의적으로는 죽천도 나리이나 엄밀히 따지면 아직 나리는 높고 진사나 생원이라 부르기에는 야박하다.

상재가 알고 놀란 또 하나의 중요한 사실은 박정양의 할머니 가운데 준원 어른의 따님이 정조의 수빈이며, 순조의 숙황후로서 모친이라는 사실이다. 그러니까 순원왕후의 시어머니가 되는 것이다.

박정양은 자 치중(致中), 호 죽천(竹泉), 시호 문익(文翼)으로서 작년(1866년) 별시문과에 급제하고 아직은 벼슬에 나가지 않은 상태다. 다만 이제 벼슬길에 나가려 함에 몸가짐 마음가짐을 다듬는 중이다. 이로부터 8년 후 경상좌도 암행어사로 나가게 됨으로 죽천은 도약을 위한 준비기간이다(조선왕조실록 참조). 따라서 상재도 곁에 와 동시에 뛸 자세를 위해 몸을 달군다고 할까? 이로써 자강(自彊/스스로를 다듬어 강하게 함)의 세월에 접어 들어가는 것이라 하겠다.

"나리! 제가 나리 곁으로 오겠습니다. 한산에 가서 아버님께 인사 올리고 바로 올라오겠습니다. 받아 주시겠습니까?"

순간, 무엇인지도 모를 감동에 상재는 선선히 청해 올렸다.

"할 일은 시키시는 대로 묻지 않고 하면 된다는 조건이라면 놀지만 않게 해 주십시오. 그러면 제가 하는 데까지 해 보겠습니다. 단, 저는 심심한 건 못 참습니다. 그러나 또 마음에 없는 일도 못합니다. 제 적성에 맞다 싶은 것만 시키시면 저는 밤잠 새우고서라도 제 일을 하겠습니다. 많은 가르침을 청원 드립니다."

상재가 더욱 고개를 숙였다.

그때 '내가 왜 이러지?' 하는 생각이 들려고 한다. 상재는 그 생각을 즉시 걷어차 냈다.

"아 잘 생각했네. 아버님(박제근), 어머님도 좋아하실 것으로 믿네. 우리 한번 일생을 손잡고 가 보자고. 단, 나나 자네나 일편단심일세."

제13부

상재가 받은 삶의 충격

대궐 구경

"대궐이 예서 멉니까?"

상재가 점묵에게 물었다.

"아니요. 가깝습니다만, 말씀을 놓으시지요?"

점묵이 말한다.

"나보다 연장자 되는데 그럴 수는 없지요."

하니

"그래도….".

하고 얼버무린다. 하기야 점묵도 상재도 신분서열을 가늠치 못한
다. 죽천이 상재와 동거할지도 아직은 다 모르고 위계도 누가 위고
아랜지 둘 다 모른다. 다만 점묵은 거의 본능적으로 상재가 윗사람이
라고 느끼는가 보다.

'과연 그런 걸까? 내 나이는 너무 젊은데….'

둘은 제일 먼저 경복궁을 향해 가고 있다. 죽천이 말하기를 담장을

경복궁 제2문 홍화문(제1문 광화문, 제2문 홍화문)

따라 사방을 면면히 보고 돌아오라 했다.

"제가 '서방님'이라 부르면 되겠습니까?"

동에서 서쪽으로 가는데 묻는다.

"예, 성이 '이'가니까 '님' 자는 빼고 그냥 '이 서방!' 이렇게 불러
주시오."

대답을 하면서도 눈은 대궐에서 떨어지지 않는다.

"천만에요. 어디라고 님 자를 빼겠습니까."

하여 보니 참 착하게도 생긴 점묵이다. 담장 너머로 보이는 경복궁
건물이 태산처럼 웅장하다. 임진왜란 때 소실되어 270여 년간 중건되
지 못하다가 3년 전인 1864년(고종 1년) 흥선대원군의 경복궁 재건으
로 다시 옛 모습을 되찾았다는 광화문(光化門)은 앞으로 넘어오려 할
정도로 높은데 병사들이 지키고 섰다.

상재가 자세히 보는 것은 건물도 건물이지만 담장이기도 하다.

'여기도 아버지처럼 선공감이 있겠지?'

그러면서 군청 관아의 선공감이 아니라 대궐 선공감이면 얼마나 높은 벼슬인가 생각 중이다.

"저는 자주 봐도 볼 게 많은데 볼만하지요 서방님? 새로 지은 지 얼마 안 돼서 더욱 빛나고요. 그렇지요?"

말을 건다. 잠잠하자,

"서방님 어떠세요?"

묻는다.

"770만 냥(1조 원대)이 들어갔다 합디다. 그러니 저 문 안에 들어가면 얼마나 대단하겠습니까?"

이것이 대답이다.

상재는 왼쪽 드넓은 육로를 지나 동에서 서로 가서 다시 남에서 북으로, 서에서 동으로, 북에서 남으로 돌아오니 며칠 쉰 다리가 뻣뻣하고 점심때가 훌쩍 넘었다. 남쪽 광화문, 서쪽 영추문, 북쪽 신무문, 동쪽 건춘문… 문마다 다르고 용도도 사연도 각기 다른 것인데, 광화문이라면 '빛이 되는 문?' '빛이 잘 드나드는 문?' 임금의 빛과 뜻을 전하는 문? 하나하나 볼 때마다 새롭다. 문과 문, 성문에 도열한 병사들이 '너 누구냐?' 할 것처럼 공연스레 기가 죽는다.

'저 문의 문지기라도 하고 산다면 아버지가 얼마나 대견해하실까?' 별별 생각을 다하며 보고 또 봐도 너무 잘 지은 새 대궐이라 빈틈이 없다. '아~ 울긋불긋한 저 관복을 입은 병사들… 어디 소속이라지?' 제대로 모를 일이다. 군영(軍營)은 군영일 것인데 무슨 청이라 하는 건지 무슨 감이라 하는 건지. 혼자 둘러 생각하며 돌아쳐 오니 허기가 진다.

경복궁에서 바라본 인왕산

월예의 마음

궁 나들이를 하다 보니 어느덧 나흘이 지나 여드레 밤을 자고 아흐
렛날이다.

"나리, 그러면 제가 아버지께 다녀오겠습니다. 내려가서 한양으로
오는 문제는 상의가 잘되었다고 하고 돌아오겠습니다."

"그러시게. 무슨 짐을 싸들고 올 일은 없네. 책이나 옷이나 다 두고
오시게. 여기 다 있으니까 힘든데 지고 다닐 일은 아니니까."

상재가 다시 한산으로 내려간다. 말을 탈 줄 알면 내 달라고 할 텐
데 다시 나흘을 걸어가면 집 떠난 지 열이틀 만에 도착할 것이다. 온
길을 되돌아 나흘째 되는 밤이 늦어 한산 집에 도착하였다. 밤이다.

자시가 다 되었다. 와 보니 안방은 불이 꺼졌고 상재와 월예가 사는 건넌방에는 불이 켜 있다. 날은 추운데 월예가 자지 않고 책을 보는 모양이다.

문간으로 들어서려던 상재는 울타리 너머 우물가에 촛불이 켜 있음에 주춤하였다. 보니 월예는 홍송(紅松)을 향하여 절을 하고 있다. 절을 마치더니 방으로 들어간다.

'치성을 드린단 말인가?'

순간 상재의 가슴이 아려 온다. 부족한 남편을 만나 이제 출산은 다가오는데 자기는 한양으로 가야 하다니 참 애잔하기 그지없다.

상재는 월예가 방으로 들어가기에 잠시 생각에 잠긴 후

"여보 나왔어요."

하고 방문을 여니 월예는 또 절을 하고 있다.

"아니 당신 무슨 절을 하시오?"

반색을 하며 상재를 맞은 월예가 어디다 절을 했는지 보았다.

책이다. 무슨 책인가 보았더니 지난번 상재가 뒤란에 파묻었던 책이다.

"아니, 여보. 이 책은 내 책 아니요? 여기다 왜 절을 합니까?"

"예, 서방님. 제가 책을 파냈습니다. 서방님이 가신 후 정성을 올려야 하겠어서 묻은 책을 꺼냈습니다. 그리고 이 책에 절을 해 치성을 올리는 것입니다."

"우물에서도 절을 했지요?"

"예, 그랬습니다. 도무지 마음이 가라앉지 않아 치성을 올려야 제 마음이 편해서요. 서방님은 모르셔도 될 일인데 보셨습니까?"

"예, 봤어요. 고마워요, 부인."

"아버님, 어머님, 일어나시라 하고 저녁상 차려와야지요?"

"저녁상은 천천히 차려와도 되고 부모님은 내일 아침에 뵙도록 하지요. 그보다도 뭐라고 치성을 드렸습니까? 나는 그게 궁금합니다."

"예, 저녁상 차려오고 이따가 말씀 올릴게요."

월예의 얼굴에 반가움이 넘친다.

저녁을 먹고 부부가 누웠다.

"복중에 아기는 어떠합니까?"

"예, 잘 크고 있습니다. 입덧은 많이 가라앉았습니다. 그런데 어떻게 하기로 하셨어요?"

상재가 말을 안 하니 월예가 못 참고 묻는다.

"아, 내가 물어 보겠소이다. 당신은 안 갔으면 좋겠습니까? 그 말부터 듣고 싶습니다."

월예가 정색을 한다.

"가셔야 합니다. 가서 대궐 옆에서 대궐에 들어갈 길을 찾으셔서 아버님과 조상님과 서방님이 꿈꾸어 오던 뜻을 이루셔야 합니다. 그런데 뭐라 하셨습니까?"

상재가 선뜻 대답을 못하겠다. 가기로 한 것이 잘한 일인지 잘못한 일인지, 월예에게 무어라고 할지 난감하다. 하지만 달리 둘러대면 안 된다.

"용서하시오. 나는 가기로 했습니다."

월예가 반긴다.

"용서라니요? 저는 못 가게 되신 줄 알고 가슴이 다 철렁했는데 가시게 되었다니 참 잘됐습니다. 잘 되셨습니다."

상재의 심사가 복잡하다. 잘한 건지 잘못한 건지. 월예를 보니 다시금 마음이 흔들린다. 두고 가면 혼자 얼마나 그리움에 잠길 것인가? 이 점은 상재도 같다.

귀향보고

희택의 얼굴에 희색이 폈다.

"잘됐다. 이제는 내가 며느리와 태어날 손주를 위해 일할 맛이 나게 생겼다. 암만 가야지 가야 되고말고. 죽천도 고맙지만 장직이가 애를 많이 써 주었구나."

"아버지! 가면 무엇을 하는가 그건 궁금하지 않으세요?"

"나는 무엇을 하건 그건 중요하지 않다. 우선 대궐 옆으로 간 것이 중요하고 죽천과 가까이 있게 되었다고 하는 것에 만족이다. 먹고 놀아도 좋고 허드렛일을 해도 괜찮다. 너는 한양으로 가야 너의 길이 열릴 것이라는 생각뿐이다."

박씨가 묻는다.

"아버지가 왜 궁금해하지 않겠느냐? 내가 몇 번 물어 봐도 자기가 어떻게 아느냐고만 하셨는데 그래 무슨 일을 하기로 결정된 것이 있느냐?"

희택이 말을 막는다.

"지금 이거다 저거다 할 게 있겠습니까? 가서 좀 있어야 이거든 저거든 생각을 할 테지. 묻지 마시오. 상재도 모를 것이오. 아, 그런데 손목은 좀 어떠냐?"

"예, 손목은 많이 좋아졌습니다. 부기도 이제 다 빠져가요."

"그래, 침착하니 가서 몸조심하고 잘 있어야 한다. 뭐 일이야 할 게 있지 않겠니? 죽천에게 생각이 있을 것이다."

다시금 신혼의 마음이다. 장가간 지 3년째. 이제 월예가 아기도 낳을 것이다.

"힘들고 보고 싶고 때로는 눈물도 나겠지만 잘 참고 계시오."

상재가 말하자

"저는 이미 마음을 정했습니다. 제가 왜 전에 이런 말씀드렸지요? '서방님을 저와 율곡에 비유하면 무례인 줄 아오나, 서방님께서는 율곡이 되시옵고, 저는 어미가 아닌 아내 사임당이 되기로 하였습니다' 라고요."

상재가 순간 넋을 놓고 듣자 부연설명을 덧붙인다.

"'서방님이 학문의 길을 가는 데 있어서 제가 필요하면 있는 사람이 될 것이요, 만약 제가 불편하시다면 없는 사람이 되어도 기꺼이 서방님의 길이라면 다른 건 못해도 반드시 마음을 다 바칠 것입니다' 라고. 그 마음은 지금도 여전하고 앞으로도 변치 않습니다. 서방님의 길이라면 제가 길을 닦아 드리고 잘 가시도록 마음으로라도 도와드려야 한다는 것입니다."

"그러나 나는 당신을 두고 떠나는 것이 무지 힘이 든다오. 가는 길이 청운의 꿈을 안고 가는 길도 아니고 사실 막역한 길인데 오로지 아버님 말씀에 순종한다는 것 하나로 결심을 하기는 했으나 겉으로 말은 못해도 당신이 마음에 걸려 사실은 하루에도 몇 번씩 포기하고 싶기도 합니다."

맞는 말이다, 왜 가는지, 뭘 할 건지, 말아야 할지, 가야 할지, 게다가 월예의 생각은 아버지 희택과 동일하다.

"그래서 현만 스님이나 일정 스님의 말씀을 떠올리고 있소. 모든 것이 부처님의 공덕이 있어야 만나는 것이라면 우리가 한동안 헤어져 살아야 한다는 것도 어쩌면 운명이라는 생각으로 마음을 달래는 중이오."

월예는 구체적으로 죽천과 만난 당시가 못내 궁금하다.

"별 해 줄 말이 없습니다. 다만 죽천은 큰일을 하고 싶어 하더라는 것뿐이오. 거기에는 마음 맞는 동지가 필요한데 내가 괜찮다고 판단한 것 같다는 것 하나일 뿐 구체적인 아무것도 없소."

"그래도 당신이 그런 죽천대감의 마음을 가늠했으니까 승낙한 것 아닙니까?"

"당연하지요. 그러나 그게 무엇인지는 나도 모르오. 다만 세상은 넓고 할 일은 많은데 일꾼다운 일꾼이 부족하다는 말로 들렸소. 다행히 내가 그럴 사람으로 보인 모양이니 그 점은 고맙기는 한데 어떨지는 나도 모르겠소. 이 소리 하나는 내 귀에 박혔습니다. 공자 왈, 맹자 왈이 전부가 아니고, 이제는 일본말, 미국말, 중국말도 배워야 한다는 말 말이오. 그러니까 눈높이가 나하고는 너무 달랐다는 것이오. 막연하지만 거기에 내 희망이 잡힌 것입니다."

편지(서찰)

희택이 상재를 보고 한 이레만 묵고 올라가라 하였다. 장군을 깬 밭에 가보니 작물들이 상재와의 이별을 슬퍼하는 것 같다. 거름터를 만든다고 베어다 쌓은 풀은 인분으로 재우지 못해 위는 마르고 속은 썩고 있는 모양이다. 장군을 깬 자리가 아직도 거칠다. 하루 이틀 날짜는 가는데 희택은 전과 다르다. 상재만 보면 반기고 말을 자주 건다.

"일단 한양으로 보내면 내 속이 편할 것이다. 아직 할 일도 정한 게 없지만 우선은 어떤 대가를 생각하지는 말아야 할 것이다. 장직이 조카님이 알아서 얘기할 것이고 죽천이나 모친이나 알아서 하면 좋고 아니라 하여도 내가 절대 며느리나 손주 굶기는 일은 없을 터이니 집 걱정은 접어라."

하지만 말은 이렇게 해도 말 속에 기는 약하다. 기약 없이 떠나보내는 마음과 남은 며느리 심정과 가는 상재의 심정을 모른다 할 수는 없기 때문일 것이다. 그래서 상재가 위로하였다.

"아버지. 제 걱정 마세요. 죽천 나리께서 생각이 있다고는 했습니다. 그게 뭐라고 딱히 말을 할 수는 없지만, 나라와 임금님과 백성을 위한 큰일을 하고자 한다는 말을 들었으니까요. 저 보고 벗처럼 동지처럼 개인의 신하처럼 함께 힘을 보태 달라고 했습니다."

이게 무슨 말인지는 짐작으로 설명할 수도 없는 상재다.

상재가 다시 한양으로 가야 한다. 가기 전날 밤, 월예는

"서방님 안 계신 동안 쓴 제 글입니다. 한양 가셔서 제가 보고 싶거든 꺼내 보세요."

하면서 편지를 건네준다.

"안 그래도 당신이 자주 보고 싶을 텐데 어떻게 할지 모르겠소. 그러나 빨리 좋은 조건을 만들어서 당신과 아이만이라도 우선 한양으로 데려가고 싶은데 아직 기약을 못하겠구려."

가야 할 상재의 마음이 아프다.

"내년 5월이라 하셨습니까? 그때 당신이 몸을 풀면 아기도 볼 겸

한번 내려올 터이니 우선 몇 달만 참고, 장직 조카님이 오가시면 그
때 할 수 있으면 소식이라도 전하겠소."
하고 약속하였다.

죽천 박정양의 집

　이제 상재는 북촌(현, 종로구가회동) 죽천의 집에 거처를 정했다.
경복궁을 지나 창경궁 쪽으로 가다 왼쪽으로 들어찬 북촌마을은 양
반마을로 조정 관리들이 모여 사는 마을이다. 어느 집이나 다 힘이
있는 권문세도가의 집이다. 박정양의 집은 낮아 아래쪽이고 위로는
오르막길인데 집터가 높은 집에서는 좌우 대궐지붕이 보이지만 죽천
의 집에서는 보이지 않는다.
　이 집은 강화판관으로 가 있는 죽천의 부친 경암(敬菴, 박제근)의
본가다. 집이 커서 상재 고향집의 열 배는 될 모양이다. 대문은 동향
이다. 대문 밖이 넓고 대문은 높다. 상재키로 세 배는 될 정도로 높은
기와지붕이 솟았고 좌우로는 낮은 기와가 얹혀있는 대문이다. 대문밖
에는 말(馬)을 매어둘 쇠기둥과 말이 잠시 비를 피하게 만든 작은 막
사가 있어 여기서 말이 허기를 채우기도 하는 모양인데 역시 기와지
붕이다. 대문 양쪽에는 두 마리의 호랑이와 소나무 그림이 붙어 있다.
대문에서부터 기가 눌리는 상재다. 대문을 들어서면 'ㄴ' 자로 된 행
랑채가 대문 아래지붕이 되어 오른쪽에 부엌과 방, 왼쪽에도 부엌과
방이 있는데 왼쪽은 각각 2개의 방과 부엌이 달려 있다.
　오른쪽으로 먼 곳이 경암(敬菴) 부부가 사는 안채 한옥이다. 안대문

이 두 개인데 그중 오른쪽에도 비슷한 크기에 한옥 안채가 우람한 자태를 뽐내고 앉아 있다. 대감님 안채와 나리님 안채라고 불러서 경암과 죽천의 사가가 있는데 내부 담장이 둘러있고 문안에 문이 각각 하나씩 두 개다. 행랑채 사이에 작은 공간을 두고 이어 등을 돌리고 박정양의 사가 쪽에는 7칸짜리 기와집이 'ㅣ' 자로 서 있는데 창고(곡간)다. 죽천의 안채 쪽은 알곡이고 행랑채 쪽은 필요한 것들이 들어 있다. 곡간의 규모가 상재의 고향집 몇 배에 달하는데 아직 열어 본 일은 없다.

상재의 관심은 정면을 막은 담 사이에 난 안문이며 안문 안쪽 우람한 사랑채다. 손님을 만나고 공부를 하는 사랑채는 'ㅜ' 자 모양으로 지은 기와지붕이 높다. 남쪽으로 'ㅜ' 자의 'ㅡ' 자(가로) 쪽이 길고 남향이다. 'ㅜ' 자의 'ㅣ' 자(세로)는 짧다.

남향의 'ㅡ' 자 건물 정 가운데는 대청이다. 'ㅡ' 자의 폭이 넓어 마당에서 뜨락을 오르고 나면 'ㅡ' 자 전면이 모두 마루인데 좌우 양쪽은 막아 마루방이며 4기둥 밑은 원두막같이 흙바닥으로 공중에 떠서 높고 높은 방안은 마루를 깔아 놓고 사방에 문을 달아 여름에는 열어 놓게 만들어 놓았다.

각각 양쪽 마루방과 가운데 대청 사이에는 좌우로 2칸씩 4칸의 방이 있다. 왼쪽은 큰 사랑이라 하고 오른쪽은 작은 사랑이라 부르는데 경암과 죽천이 쓰는 사랑으로서 한 칸은 서재 겸 손님을 맞는 사랑방, 한 칸은 온돌방이며 벽장이 달려 있어 거주용 방인데 상재는 우측 작은 사랑 쪽 방을 쓰라고 하였다.

'ㅜ' 자의 꼬리부분 'ㅣ' 자는 남향 'ㅡ' 자의 절반쯤 되어 꼬리에는 부엌이 있고 가운데는 방인데 이 방은 하루 이틀 머물다 가야 하는 손님이 잠을 자거나 상재 등이 밥을 먹는 용도로 쓴다. 구들방은 각각 아궁이가 있어서 뒤편이나 옆에서 불을 때게 되는 구조이며 측간은 구석에 있다. 가장 아름다운 곳은 남향 '一' 자 앞 담장 사이에 4각형 기와지붕 정자다. 붉은 소나무 홍송(紅松) 3그루가 둘러싼 사각정은 곁에 정자마루보다 약간 높은 곳에 넓고 큰 바위가 있어 상재의 방문을 열면 밤마다 소나무와 정자와 바위가 어우러진 하늘에는 달이 뜨고 진다.

백방으로 찾아다니다 찾지 못해 이미지 저술에 참고한 박정양의 집 (현재 후손이나 반남박씨 대종중도 어디 어떤 집인지 알지 못함)이다.

아직 경암이나 죽천의 안채는 들어가 보지 않았으나 담장 너머로 보이는 양쪽의 안채는 중앙에 대청이 있고 부엌은 각각 좌우에 있는데 대청을 사이에 두고 2칸과 I칸의 방이 있어 각 3칸씩이나 대청 좌우 전면의 마루가 사랑채 보다 훨씬 높게 보인다. 고개를 들면 기와지붕이 대궐처럼 들어찬 집, 상재가 사는 종지골 마을 전체를 합친 것처럼 웅장하여 상재는 눈이 어리다.

경암(敬菴)의 안채와 죽천의 안채 뒤에는 높게 조상을 모신 사당(祠堂)이 보인다. 사당은 돌계단으로 오르고 별도의 대문과 별도의 담장을 둘러쳤는데 이렇게 많은 담장 길이를 다 합치면 아마 오 리는 될 모양이다. 바깥담장은 높고 내부 담장은 낮다. 경암과 죽천의 안채 사이의 담장은 지붕이 넓어 양쪽으로 많은 장작을 쌓아 놓았는데 담장 끝 장작을 쌓은 곳에 우물이 있어 우물지붕이 보이고 또 행랑채에도 헛간 쪽이 우물이다.

경암 박제근은 독자로 내려왔고 죽천도 독자로 태어났다. 와보니 죽천에게는 이미 딸이 둘이었는데 안채에 있어 상재와 자주 대면하지는 않고 아직은 어리다.

'丁' 자 모양의 사랑채 전면 '一'자 앞 정자 담 너머가 긴 헛간이다. 사랑채 앞 정자에 붙여 역시나 담장을 쌓았고 담장 너머에는 행랑채와 맞트인 마구간 3칸과 허드렛칸 4칸이 있어 전부 7칸인데 이를 헛간이라 하고 사랑채에서는 지붕만 보여 마구간과 헛간은 보이지 않는다. 헛간 맞은편에는 장작도 패고 말도 먹이는 공간이며 다시 담장이 둘러쳐 있으나 헛간으로 들어오는 문은 따로 있어 대문으로는 말이나 허드레가 들어오지 않게 되어 있다.

"이 방이 자네가 살 방인데 마음에 드는가?"

"예, 너무 좋습니다."

죽천과 사랑채 서재에 마주 앉았다.

"그런데 오자마자 내가 어머님 모시고 한 보름이나 길면 한 달간 강화에 가서 아버님 수종을 들 일이 있어 내일 떠나야 하네."

죽천이 하는 말에 의지가 무너진 듯 걱정이다.

"예, 다녀오셔야지요. 그런데 오래 걸리시네요."

"그래. 아버님이 내게 시키고 싶은 일이 꽤 된다고 하셔서 오면 가려고 자네가 오기를 기다렸지."

그리고는 다음날 말을 타고 떠나면서

"그동안 마음 급하게 먹지 말고 다 비우고 쉬고 있게. 오고 나면 할 일이 많을 테니 쉬어 두는 것도 일이거든"

하고 죽천은 말을 타고 강화로 떠나버렸다. 떠나 몇 발자국을 가다 말을 돌리고 다시 와서 죽천이 말한다.

"그동안 호를 지어 놓게. 이제부터 호를 불러야 할 터이니."

하고 큰 마님과 떠난 것이다.

죽천이 떠나자 상재는 끈 떨어진 짚신처럼 허전하다. 점묵과 길덕이 있으나 둘 다 집안 살림에 바쁘다. 점묵과 길덕에게는

"내가 없는 동안 이(상재) 서방을 나라고 여기고 불편하지 않게 잘 모셔야 하네."

하였고,

"특히 조석으로 때마다 신경 써서 잘 차려 올리라 하라."

는 말도 잊지 않고 갔다.

상재 월남(月南)으로 호(號)를 짓다

낯선 양반가옥. 죽천의 사가이며 조정 관리의 집으로 온 상재는 죽천마저 훌쩍 떠나자 맥이 탁 풀렸다. 할 일이 많다더니 그게 무엇인지도 모르겠고, 일어나 밥이나 먹고 빈둥거리며 자그마치 한 달이나 허송세월을 해야 한다는 것이 도무지 이해가 안 간다.

집은 큰데 행랑에 사는 점묵과 길덕의 자식들이 담 넘어서 재잘거리는 낮에도 혼자다. 바쁜 두 사람을 붙잡고 놀자고 할 수도 없고 학문이 어쩌고저쩌고 할 일도 아니다. 날씨는 겨울이라 추워져 가는데 아궁이에 장작이라도 지피려 하면

"서방님! 왜 이러십니까? 나리께서 아시면 우리가 야단맞습니다."

라며 길덕과 점묵이 손사래를 친다. 그렇다고 작은 안채에서 들리는 죽천의 딸들과 어울릴 일도 아니다. 이래저래 무료한 날을 얼마나 보내야 할지. 그렇다고 아직은 가득 쌓인 책에는 관심도 안 간다.

밤이 되자 무심한 둥근달이 정자 위 붉은 소나무 홍송(紅松)에 걸

려 웃는다. 상재는 그때 문득 아직껏 필요치도 않아 생각도 안 해보았던 호(号)가 떠올랐다. 그것은 월남(月南)이다. 나날이 배가 불러오는 아내 월예를 남쪽에 두고 올라온 자신이 한 가지 명심할 것은 남쪽에서 월예가 자신을 위해 오늘밤에도 우물가 치성을 올리는 것이 아닌가 하는 생각이다. 가슴이 먹먹한 그리움과 애잔함이 요동쳐 왔다.

"여보! 내가 다시 한양으로 가거들랑 우물가 치성 올리는 것은 힘든데 절대 중단하시오."

수신제가(修身齊家)가 뿌리라 하건만 월예 하나를 감싸지 못하면서 태어날 자식은 어찌 감쌀 것인가? 순간 월예의 말이 귓전을 가른다.

"예. 치성은 초하루 보름만 올리려 합니다."

"아니오. 그러지 않아도 그 마음 내가 알고 이미 하늘이 알 것이오. 하지 말아요."

"예 서방님이 하지 말라 하시면 안 하겠습니다…"

말을 흐렸으니 말 대접으로 한 소리고 어쩌면 오늘밤 저 보름달을 보면서 치성을 올리는 게 아닌가 생각하니 월예가 딱하고도 고마워 눈물이 나려 한다. '나는 언제까지 여기서 월예를 보듬지 못하는 못난 남편으로 살 것인가? 수신(修身)도 어렵고 제가(齊家)는 불가(不可)라 하겠다. 불제가자(不齊家者)가 어이 죽천을 뒤를 떠받칠 것인가.'

그래서 호를 정해 평생 두 번 다시 다른 호를 정하거나 받지도 않기로 마음먹는다. '맞아, 내 가슴속에 修身齊家와 월예를 담아 내 号는 남쪽의 월예요, 月南이다.' 그러나 그렇게 정한 월남이라는 호의 사연이 뭐냐고 물으면 '아무 사연도 없습니다.' 라고 하고 말기로 작심하고, 월예에게도 말할 이유가 없겠다고 생각하며 호를 짓고 나니

홀가분하다. 이 호를 불러 주면 그때마다 수신제가요, 월예요, 복중의 자식을 떠올릴 것이고, 그를 위해 만일 못다 한 수신(修身)이 있다면 호로서 묻어주시기를 하늘의 비는 마음을 담자고 한 것이다. 우선은 입을 닫았다가 죽천이 돌아와

"호는 지었는가?"

물으면 그때 첫입을 떼겠다고 생각하는 중이다.

호를 지어놓고 보니 언제까지나 남쪽 고향의 부모님과 월예를 떠올리며 살 운명이 아니냐는 어두운 생각이 든다. 그러나 상재는 안다. 왜 수신제가 하며 어째서 월남이며 그래서 그러니 무엇을 얻으려는 것이냐의 문제다. 바로 치국평천하를 얻어야 한다는 것이다. 가슴에 가정을 묻고 가정을 묻은 가슴으로 치국을 하겠다고 하는 것이다. 치국(治国)이 무엇인가. 바로 임금님의 곁에서 바른 신하가 된다고 했던 충성이며 효도를 실천에 옮긴다고 하는 것이다. 그로서 평천하를 이루어야

경복궁 교태전 지붕을 덮은 홍송(붉은 소나무)

한다는 의지를 굳게 한다는 것이다. 평천하는 살기 좋은 백성과 숭상받는 임금이며 백성과 임금 가운데 상재가 서야 하겠다는 것이다.

'해석이 왜 이리도 길지?'

상재가 혼자 웃는다. 웃다 보니 달이 기울어 경복궁 쪽 기와지붕 추녀 위로 도망가 버린다. 그 순간 깜빡 잊었던 월예가 써준 편지 생각이 떠올랐다.

월예의 편지 '첫날밤'

"서방님! 안 계신 밤 쓴 제 글입니다. 한양 가셔서 제가 보고 싶거든 꺼내 보세요."

하고 쥐어준 서찰이어서 부인이 되었지만 상재로서는 난생처음 받아보는 연서다. '어디 한 번 열어 봐야지' 하고 보니 '첫날밤' 이라고 쓴 한글이다.

"서방님! 아버님과 길을 떠나 이 밤 어디에 드셨습니까? 한양 길 잘은 모르오나 청양을 지나셨나요? 아니면 청양에서 주무시나요? 시부모님 주무시기를 기다려 우물가에 나가 하늘에 소원을 빌고 자려니까 복중에 아기가 심하게 발길질을 하는 바람에 곁에서 서방님이 돌아누우시나 싶어 놀라 깨어 보니 혼자로군요."

곁에서 월예가 소근 대는 것처럼 들려온다.

"우리 아기 클 동안 태교에 충실하렵니다. 그리고 아버님이 내려오시면 아기 이름을 지어달라고 할 생각도 드는 중인데 생각해 보니 내일은 아버님 안 계시고 어머님이 들에 나가시면 아무리 생각해도 서방님이 묻어두신 책을 꺼낼 생각입니다. 서방님의 손때가 묻고 정신이 깊이 배인 저 책은 이제 제가 서방님처럼 소중히 보관할 생각입니다. 나무라지 마옵소서.”

"오시면 가실 때 드리려고 써 보는 글입니다. 그러나 드릴 용기가 날지는 잘 모르겠어요. 드릴지 말지는 모르겠으나, 한 말씀 되새겨 보는 중입니다. 처음 서방님과 만난 그때 제가 말씀 올렸는데 잊으셨나 하여 다시 쓰겠습니다.”

"'서방님이 학문의 길을 가는 데 있어서 제가 필요하면 있는 사람이 될 것이요, 만약 제가 불편하시다면 없는 사람이 되어도 기꺼이 서방님의 길이라면 다른 건 못해도 반드시 마음을 다 바칠 것입니다.' 했는데 역시 기억이 나시는지요?”

"그렇습니다. 서방님과 제가 부부의 연이라면 제 운명은 이제 없습니다. 서방님의 운명이 제 운명이요, 서방님이 가시는 길이 제 길입니다. 그런데 왜 이다지 슬픈지. 어이 살지, 보고 싶으면 어떻게 해야 할지, 그러나 서방님은 그러실지 아닐지 모르겠지만 제 소원은 아니시기를 비는 것입니다. 이왕에 가신다면 처자로 인하여 아버님의 뜻이 약해진다거나, 애초에 꿈꾸셨던 올곧은 신하로 임금을 보필하는 것에 전념하시기 바라는 마음일 뿐이기에, 그리워 울어야 하는 것은 저 혼자만 하게 두시기 바라겠습니다.”

상재의 가슴이 울렁거린다.

'왜? 그래서 나는 어쩌란 말인가?'

상재가 이어 내려 읽고 있다.

"그런데 하늘이신 저의 서방님! 그럴 리 없다고 믿사온데 가서서 꼭 '반갑다' 소리 들으시고, 올라오라 하시거든 추호도 흔들리지 말고, 모든 걸 다 잊고 접고 앞만 보고 하늘을 믿으며 아버님의 정성을 믿고 기꺼이 가겠다 하고 내려오사 단단히 마음먹고 올라가소서! 월예에게 있어 지금은 이 마음 외에는 일절 다른 마음이란 없습니다. 우리 서방님을 저는 직감으로 알고 있습니다. 반드시 큰 인물이 되실 분이시며 제 소망을 이룩해 낙심케 할 분이 아니라고 하는 것입니다."

"제 비록 필부일 따름이오나 어려서부터 제 꿈은 훌륭한 남편의 아내가 되는 것이었습니다. 그래서 늘 새겨오기를 '한 번에 되는 일은 세상에 없다'라고 하는 것이었습니다. 지난봄 과거에 실패라든가, 땅에 책을 묻고 농사를 지으려 하신 것이라든가, 마침내 양반가문으로 가시기까지가 전부일 수도 없고 낭패는 줄을 이을지도 모른다는 것입니다. 그래서 친정아버님은 제게 말씀하셨습니다. 초싹거리면 팍싹 망한다고. 그러면서 이게 사자성어로 무엇인지 아느냐고 묻고 수시로 알았니, 몰랐니 놀리시듯 여러 날을 채근하시기도 하셨습니다. 서방님! 이게 뭔지 아세요? 꼭 맞는지는 저도 모르겠으나, 아버지께서는 재미있으라는 양 '그게 바로 대기만성(大器晚成)이란다' 하셨습니다."

"서방님! 큰 그릇이 되시려면 오래 걸린대요. 작은 것이 열 개가 아니라 백 개, 천 개를 모아야 큰 그릇이 만들어진다고 해서 대기는 만성이라 하셨습니다. 저는 서방님께 이 말씀을 드리고 싶었습니다. 언제 다시 이렇게 서찰을 써 드릴지 모르겠기에, 저는 대기만성을 위해 신사임당의 흉내라도 낼 것입니다. 사다리에 소 앞발을 올리는 아내의 자세로 서방님의 아내 된 도리를 하겠습니다."

"아기가 또 걷어차는군요. 분명 건강하게 너무 잘 크고 있어 기특합니다. 제 걱정보다 이제는 죽천 나리의 뜻을 살피기에 전심하셔서 두 분이 이 나라의 거목이 되셨으면 하는 저의 마음을 복중의 아이에게 쓰겠습니다."

"그럼 너스레 글을 읽어 주심에 감사드리면서 내일도 가시는 한양 길에 불편함이 없으시기를 기원하오며, 다친 팔의 통증은 좀 어떠신 지 여쭙습니다. 가신 첫날밤 유월예."

이렇게 마친다.

말 타기부터

스무날이 되자 경암(敬菴)을 모시고 죽천이 돌아왔다.

"아하, 이 서방이로구먼?"

경암도 키가 훤칠하여 상재는 올려다보아야 한다. 수염이 가지런 하여 먼 길에도 흩어짐이 없다.

"어이 국철이! 내 사랑채로 감주하고 좀 들이라 하게."

강화에서 온 국철은 이미 큰 사랑채를 지켜온 모양이다. 넷이서 마 주 앉았다.

"여러모로 부족하여 영감님의 눈에 들지 모르겠습니다."

상재가 말했다.

"그래서? 이 서방에게 말 타기부터 하라고 하겠다고?"

경암이 죽천에게 묻는다.

"예, 아무래도 걸어 다녀가지고는 저의 벗이라 할 수도 없고, 분신 이 되지도 못할 터라 제일 시급한 것은 학문이 아니라 말 타기부터 배워야 할 것 같습니다."

"그렇지 대장부가 임금을 모시려는 꿈을 꾼다면 임금이 하시는 일거수일투족에 문외한이 되어서야 가당치 않지. 잘 생각했으니 이 서방은 어서 말부터 타는 연습을 하게나."

상재는 어리둥절 정신이 하나도 없다.

'내가 말을 탄다?'

그것은 꿈에도 해 본 생각이 아니다. 말은 한산 관아에 아버지 희택보다 높은 사람들이나 타는 것을 보았기에 말 타는 연습은 언감생심 자신과는 상관도 없다고 지우고 살아왔다. 그 순간 한양에 올라올 때 말에 채이며 올라온 기억이 난다. 만약에 상재도 말을 타고 왔다면 아마 나흘의 절반으로 단 하룻밤만 자고 이틀이면 올라왔을 것이다.

경암은

"내가 누구 제자인 고 하면…."

하고 뜻밖에도 목은의 제자라고 한다.

"나의 아버님께서 나를 목은 같은 인물이 되기를 원하셨지. 오늘 목은의 후손이 우리 집에 오니 영광일세. 그러나 내가 아버님의 뜻을 이루지 못하고 있네. 그래서 죽천에게 할아버지가 원하셨던 목은과 같은 사람이 되기를 바라는 것이 나의 소원일세. 참, 목은의 시조를 한번 읊어 볼까?"

"백설이 잦아진 골에 구름이 머흐레라.

반가운 매화는 어느 곳에 피어 난고.

석양에 홀로 서 있어 갈 곳 몰라 하노라."

읊고 나서

"잘 듣게, 아주 중요한 말이야."

무겁게 입을 연다.

"지금에 와서 조선과 뜻이 달랐던 목은의 정신을 그대로 지키려 하면 바보일세. 목은은 고려의 신하였고 우리는 지금 조선의 신하일세. 목은이 고려를 지키려 목숨을 바친 것은 우리에게 조선을 지키려 목숨을 바쳐야 한다는 교훈일세. 목적은 백성의 평안함을 위하는 면에서 동일하기 때문일세."

경암이 힘주어 말한다.

"그런데 호는 지었는가?"

죽천이 묻는다.

"예, 달월 자에 남녘남 자로 월남(月南)이라 정했습니다."

"아 월남? 부르기 순하구먼. 무슨 연유라도 있는가?"

"그런 것 없습니다. 나리께서 강화 가시고 밤에 정자와 소나무를 보니 그 위에 보름달이 떴기에 순간 월남이라 하고 싶어 정했을 뿐입니다."

상재가 말하자 경암이 끄덕인다.

"괜찮구먼. 호는 자기가 편하고 남이 편하면 되는 것이니까." 하더니 진지하게 말한다.

"내 아들이지만 죽천은 비상하고도 푸근한 사람일세. 대개 비상하면 까탈스럽고, 푸근하면 맹탕인 경우가 많으나 내 아들 죽천은 다르네. 과거에 장원으로 급제하고도 벼슬을 안 나가는 이유는 들어서 아는지 모르겠지만, 얘기해 줬는가?"

말머리를 죽천에게로 돌리자,

"아닙니다. 아직 그런 대화를 할 시간이 없었습니다."

죽천이 대답하니까

"그럼 내가 말해 주지."

상재가 꼭 듣고 싶은 말을 이제야 경암이 한다.

"과거는 안 본다 했네. 과거급제 쉬운 게 아니지만 사실 그게 알고 보면 또 별 것도 아닐세. 마찬가지로 과거에 급제했다면 벼슬길에 나가는 것도 쉬운 것은 아니나 그 또한 별게 아닐세. 일단 붙으면 오라는 데가 여기저기 있고 갈 자격이 있어 갈 수도 있으나 죽천은 어디든 관리로 나가는 것은 하나도 중요한 게 아니고, 나가서 과연 제대로 감당하느냐가 더 중요하다고 하는데 맞는 말이야. 가서 윗사람에게 인정받지 못하고 상하관계가 허술하여 날름 파직이라도 당하면 차라리 안 나감도 못하지 않겠는가? 그리고 좋은 자리가 힘들다네. 상관을 잘못 만나면 죄짓는 앞잡이밖에 더 되겠는가? 그러니 내공을 채워야 한다는 것이야. 아무 데나 풀쩍 나가려면 벌써 나갔겠지만 나는 죽천의 속내를 너무 잘 알지. 한 번 나가려면 가서 요동치 않게 뿌리를 내리고 승승장구는 못하더라도 자신이 보람을 느끼며 진실로 임금과 백성을 위한 충직한 관리로 제대로 커 나가겠다는 것일세."

이에 죽천이 조심스레 한마디 한다.

"모두 아버님의 은혜입니다. 아버님께서 늘 말씀하시기를 벼슬을 받는 것보다 제대로 지키느냐가 중요하다 하시고 급할 게 없다. 내가 밥 굶기고 공부 뒷바라지 못 할 일 없으니 과거는 미리 봐 놓고 10년이라도 공부를 더 해서 제대로 완전무장을 한 후에 나가라고 하신 말씀이 너무 지당하셔서 부족함을 채우려하는 거지요."

상재는 이제야 안개가 걷힌다.

'아하, 참 맞는 말이로구나.'

드디어 내심 감탄도 하게 된다.

"이보게 월남!"

경암이 말을 받는다.

"전쟁에 나가는 병사나 벼슬에 나가는 선비나 원리는 똑같지 않은가? 내 말 맞지? 전쟁터에 나가려면 적을 무찌르고 살아남아야지 나가자마자 단칼에 죽는다면 나가서 뭣에 쓰겠는가? 그런 병사는 나라의 해충이 아니겠는가? 벼슬길에도 각자 적성이 있고 능력에 따라 쓰임새가 다르네. 급할 것 없으니 둘이서 힘을 기르게나. 능력이 문제지 까짓 자리가 문제고 과거가 문제겠는가?"

상재는 듣기만 하려니 예가 아니다 싶다.

"예, 지당하신 말씀입니다. 죽천 나리께서 위대한 장수로 전쟁터에 나가셔서 큰 공과를 쌓으시도록 소인 미력이나마 함께하겠습니다. 그러나 부족하니 널리 헤아려 주시기 바라옵니다."

했다. 이에 경암이 말한다.

"아버지가 선공감이시라니까 아마 내 말 알아듣겠구먼. 담장을 쌓더라도 큰 돌 작은 돌 네모난 돌 세모난 돌 둥근 돌이 다 쓸 데가 있을 것일세. 이처럼 인재도 그렇고 관리도 같아. 월남은 월남의 용도가 있게 마련일세. 잘은 모르지만 둘이서 힘을 합치면 아마 둘 다 큰 일꾼이 되는 날이 올 것일세. 그러니 무엇을 어떻게 다지고 연마하여 전신갑주로 완전무장에 빈틈이 없을지 많이 연구하게나."

죽천이 말한다.

"우선 같이 말 타기와 활쏘기하고 칼 쓰기부터 가르쳐 주려 합니다."

월남이 놀라 물었다.

"예? 저는 활쏘기나 칼 쓰기는 적성도 아닌데요."

하자

"이보시게 월남! 칼도 죽이는 칼이 있고 살리는 칼이 있지 않은가? 무사가 되자는 것도 아니고 내 말은 임금을 섬기고 나라의 일꾼이 되려면 막을 줄은 알아야 되지 않겠느냐는 것이야. 남자는 도둑질도 할 줄 알아야 되지 않겠는가? 월남이나 나나 아직 멀었다네. 어디서 오라고 불러봤자 가서 배겨내지도 못하고, 그러니 알건 다 알아야 하네. 먼저 호신(護身術)부터 알아야 하네. 대포도 쏠 줄 알아야 하고 총도 쏘고 만들어도 낸다면 그게 나쁘다 하겠는가? 글줄이나 줄줄 꿸 줄 안다고 신하가 아닐세. 아버님 앞에서 무례한 말이겠으나 우리 아버님은 강화도 그 많은 진지를 지키는 장군을 하라 하셔도 이기실 분일세. 세상이 점점 험악해지기 때문에 배를 부리고 바다를 경영할 줄도 알면 안 될게 뭐겠는가? 하늘을 펄펄 날아다니는 무사가 되자는 얘기가 아닐세. 내가 말했지 할 일은 너무 많다고. 내일 모레 아버님이 귀임하시면 글피부터 우리는 뛰어도 모자란다네."

제14부

이제야 뭔가
세상이 보인다

할 일은 공부다

겨울이 가고 봄이 왔다.

"월남! 자네 이제 말은 잘 타는가?"

"잘 달리지는 못해도 좀 탑니다."

"한산까지 가려면 가는데 얼마나 걸리겠는가?"

"450리 아닙니까? 하루에는 아직 당도하지 못할 것입니다. 하루 반 나절이면 아마 갈 것 같아요."

"많이 좋아 졌구먼. 언제 한번 한양성도 돌아보고 나하고 같이 나 갈 마음 있어?"

"저하고 같이 가시면 나리께서 힘드실 텐데요. 나리는 잘 달리실테 니까요."

"내가 맞춰서 가면 되는 거지 힘들게 뭐가 있겠는가."

"이제는 말이 저를 좋아하니 점점 나아지겠지요."

"그런데 검술이나 활쏘기는 적성에 안 맞는다고 혹 그만두는 것은

경복궁 근정전 박석과 품계석

아니지."

"그럴 리가 있습니까. 한번 말 타고 나가거든 하수지만 시험을 쳐
보세요."

"하하 시험을 쳐 봐라? 나하고 한번 붙어보자는 얘긴가?"

"천만에요. 적성에는 멀지만 그래도 호신용으로 열심히 하겠습니
다. 총도 쏘고 단검삼아 지팡이 하나만 들어도 웬만한 사람 상대는
할 수 있어야 한다는 나리 말씀이 지당합니다."

"세상이 자꾸 변하니까 강화도에 들어오는 서양 배들이 어떤 대포
를 싣고 오는 게 아닌가 하여 아버님이 늘 긴장하시는데 이제는 총이
야 총, 그러니 문관입네 하고 무관들이나 알아서 하게 모른다 할 수
도 없고, 세상이 너무 변하는데 기초라도 알아두지 않을 수가 없네."

"하이고, 제가 처음에 말 타기 배울 적에 길덕이가 엄청 고생했습

니다. 키는 작고 요령은 없고 말이 깔보는지 올라 탈 때부터 뱅뱅 도는데, 나중에 알고 보니 내 자세가 돌 수밖에 없게 서툴렀더군요.”

“하여간 불과 서너 달 만에 그래도 이제 말을 몰다니 여간 빠른 것이 아니야. 자네는 잘할 줄 알았어.”

“검술이 문제입니다. 팔이 짧으니까 불리할 수밖엔 없으니까요.”

“사실 팔 짧고 키 작은 것하고 검술하고는 상관이 없다네. 전적으로 그쪽에 나갈 게 아니다 보니 어줍어서 그렇지.”

그러고 보니 정신없이 날짜가 지나 버렸다. 잠시도 쉴 틈 없이 뛰어야 하고 늦게 방에 들어오면 고단하여 바로 잠들기 바빴다. 죽천이 길덕에게 내년 봄이 오기 전에 말 타기는 마쳐야 한다고 엄명했다 하여 길덕이 월남 뒷바라지에 혼쭐이 난 덕이다.

“봄부터는 이제 눈코 뜰 새 없을 걸세 이제는 우리가 할 일을 시작해야 하니 말일세.”

하고 나서 상재를 향해 죽천의 계획에 맞춰 달라고 하였다.

“예, 그리 하겠습니다.”

“아마 이것은 자네 적성에 딱 맞을 걸세. 무엇을 할 것인가 하면”

죽천이 비로소 계획을 말한다.

공부를 하자는 것이다. 그것도 아주 열심히 하자는 것이다. 공부는 일본어와 영어 그리고 중국어 러시아어까지 통사(通士/통역사)가 되자는 것이 아니라 어느 정도는 해야 한다는 것이다. 책은 죽천이 다 구해올 것이며 필요하면 가르칠 사람도 들이겠단다. 뿐만 아니라, 서재를 열고 설명하였다. 자신도 도저히 혼자서는 못하겠으니 월남은 일본어와 중국어를 책임지면 자기는 영어와 러시아어를 책임진단다. 그러나 맡았을 뿐이지 4개 국어를 모두 흉내는 낼 정도가 되어야 하지 않겠느냐는 것이다. 큰 사랑 서재와 작은 사랑 서재에 책이 꼭 찼다.

경국대전을 내 놓고는 자신도 아직 시작단계라면서 나라 경영의 법칙을 배워가자는 것이다. 조선 지도를 여러 장 펴고서는 조선이 손바닥처럼 들여다보일 때까지 공부하자고 하더니만, 한양과 남북 전체 주요 감영을 머릿속에 다 넣어두어야 한다는 것이다. 풍기, 안동, 나주, 서원(청주) 충주, 강릉, 영월, 공주, 함흥, 평양, 개성, 신의주, 흥남, 인천, 부산, 강진, 담양, 진주, 산청, 거창… 머릿속에 다 담고 거기 가면 산이 어떻고 물이 어떻고 길은 어디로 가는 것이고, 신경민이 그린 지도도 있다면서 한양에서 가는 길, 지방에서 오는 길, 큰 강은 무엇이고, 큰 산과 고개는 무엇이고 달달 외워야 한다는 얘기다.

전국 주요 감영으로 가는 길 안내지도, 전국 장날지도, 이름도 모를 여러 장의 처음 보는 지도가 둘둘 말려 있다.

또 어디서 구했는지 세계 지도를 보여주고 미국이 어디고 영국이 어디며 독일이니 프랑스니 자다가도 짚어내게 암기해야 하는데 특별히 그 나라의 문화와 역사를 공부하잔다. 일본지도와 중국지도를 내 놓고는 그 땅을 우리나라와 견주어 가며 공부하여야 하고 현재의 조정과 각 부와 정부조직도 달달 외워야 한다는 것이다. 뿐만 아니라 에도(江戶)가 동경(東京)으로 바뀌었으니 동경은 어디고 어떻게 가야 하고 오사카와 요코하마라든가 그들의 생활이나 정부의 생각을 우리가 다 배워둬야 한다는 것이다.

성균관보다 더 세계 배우자

이것은 원래 성균관에서 국비로 가르치고 배워야 하는 건데, 성균관이나 여기나 우리가 공부하는 것은 같고, 거기 들어가면 자율선택이 안 돼서 오히려 맘만 맞으면 여기가 더 능률적이므로 정부 돈으로 공부할 게 아니라 아버지 경암의 소망이시니 다 대 주신다 할 때 우리는 여기서 궁궐 안의 집현전 학사라는 자세로 우리나라의 미래를 위해 아내고 자식이고 벼슬이고 따지지 말고 성균관에 입학한 유생이려니 하는 자세로 공부하자는 것이다.

항상 기억할 것은 성균관 유생들마저 생각지도 못하는 선진 유생이 되어 신학문을 공부하자는 것이다. 나중에 고종임금이 아시고 깜짝 놀랄 실력을 쌓자는 것이다. 강화에 계신 아버님이 뒷받침하실 것이고 책은 최대한 구해 주신다는데, 여기 이 많은 책을 우리가 나누어서 각자 배워 그 다음 둘을 합치면 하나가 된다는 것이다. 월남은 입술을 깨물었다.

아침상을 물리고 반식경이 지나면 죽천은 사가에서 내려오고 월남은 부엌방에서 상을 물리고 둘이서 만난다. 장소는 작은 사랑채 서재다. 이렇게 만난 두 사람은 점심때가 되기까지는 변소에 가는 시간만 빼고는 나누어 책을 보고 필요한 것은 필서 첩에 각자 기록해 보관하는 일로 진시(辰時/오전 8시)부터 오시(午時/낮 12시)가 될 때까지 서재에 틀어박혀 공부에 여념이 없다.

"월남! 자네 성균관 유생들 학과 시간이 어떻게 돼 있는지 아는가?"

"저는 모르겠습니다."

"나도 말만 들었는데 우리는 공부를 그들보다 편하게 해야 하겠는가 더 강하게 해야 하겠는가?"

월남은 처음 어떻게 말할지 알지 못했다. 죽천이 말했다.

"내가 일(관직)을 나가고 싶어도 안 나가는 것은 대략 그 이유를 알 것이니 생략하고, 그러나 내 몸 편하자고 버티는 것이 아니라네. 관직에 나가면 대소 간 맡은 일에 충실해야 하고, 그러다 보면 공부는 거의 끝일세. 그냥 세월이 가다 보면 벼슬은 올라가겠지만 실력은 더 채우지 못해 큰 세상을 보지 못할 게 아니겠는가?"

이렇게 둘이 서재에서 만나는 것은 대궐이나 관아에 등청하는 관리와 다를 게 없다. 한눈팔거나 글을 보다 해찰을 해도 안 된다. 잠시 일어나 몸을 푸는 것 말고는 바로 앉아야 한다. 월남은 이런 날들이 마음에 쏙 든다.

오후가 되면 술시(戌時/오후 8시)까지 반복한다. 오시에 중식을 먹고 잠시 바깥바람을 좀 쐬고 들어와 앉으면 오전시간과 비슷하나 겨울에는 어둡다. 저녁을 먹고도 다시 해시(亥時/밤 10시)까지 학습계획이 짜여 있다.

"언제나 잊지 말 것은 우리의 경쟁상대는 나라에서 주는 밥 먹고 공부만 하는 성균관 유생들일세. 그들에게 지면 우린 공부 잘 못한 것이지. 그러면 자네는 밥값을 물어내라 할 걸세. 하하."

"밥값뿐이겠습니까? 잠값까지 물어내라 하실 거지요? 하하."

월남도 기가 솟아 웃음이 나온다. 얼마 만에 웃어 보는 웃음인가? 이렇게 걱정 없이 공부에 열중할 수 있다는 것이 얼마나 큰 행운인가? 문득 한산 고향의 아버지 희택이 보고 싶다.

'아버지! 제 적성에 맞는 공부를 원 없이 하게 됐어요.'
하면 이것만으로도 기뻐하실 것이다. 웃다 보니 떠오르는 생각이 있다.

"그런데 나리! 생각해 보니 성균관 유생은 우리 상대가 아닌데요?"
하자

"무슨 소린가?"
묻는다.

"중국은 이제 공부해 보면 알겠지만, 일본은 작년에 명치유신을 단행했지 않습니까? 상대는 성균관이 아니라 우리 상대는 일차로 일본일 것 같은데요."

"맞아. 역시 자네는 내가 제대로 봤어. 그런데 나도 모르는 명치유신은 어떻게 알았는가?"

"지난번에 판관대감께서 대충 제게 말씀해 주셨습니다. 그리고 일본역사를 배우라고도 하셔서 일본의 역사책은 서재에 있기에 보았습니다."

"아, 그랬는가? 사실 나도 내 서재의 책을 거의 몰라요. 자네가 일본은 맡게, 잘됐구먼. 역시, 하하하."

당대의 한양지도

큰 틀을 짜자

죽천이 묻는다.

"나라가 무엇이라고 보는가?"

봉서암에서 현만 스님이 물었던 말이다. 상재는 대답을 참기로 했다.

"뭐라고 하겠습니까?"

"나라는 백성과 임금과 땅이 하나가 되어야 한다는 것은 알겠지?"

"예 그 정도는 알고 있습니다."

"그러면 그건 생략하고, 반듯한 나라와 굽은 나라가 있으며, 성군과 폭군이 있는데 내가 꿈꾸는 나라는 백성과 땅과 임금 사이에 선신하가 나라의 생명줄이라는 것일세. 이 말도 알아들을 걸세."

"예, 알아듣습니다."

"그래서 하는 말인데 나라의 큰 틀이 무엇인가를 찾아 그 틀을 반듯하게 세우자는 것일세."

죽천의 말이 이어진다. 상재는 눈을 번뜩이며 듣는다.

우리 집은 배울 책 걱정은 없다. 그렇다고 스승님을 모신다고 해도 돈 걱정도 없고, 이미 우리는 스승님을 모시지 않아도 자율수학이 가능하다. 잠자고 먹는 걱정도 없다. 그렇다고 한산처럼 스승님을 찾아다닐 시간낭비도 없다. 공부할 조건에서 우월하니 나라의 큰 틀을 짤 공부를 해야 한다. 고종 임금이 하고 계시고 흥선대원군이 하고 계시지만 우리는 우리대로 고종 임금을 제대로 보필하는 데 필요한 신하의 도리와 능력을 갖춰야 한다는 것이다.

큰 틀이란 국토안보, 정치안정, 사회 불만 해소, 경제정책 개선, 그밖에 삼정의 건실한 뿌리를 제대로 내리는 것이다. 국토안보는 외침을 근본적으로 차단하기, 정치 안정이란 안동김씨 세도권의 장점은 살리고 단점은 걷어내는 일, 흥선대원군의 외교정책에 대한 득실과 대안 찾기, 사회 불만 해소란 세금과 군역에 대한 정책과 배고픔을 못 이겨 일어나는 무수한 민란, 그리고 홍수와 가뭄에 대한 대책이나 홍역 염병 마마로 죽는 치료에 대한 문제. 천주학과 이양선, 그리고 개방을 요구하는 외세에 대한 냉철한 분석과 대처방안. 세계 각국의 요구와 우리 조선의 이해득실관계 분석.

"이보다 더 중요한 핵심이 있는데 그게 무엇인지 아나?"

말을 하다 갑자기 질문한다.

"글쎄요. 그 모든 것이 신하의 자질 아닐까요?"

"과연 그게 정곡일세. 나라는 임금 혼자 경영하는 것이 아니므로 임금에게 어떤 신하가 얼마나 현명하고 지식과 지혜가 있느냐에 달렸지. 자네는 과연 내 동지야."

죽천과 의기가 투합하고 있다.

"나는 자네에게 이런 기반을 제공하며 함께 공부할 생각이네. 그래야 그것이 곧 내가 공부할 조건이 되는 것이지. 내가 못할 일이 있어. 많은 사람을 동지로 만나 모아서 훌륭한 신하로 거대 군단을 만들어야 하는데 나 혼자는 못할 일이니 자네가 그 중심에 서게. 미약하지만 나는 자네가 선 중심위에서 모든 것을 자네와 상의할 걸세."

상재가 고개를 끄덕인다.

"사람은 모두 그릇이 다르네. 이제 말한 분야마다 재주가 있는 사람이 각각 다르므로 자네는 우리와 뜻을 같이 할 만한 사람을 찾아 하나가 되는 통합의 주역이 되어야 해. 물론 나하고 같이 하자는 말일세. 나라가 지금 얼마나 어려운가? 임금님이나 대원군이 저렇게 애

쓰는데 우리가 버팀목이 되고 토양이 되어야 하지 않겠는가? 특수 임무를 우리가 찾아 능력을 갖추자는 말일세. 나도 이제 시작이고 자네도 이제 시작이니 열심히 하자고."

상재와 죽천의 이야기는 몇 날 며칠, 한 달 두 달도 좋다. 일단 산달을 맞았으니 한산에 다녀와서 또 상의하기로 하였다.

내 아들 승륜아!

나이 19세의 상재가 아버지가 되었다. 월예가 아들을 낳았기 때문이다.

"아가야, 고생 많이 했다. 이름은 승륜(承倫)이다. 이 달이 산달인 줄은 알고 있으니 상재가 곧 오지 싶다. 며칠만 기다려 보자."

했던 바로 그 이튿날, 월남은 말을 타고 이틀 만에 한산에 도착했다. 그러니까 출산하는 날에 출발하고 정확하게 맞추어 온 것이다. 온 동네가 구경이 났다. 집채만 한 말을 타고 월남이 내려왔으니 희택은 기뻐 어쩔 줄 모른다. 작년 농사는 어찌됐느냐는 이야기와 한산 이야기부터 이야기의 꽃을 피운다. 올해도 사흘갈이만 농사를 짓는데 성재가 짓는다 한다. 성재는 농사가 좋단다. 올해 지어 보고 내년에는 열흘갈이를 받고 몇 년 지어서 땅도 살 거라고 포부를 말한다.

한양 간 이야기가 꽃을 피운다. 상재의 이야기를 들으며 희택이 말한다.

"혼자되는 나라일은 이 세상에 없다. 부부의 이치가 세상의 근본이다. 남자 혼자 아기를 낳지 못하고 여자 혼자서도 아기를 낳지 못하는 것이 만고의 진리라고 한다면 아무리 유능한 선비라도 정사를 혼자는 못한다. 곁에서 아니오 하면 옳은 것도 성사를 못하고, 옆에서 옳습니다 하여야만 일이 되는 것이다. 승륜이가 태어난 것을 보면서 상재를 보니 죽천이 너의 남편 같다는 생각이 든다. 아니면 네가 남편이라고 해 주랴?"

희택이 신바람이 나서 상재에게 술을 권한다.

"아버지! 아직은 뭣 하나 된 것이 없지 않습니까? 지금부터 시작인데요."

하여도

"아니다, 아니야. 아비는 자식을 알게 돼 있다. 너는 죽천과 짝이 되어 학문을 쌓노라면 승륜이는 육신의 아들이고 거기서는 나라가 필요로 하는 충성의 아들을 낳을 것이다. 나는 반푼어치도 의심치 않는다."

희택의 말에 용기를 얻는다.

당시 쌀 한 가마니는 3원이다. 죽천의 모친이 상재에게 15원을 들려 내려 보냈다. 작년 상재가 짓다가 만 농사의 소출보다 많아 월예에게 미역국에 소고기도 넣고 끓여 먹이고 희택에게 고기를 사드리라고 어머니께 돈을 드린 것이다. 집안에 큰 잔치가 열렸으나

"이웃에는 아직 대접한다고 할 일이 아니다."

하고 장인어른이나 오시게 하라 하여 오롯이 가족들만 모였다.[7]

---

[7] 1916년 조선총독부(후일중앙청) 건축비 총 공사비 6백75만1천9백82원. 평당 건축비 620원. 당시 쌀 한 가마니 12원. 평당 쌀 52가마니가 들었고, 설계는 일본인 노무라(野村)가 하였다. 화강암은, 창신동과 용두산에서 전차로 운반하였으며 대리석은 황해도 금천에서, 목재는 압록강변의 낙엽송, 벽돌은 마포 연화제작소에서 구입하여 연건평 9천4백71평이었다. 해방 후 중앙청으로 사용하게 되었고, 후일 이승만 대통령이 일본 잔재라 헐어 버리려 했으나 너무 견고해 철거비용 부담이 과다하여 포기하였으며, 정부종합청사가 과천에 준공되어 각 부처가 옮겨 수리 후 국립중앙박물관으로 사용하다가 현 국립중앙박물관 건설로 모형도만 보관하고 완전 철거하여 2009년 현재 광화문 재건축 중임/당시 중앙청이 발표한 자료.

밤이 되어 월예와 오붓한 대화를 나눈다. 무슨 말을 할까. 반년 만에 만나니 할 말이 없다. 없는 것이 아니라 너무 많은 탓일 게다.

"집에서는 이틀만 자고 오라고 하였습니다. 이 다음에 좀 틈이 잡히거든 그때는 넉넉하게 머물게 하겠으나 지금은 한양에서 내 할 일이 너무 많아 그렇소이다."

"예. 서방님이 일이 많으시다니 저는 그 이상 바랄 게 없습니다. 오래 계신들 승륜이를 키우는 것은 어차피 제 일이니까 걱정 말고 올라가세요."

상재의 속셈은 따로 있다. 하루만 자고 판포로 해서 마곡사로 가서 일정스님을 뵙고 가려는 것이다. 어렵게 말을 꺼내고 내일 떠나기로 하였으나 마음이 너무 무겁다.

"승륜아, 엄마하고 잘 자라야 한다. 응?"

핏덩이 어린 승륜이가 상재의 가슴을 가르는 듯하다. 순간 희택과 같이 좋은 아버지가 될까를 생각하니 가슴이 꽉 막힌다.

"나는 아버지 같은 아비가 될 자신이 없소. 도저히 아버지의 자식 사랑을 흉내도 제대로 못 낼 것만 같소. 당신이 섭섭할지 모르겠지만 미리부터 아비 노릇을 안 하겠다는 뜻이 아니라, 아버지의 나에 대한 애정은 하늘보다 높아 생각사로 어이 갚을지 모르겠다는 뜻이요."

"그렇습니다. 아버님의 당신 사랑은 깊고 뜨겁고 넘치십니다. 그러니 아버님께 순종하자는 제 말이 맞아 저는 정말 기쁩니다. 모든 게 아버님 덕분이지요? 그렇지요?"

"그래서 나는 승륜이 아비 노릇 아버지를 알기에 어렵겠다는 것이요. 물론 나도 아버지 아들이니 그 피가 어디가겠습니까마는 그만큼 아버님의 정성이 크지요. 그러다 보니 이건 승륜이 애비보다 아버지의 아들 된 도리가 더 커서 언제 이루어 드릴지 그게 걱정이라 마음이 무겁습니다. 내 말 알아들어요?"

일정스님 입적

판포를 거쳐 마곡사로 가고 있다. 혜산 스님을 만나 인사를 드리고 들어보니 일정 스님이 입적하였단다. 소록소록 일정 스님의 가르침에 벌써부터 눈물이 흐른다. 학문에 못지않아 인간을 가르친 일정스님. 그 사이 스님이 세상을 떠나 며칠 전 이미 49재를 마쳤다 는 것이다.

일정의 위패 앞에 죄인 된 마음으로 앉아 '나는 누구에게 일정 같은 스승이 될까'를 생각하다 문득 철이 없어 현만 스승님이 돌아가셨을 때 제대로 복도 입지 못한 것이 마음을 누른다. 현만 스님의 위패도 찾아보고 무거운 발길로 마곡사를 떠나 올라오는데 일정의 음성이 한양으로 돌아오는 내내 들려온다.

가르침을 받던 초기.

"책을 본 게 얼마 안 돼서 그런지, 봤어도 공부를 제대로 못해서 그런지, 저는 이해가 안 가는 것이 너무 많습니다."

상재가 말하자

"그래 그게 무엇이냐?"

하시기에

"조정에는 학문이 높은 신료들이 많지 않습니까. 그런데 어째서 임금에게 덤벼드는 민란이 일어나도 가라앉히지를 못하는지 모르겠고요. 나라님의 농토를 받아 농사를 짓는다면 많이 받은 사람들이 많은 전세(토지세)를 낼 텐데 어찌하여 소작하는 사람은 농사를 지어도 배를 곯아야 하는 것입니까? 토호들은 농사를 짓지 않고 소작료만 받아도 부자로 사는데 농토도 없는 사람이 모든 세금을 다 내야 하는 제도로 어찌 백성의 임금이라 하겠는지. 신료들은 이런 것을 알면서도 그냥 두는 건지. 고쳐야 한다고 해도 임금이 듣지 않는 것인지. 동헌에 계신 군수영감님은 이런 대책을 왜 안 세우고 민란이 쳐들어 올까 봐 군사만 늘리는 것인지. 저는 책을 암만 봐도 어디서도 답을 못 찾겠어요."

하였더니 일정이 했던 말이다.

"공부 암만 잘해도 아무 소용없어. 특히 너를 보니 너는 공부 그만 두는 것이 낫겠다. 너 지금 사서오경 배우고 있다지? 그 책 이리 내놔 보아라. 이 책이 대학인데, 첫 장을 넘기면 '大学之道(대학지도)는 在明明德(재명명덕)하며 在親民(재친민)하며 在止於至善(재지어지선)이니라'라고 되어 있다. 배웠으니 풀어보아라."

"예, 대학의 도는 밝은 덕을 밝히는 데 있으며, 백성을 새롭게 함에 있으며, 지극히 선함에 있다는 뜻입니다."

"그래, 좋다. 재친민을 在新民이라 푼 사람이 왕양명(王陽明)이라는 것은 알지? 그래 됐고, 그러나 대학을 배워 이대로 행할 수 있겠느냐? 배운 대로 행동에 옮기겠느냐고 묻는 것이다. 몰라도 문제지만 알고도 행치 못한다면 그 또한 문제라서 배우지 않음만 못한 것이다."

"스승님 무슨 말씀이신지요?"

"몰라서 행치 못하는 사람이 있고 알고도 행치 않는 사람이 있으나 더 중요한 것은 배워서 아는 사람들 끼리 해석이 달라서 하나는 동(東)이라 하고 하나는 서(西)라고 하면 어려워진다. 가령 임금 밑에 두 사람의 신료가 있다고 치자. 在親民 在止於至善에 대한 해석이 틀려서 이래야 한다 하고 저래야 한다고 둘의 의견이 갈라지면 감당이 안 되는 것이다" "그러면 임금님이 듣고 판단하실 것 아니겠습니까? 분명히 적혀 있는 글을 가지고 어찌 행동은 달라져야 한다는 것인지요?"

"거기서 바로 충신과 역신이 갈라지는 것이다. 네 중시조 할아버지 목은의 경우에도 똑같은 일이 일어난 것이다. 목은은 창왕을 모셔야 한다고 하였고 이성계는 공양왕을 세워야 한다고 했다. 이성계도 在親民 在止於至善을 따르기 위해 공양왕을 세운다 한 것이고 이에 반대한 포은이나 목은을 죽인 것도 在親民 在止於至善이라는 주장이며, 심지어 이성계는 새로운 왕조를 세우는 목적도 在親民 在止於至善이요 스스로 왕위에 올라가야만 在親民在止於至善이 된다고 강력하게 주장하면서 국호를 고려에서 조선으로 바꾸는 것 역시도 在親民 在止於至善이라고 주장한다면 너는 어떻게 생각하려느냐?"

"학문이 높아지면 높아진 사람들끼리 더 높고 깊은 해석에 대한 논투(論鬪)를 벌이게 된다. 틀린 생각들 간에 피차 자기가 옳다고 외치는 것이 논투다. 논쟁(論爭)이라고도 하지"

"그래서요?"

"이것이 학자와 학자 간에 주의 주장이라면 네가 배우는 학문에서 보듯이 보다 깊은 학문의 발달로 나타나게 된다. 그러나 벼슬과 학문이 높은 조정의 신료 된 자로서, 가령 영의정과 우의정, 또는 이조판서와 예조판서의 생각이 다르면 임금이 피곤해져 판단을 못하게 되고 그러면 많은 사람들의 의견을 물어 중지(衆志)를 따르게 된다. 결국 신료들이 서로 짜고 검은 것을 희다고 하면 자칫 정사가 잘못 된다는 뜻이다."

그때 현만 스님도 말을 거들었다.

"상재야! 때가 이르다마는 기왕에 말이 나왔으니 하는 말인데, 네가 꿈꾸는 벼슬이나 정치, 특히 임금님을 모시는 일은 엄청난 싸움터다. 어쩌면 상대가 아니라 너 자신과의 싸움이라고 해도 되는 길이야. 가령, 아까도 일정스님이 말한 것처럼, 이성계는 우리나라 사람이지만 왜놈이나 떼국놈들과 맞딱 뜨리면 목숨이 왔다 갔다 한다. 사람은 누구나 자기의 입장에서 보고 말하고 행동하기 때문에 고쳐지지 않는다. 하나는 알면서도 이득을 따르고자 하는 양심의 문제이고 둘은 스스로 그것이 옳다고 보아 양심이나 심성과는 관계가 없기도 하다."

골수에 묻힌 일정의 유훈

"그래. 정치란 혼자 하는 것이 아니라 상대가 있기 때문에, 상대가 내 뜻에 동조해 주면 좋지만 백이면 백 다 다른 의견을 내 놓고 나를 보고 자기 쪽 편에 동조하라고 하게 된다. 충신은 충신의 편이 필요하고 역신은 역신의 세력결집이 필요한 것이라서 피차 안 보이는 살의(殺意/죽일 생각)를 품기도 하는 곳이 정치판이다."

"충신이 무엇이냐? 백성의 입장을 살펴 그쪽에 서는 것이 충신이므로 충신은 배를 채우는 것을 거부한다. 역신은 백성을 내세우지만 사실은 사욕을 채우려 하는 쪽이다. 그것은 양심이 더러운 것이지만 그자는 아니라고 우긴다. 아니, 알지 못한다. 그것이 민복(民福)이라고 생각하고 그래야 임금의 자리가 튼튼하다고 보는지도 모른다. 그러니 학문도 어렵지만 벼슬은 더 어렵고 벼슬아치들 사이에 알력과 권력 투쟁이 훨씬 더 무섭다는 얘기다."

"말글로 배워 뒷글로 쓴다는 말이 있고, 뒷글로 배워 말글로 쓴다는 말이 있다. 학식이 높아도 그로서 나라와 백성에게 피해가 간다면 지금 일어나는 민란을 맞게 되는데, 역신은 민란 백성을 역적으로 몬다. 사형시켜 마땅하다 하지. 그러나 충신은 그들을 도와주자고 한다. 결국 신료들끼리 싸우게 되고 결국 모함하고 귀양 보내고 목을 베도록 임금께 간언함으로 배우되 배워서 어떤 신하가 되느냐고 하는 것이 무엇보다 중요하다는 말이다."

상재가 초시에 낙방하고 혜산과 마곡사로 갔을 때는 또 이런 말도 했다.

"한 인간을 알려면 부모를 보랬다 하네. 부모를 보았거든 누가 스승이냐를 물어보라 했다네. 사람은 부모의 씨를 받지. 무씨는 논에 심어도 뿌리가 둥글고 배추씨는 걸은 밭에 심어도 뿌리는 가늘고 잎사귀가 넓어지지. 호박은 가물어도 뚱뚱하고 오이는 가물수록 길어 지지. 이게 씨야. 그러나 배추씨든 오이씨든 어떻게 자라느냐의 문제가 스승이라네. 나 같은 중을 만나면 불제자가 되는 것이고 도적을 만나 어울리면 결국 도적질이고… 누구를 만나 무엇을 어떻게 배우느냐에 따라 사람은 달라지지. 자네는 목은 이색의 씨를 가지고 태어났으니 목은 같은 스승님만 만나면 나라의 기둥감이야. 새색시가 정경부인이 되고 않고는 스승이 누구냐의 문젤세."

"사람이란 잘되면 좋아하는데 안 되는 것이 잘되는 경우가 훨씬 더 많다. 가령 금덩이를 주우면 잘된 것이라고 좋아하겠지만 그게 소문이 나게 돼 있고 그래서 그날 밤에 강도가 들어와 칼로 찌르고 금덩어리를 빼앗아 가 버린다면 공연히 칼에만 찔리고 금덩이는 주운 것이 줍지 않은 것만 못해 독이다. 인생이라는 것이 꼭 과거에 급제해야만 좋아할게 아니란 말이지. 장원급제가 곧 훗날 사형장에서 목이 날아가는 길로 들어서게 되는 경우도 많다. 꼭 좋아하거나 실망할 게 아니다. 공부 잘해서 유배를 가고 옳은 소리가 역적이 되어 목숨을 잃는다면 차라리 무식한 것이 낫다."

"그래서 좋은 일이 생겨도 깔딱 넘어가게 좋아하지 말 것이요, 만약 나쁜 일이 생겨도 크게 낙심하지 말라는 것이 바로 중용이다. 사나이는 일희일비 하지 않는다. 감정에 따라 살면 인생은 실패다. 오늘 장원이다 차석이다 한 녀석들이 네 말대로 부정합격이라면 앞날은 뻔하다."

"권력이란 허무한 것이라 세도의 축이 바뀌면 그것이 들통 나게 돼 있고 결국은 그 죄 값을 받는 것이다. 어쩌면 사형장으로 가면서 덩실덩실 '등신 춤을 추는 어리석은 것'이 인간이다."

"사람은 오늘만 사는 것이 아니다. 오늘의 불행이 내일의 행복이 되고 반대로 복이라고 본 것이 화가 되는 경우가 다반사이니 너는 마음을 비워라. 부처님은 공수래공수거라 하였다. 중요한 것은 불심이며 성불이다. 십 년 공부 도루아미타불이라 고도 하지만 그것은 순간만을 말하는 것이다. 반대로 공든 탑은 무너지지 않는다는 말도 있다. 오늘은 도루아미타불이라도 내일은 무너지지 않는 탑이 될 터이니 네 불심이야 내 알지 못하나 모든 것을 부처님의 공덕으로 쌓아야 옳다."

"네 맘 가는 대로 살아라. 과거를 또 보든 말든 난 강요하지 않는다. 네 생각이 올바르면 그것이 바로 부처님의 뜻이다."

귓전을 울리는 일정 스님의 골수를 파고든 가르치심, 이제는 듣지 못한다. 상재는 적어도 1년이나 빠르면 반년에 한 번은 꼭 일정스님을 찾아뵐 생각을 했었으나 이제는 떠나가셨다.

'이 가슴을 어이 말하랴.'

그러나 말이 필요치도 않다.

왕릉순배

차마 하룻밤만 자고 월예를 떠나지 못해 하루를 더 묵고 판포로 마곡사로 돌아서 올라오니 예정보다 하루가 늦었다. 당장 필요한 것은 죽천과 죽기 살기로 배워야 한다는 것이다.

"이보시게 월남! 웬 시간이 그리 없는지, 내 한 번 간다간다 하고 이제껏 미뤄왔는데 이제 자네가 말을 타니 우리 이제 떠나세."

"어디를 떠납니까?"

상재가 묻자.

"조선에 25분의 임금이 계셨지 않는가? 우리 붕어하신 임금님의 능침을 찾아 순배길에 나서자는 것일세. 나라에 충성하려면 당대 임금을 잘 모셔야 하지만 선대 임금님 모시는 것이 앞서야 하네. 종묘에 모신 선대임금님의 위패를 따라 다 찾아뵈어야 도리지만 우선 임금님의 능침만 해도 벅차니 가는 대로 차서를 따라 찾아뵙잔 말일세. 그리고 개성까지 가서 목은의 발자취도 찾아뵙고 말이야. 어차피 제2대 정종 임금의 능침은 개성에 계시니까 모두 42개 처 능침일세. 이 중에는 임금님 능침만도 25개 능이라네."

문득 장가 들기 전 아버지 희택이 조상님의 묘소를 찾아보라 하던 생각이 난다.

"나리, 정말 너무 좋은 생각이십니다. 조상님의 산소를 찾아뵙는 마음으로 가겠습니다. 같이 가자 하셔서 정말 감사합니다."

"아닐세. 내가 고맙네. 가고 싶어도 벗이 없어 나도 벼르기만 했거든, 같이 가주겠다니 자네가 나를 데려가는 격이라 내가 고맙네."

둘은 능침 순배 길에 나섰다.

"이게 무슨 놀이 가는 것이 아닌 줄은 알지?"

"예에. 알고말고요. 충성맹세길 떠나는 것이 맞지요?"

조선 왕의 병과 붕어이유

상재와 죽천이 왕릉 순배차 경건한 마음으로 길을 떠났다. 예복을 준비하고 갈 때마다 참배할 목적이다. 가면서 아버지 경암에게 배웠다면서 왕이 죽은 이유가 무엇이며 병은 무엇인가를 죽천이 말했다.

태조, 숙환으로 별세. 정종, 어릴 적부터 유약했고 몸이 안 좋았음. 태종, 심각한 과로와 우울증이 주원인. 세종, 당뇨병. 문종, 어릴 적부터 유약했으며 심각한 피부질환을 앓음. 단종, 유배지 청룡포에서 목이 졸려 사망(세조의 명으로 금부도사가 사약을 가지고 갔으나 차마 입이 안 떨어지는 순간 공생이라는 직급의 복득 이라는 자가 활시위로 목을 졸라 사망케 함.)

세조, 정신질환과 피부질환 및 집권시 문둥병으로 고생. 예종, 심각한 족질(발목이 썩어 들어가는 병)로 고생하다가 죽음. 성종, 과로와 우울증. 연산군, 유배지에서 학질에 걸려 사망. 중종, 스트레스와 성인병으로 사망. 인종, 문정황후와의 알력 속에 정신적 고통으로 사망(일설에 독살설 있음). 명종, 성인병으로 사망. 선조, 우울증 및 각종 성인병으로 사망(사망당시 약과를 급하게 먹다가 사망했는데 이걸 두고 독살 당했다고 보기도 함).

광해군, 유배지에서 우울증 증상 및 건강악화로 사망. 인조, 정신적 피로감(역성혁명으로 집권 지나치게 주위를 경계해야 하였음). 효종, 독살설. 현종, 북벌론 및 예송논쟁으로 반대파의 독살설이 있음. 숙종, 우울증 및 성인병으로 사망. 경종, 어머니인 장희빈이 사약을 받는 장면을 목격하여 우울증에 다한증으로 조금만 긴장해도 땀을 많이 흘리는 질병으로 고생했으며 결국은 우울증이 주원인. 영조, 노환 및 사도세자 죽음에 따른 우울증. 정조, 종기로 고생하였으며 사후 시체가 검게 변한 점으로 미뤄 보건대 독살의 가능성도 있음. 순조, 과로가 주원인. 헌종, 우울증. 철종, 과로. 강화도에서 농사짓고 살 때는 건강했으나 왕위에 오르자 극심한 우울증이 왔음.

순배한 조선 왕릉

[제1대] 태조. 건원릉(健元陵) 경기도 구리시 인창동(동구릉 내에 위치). 신의왕후/ 제릉(齊陵) 개성시 판문군 상도리(북한) 신덕왕후/ 정릉(貞陵) 서울 성북구 정릉동

[제2대] 정종. 후릉(厚陵) 개성시 판문군 영정리(북한) 안정왕후와 쌍릉

[제3대] 태종. 헌릉(献陵) 서울 서초구 내곡동 원경왕후와 쌍릉

[제4대] 세종. 영릉(英陵) 경기도 여주군 능서면 왕대리 소헌왕후와 합장

[제5대] 문종. 현릉(顯陵) 경기도구리시 인창동(동구릉 내) 현덕왕후

[제6대] 단종. 장릉(莊陵) 강원도 영월군 영월읍 진흥리. 정순왕후/ 사릉(思陵) 경기도 남양주시 진건면 사릉리

[제7대] 세조. 광릉(光陵) 경기도 남양주시 진접읍 부평리

[제8대] 예종. 창릉(昌陵) 경기도 고양시 덕양구 용두동(서오릉 내). 안순왕후 장순왕후/ 공릉(恭陵) 경기도 파주시 조리읍 봉일천리

[제9대] 성종. 선릉(宣陵) 서울시 강남구 삼성동. 정현왕후, 공혜왕후, 순릉(順陵) 경기 파주시 조리읍 봉일천리

[제10대] 연산군묘(燕山君墓). 서울시 도봉구 방학동. 군부인 신씨, 쌍분

[제11대] 중종. 정릉(靖陵) 서울 강남구 삼성동. 단경왕후, 온릉(溫陵) 경기 양주군 장흥면 일영리. 장경왕후, 희릉(禧陵) 경기 고양시 덕양구 원당동. 문정왕후, 태릉(泰陵) 서울 노원구 공릉동

[제12대] 인종. 효릉(孝陵) 경기 고양시 덕양구 원당동(서삼릉 내) 인성왕후 쌍릉

[제13대] 명종. 강릉(康陵) 서울 노원구 공릉동 인순왕후 쌍릉

[제14대] 선조. 목릉(穆陵) 경기 구리시 인창동(동구릉 내), 자인왕후, 인목왕후

[제15대] 광해군묘(光海君墓) 경기 남양주시 진건면 송릉리/ 군부인 유씨와 쌍분 추존 원종. 장릉(章 陵) 경기 김포시 풍무동 인헌왕후와 쌍릉

[제16대] 인조. 장릉(長陵) 경기 파주시 탄현면 갈현리/ 인열왕후와 합장. 장열왕후/ 휘릉(徽陵) 경기 구리시 인창동(동구릉 내)

홍유릉(고종황제와 명성황후의 능침, 남양주시)

[제17대] 효종. 영릉(寧陵) 경기 여주군 능서면 왕대리/ 인선왕후와
쌍릉
[제18대] 현종. 숭릉(崇陵) 경기 구리시 인창동(동구릉 내)/ 명성왕
후와 쌍릉
[제19대] 숙종. 명릉(明陵) 경기 고양시 덕양구 용두동(서오릉 내)
인현왕후와 쌍릉, 인원왕후 단릉, 인경왕후/익릉(翼陵) 경
기 고양시 덕양구 용두동(서오릉 내)
[제20대] 경종. 의릉(懿陵) 서울 성북구 석관동/ 선의왕후와 쌍릉.
정의왕후/ 혜릉(惠陵) 경기 구리시 인창동(동구릉 내).
[제21대] 영조. 원릉(元陵) 경기 구리시 인창동(동구릉 내) 정순왕후
와 쌍릉. 정성왕후/ 홍릉(弘陵) 경기 고양시 덕양구 용두동
(서오릉 내). 추존/ 진종. 영릉(永陵) 경기 파주시 조리읍
봉일천리/ 순성왕후와 쌍릉. 추존/ 장조.(사도세자) 융릉(隆
陵) 경기 화성시 태안읍 안녕리/ 헌경왕후와 합장
[제22대] 정조. 건릉(健陵) 경기 화성시 태안읍 안녕리/ 효의왕후와
합장.
[제23대] 순조. 인릉(仁陵) 서울 서초구 내곡동 = 순원왕후와 합장
[제24대] 헌종. 경릉(景陵) 경기 구리시 인창동(동구릉 내) 효현왕
후, 효성왕후와 삼연릉
[제25대] 철종. 예릉(睿陵) 경기 고양시 덕양구 원당동(서삼릉 내)

철인왕후와 쌍릉
[저자 추기]
제26대/ 고종. 홍릉(洪陵) 경기 남양주시 금곡동 명성황후와 합장
제27대/ 순종. 유릉(裕陵) 경기 남양주시 금곡동 순면왕후, 순정왕
후와 합장

상재와 죽천이 순배하니 달포나 걸렸다. 가는 곳마다 예복을 입고
절을 올렸다. 영월과 개성이 멀고 개성에 유적지도 돌아보았다.

"강화도에도 한번 가세."

하여 강화도까지 돌아왔기 때문이다.

의정부 참찬(정2품) 월남 이상재, 정경부인 강릉유씨 합장묘
(경기도 양주시 장흥면 삼하리)

| 제15부 |

세월은 간다

상재가 죽천의 사가로 들어와 죽천의 수하가 된 지도 12년이 흘러 상재나이 31세(죽천은 40세)나 되었다. 그렇다면 12년이 흘러가는 동안 상재는 어떻게 살았으며 격동하는 세월에는 무슨 일들이 일어났는가 살펴보자.

처음보다 더 바쁜 날들을 보내는 상재다. 이로써 상재는 이제 조선 팔도를 눈감고도 훤히 꿰뚫어 볼 정도로 지식이 들어찼다. 이에 죽천은 모두 상재덕분에 자신도 우뚝 컸다면서 반대로 고맙다 하는데, 역시나 배울 것은 그래도 줄을 잇고 있지만, 성균관에서 20년 배워도 못 배울 것을 많이 배웠다고 함으로써 두 사람 사이는 한 몸처럼 학문과 신뢰가 두둑이 쌓였다.

그래서 기뻐하는 것은 경암이다. 늘 웃으면서 마음 변치 말고 나라의 장래를 위해 끝없이 배우고 노력하라는 격려를 아끼지 않았다.

한산 월예는 상재 19세에 승륜을 낳고, 상재 22세에 승인을 낳고,

월남 이상재 동상(서울 종묘공원)

상재 25세에 승간을 낳았다. 이어서 상재 28세에 딸을 낳았으나 바로
죽어 이름도 짓지 못했다.

상재는 매년 한 달씩 한산으로 와서 월예와 같이 시간을 보냈다. 1
년에 1달은 휴가차 귀향하라 하였는데 죽천의 일정에 따라 1달간의
연차 휴가 일정은 각각 달랐다. 죽천은 상재에게 월예와 자식들을 한
양으로 데려오라고도 했으나 상재가 이를 거절했다. 고향에 아버님이
계시는데 처자만 데려오면 아버님 희택과 멀어질까 하는 이유였고,
아직은 녹을 받는 관리도 아니기에 죽천에게 과대한 신세를 지는 터
라 미루고 있는 중이다.

과대한 신세란 매년 보리 수확과 쌀 추수기마다 월예와 아이들이
살아갈 돈을 보내주는데 보리와 쌀이다. 연차 1달 귀향길에는 별도로

돈을 주어 상재로서는 큰 신세를 진다는 마음에 부담을 갖지 않을 수 없는 일이었다. 그러나 한 번도 아까운 마음에서 마지못해 주는 것이 아니라 기꺼이 마음 편하게 보내주었다.

세월이 흐름에 따라 상재가 점점 바빠진 것은 전국 각지를 돌며 나라 안 실상을 다 파악하는 것으로부터 수백 권이나 되는 죽천의 서재와 경암의 서재에 꽂힌 도서를 공부하는 일이 여간한 분량이 아니었기 때문이다. 성균관 유생들보다 몇 배가 될 정도의 분량도 모자라서 세계사, 역사와 문화사, 일본어를 비롯한 4개국 말을 공부하는 것과 맞물려 12년의 세월이 흘렀건만 언제 오갔는지도 모를 정도다.

한산의 월예는 상재가 책에 묻혀 사는 것에 큰 자부심을 가지고 자식을 낳고 기르는 일에 혼신을 다 쏟았다. 그 사이 성재는 상재가 보낸 돈으로 작은 농토를 사들이고 희택은 월예를 볼 때마다 벙글벙글 웃으며 손자를 안을 때마다

'상재 새끼!' '내 새끼!'

노래를 부르며 상재는 반드시 큰일을 할 날이 올 것이다 하였다.

그런 상재가 한번은 녹봉을 받는 일을 하기도 했다. 상재 나이 25세, 즉 죽천의 나이 34세 되던 1874년 봄 죽천이 기지개를 켜고 마침내 경상좌도 암행어사로 임명되자 암행어사 박정양의 수하가 되어 조정에서 나오는 암행어사 녹봉 속에 수하의 녹봉도 포함되어 나왔기 때문이다. 비록 그해 6월부터 12월까지 6개월이지만 이때 녹봉은 별도로 쥐어주었기로 그 돈이 성재가 땅을 사는 데 보탬이 되기도 했다.

8년 만에 죽천의 기지재

1874년이 되어서야 죽천의 관직이 내려왔다. 어명을 받고 떠나는 경상좌도란 경상남북도 동해안을 따라 동래(부산)까지 내려가는 암행어사다. 전전 경상관찰사 김세호, 전전 경주부윤 이만운, 전 동래부사 정현덕, 전전 영천군수 이건식, 전 칠곡부사 조규봉, 전 흥해군수 지홍관, 전전 양산군수 손상일, 현 영해부사 이정필, 등에 대한 죄과와 공과를 집중적으로 낱낱이 조사해 올리라고 하는 특명길이다.

당시 죽천은 34세이고 나이 26세에 별시에 급제하였으니 경상좌도 암행어사로 나가는 것은 별시 후 8년 만이고 상재가 죽천 사가로 온 지 7년 만이다. 죽천은 일찍 별시에 붙고 장장 8년 동안이나 은둔하고 있던 셈이며 상재는 7년간 수학에 전념하던 중이다. 죽천은 왜 이렇게 오랜 날 벼슬에 나가지 않고 있었는가? 상재는 이런 죽천을 잘 알고 있다.

"난 원래 과거 볼 생각이 없던 사람일세. 자네도 알다시피 과거에 붙으면 벼슬이라고 할 것도 없는 미관말직에 나가 그냥 썩는 게 아닌가? 늦더라도 재목이 된 후에 과거를 보고 제대로 된 큰일을 맡아야 한다고 공부만 하는 중인데, 아버님(경암)이 '그래도 봐 놓고 공부하라' 하셔서 순종하였을 뿐 아버님도 잘 아시네. 붙거나 떨어지거나 계속해서 몇 년이고 공부만 할 것이라는 사실을. 그러다가 공부도 뜻맞는 동지와 같이 해야 하겠는데 그게 어디 쉬운가? 그러던 중에 아버님이 가장 존경하는 정신적 스승 목은의 후손이라니까 자네를 나보다 더 좋다 하셔서 실은 걱정 많이 했다네. 나보다 더 공부 욕심이 많아 나를 끌고 갈 사람이라야지 내게 끌려나 다니면 진정한 동지가 아니지. 그걸 서툰 영어로 파트너(partner)라 한다지?"

그러던 죽천은 상재가 사가로 온 다음해인 1868년(戊辰, 淸나라 穆宗 同治 7年, 日本 明治 元年) 閏4月7日(甲寅日)에 서상준(徐相駿), 홍건식(洪健植), 박정양(朴定陽), 오장선(吳長善) 이원일(李源逸) 이찬하(李纘夏), 이원용(李元用), 최봉구(崔鳳九) 등 8人을 행권(行圈/선정)하여 3점식(点式/점을 찍다)으로 한림(翰林/예문관 '검열'을 예스럽게 이르는 말)으로 뽑는다고 칙(勅/그리하라)이 내려왔다. 예문관 검열 한림은 시간에 구애를 받지 않아도 되어 명예직이라 볼 정도로 시간구속은 별로 받지 않아 상재와 학문을 연구하는 데 지장은 없었다.(承政院日記 高宗 5年 閏4月7日참조)

대원군과 1차 집권 10년

1867년 초겨울 죽천의 사가로 온 상재가 7년이 지난 지금(1874년)까지의 조정은, 1863년 왕위에 오른 고종이 초기 3년은 신정왕후의 수렴청정을 받고, 후기 7년은 대원군 이하응의 섭정을 받던 것이 작년(1873년)까지였다. 그러나 신정왕후가 강력한 섭정을 하지 않아 대원군의 섭정을 그냥 10년으로 보아도 된다. 작년(1873년), 11월 드디어 고종의 친정이 선포된 것이다.

고종의 친정선포는 곧바로 민씨(민비/민자영)일파의 세도정치가 열리는 계기가 된다. 그달 초(1873년11월) 대원군 탄핵 상소문을 올리고 제주도로 유배 간 최익현의 상소가 대원군 하야에 직접적인 영향을 준 것인데 이 또한 중전민비와 민씨 일가의 계획된 결과였다는 평가가 지배적이다.

대원군 집권 10년의 가장 큰 성과는 경복궁 중건이었다. 원납전으로 원성도 많았으나 우람한 경복궁은 곧 대원군의 막강한 권력의 상징과도 같아 경회루와 근정전 공사는 상재가 죽천의 사가로 오던 해 (1867년) 완공되어 명실상부한 궁전과 권력의 상징으로 세워졌다.

외세와의 충돌이 많았던 10년이기도 했다. 상재 17세 되던 1866년 7월 제너럴셔먼호 사건이 일어났다. 무장한 미국상선이 대동강에 들어와 역사상 첫 서양 측과 충돌이 일어난 것이다. 평양주민 약탈과 살육에 분노한 주민과 관군이 합세하여 배를 불태우고 선원을 모두 살해한 사건이다.

뒤이어 두 달 후 9월에는 지금도 반환받지 못하는 국보급 문화재를 약탈해 간 프랑스 군함이 강화도를 점령한 병인양요(丙寅洋擾/병인년에 서양인들이 일으킨 난리/양요: 양놈들의 난동)가 일어났다. 천주교 박해에 분노한 프랑스정부가 로즈제독을 파견하여 극동함대 7척과 1천명의 군사를 보내 프랑스신부 살해자에 대한 처벌과 통상조약을 요구한 사건이다.

그러나 대원군은 이 전쟁에서도 이긴다. 퇴각하던 프랑스군은 점령 시 노획한 물자와 의궤에 든 도서 300권을 약탈해 가져가면서 행궁과 외규장각 등을 불태우고 국보급문화재를 가져가 지금도 루부르박물관에 소장하고 있는 사건이다.[8]

예산에 있는 대원군의 부친 남연군묘 도굴사건은 상재나이 19세 (1878년)가 되어 죽천의 사가로 온 다음 해의 일이다. 성공하지 못한 사건이지만 서양인이라면 더욱 증오하는 계기가 된 사건이었다.

---

8) 이 의궤는 저술하고 출판하는 동안 임대형식으로 한국에 오게 되었다

상재가 22세(1871년)가 되어 둘째 승인이 태어나던 해에는 신미양요가 터졌다. 제너널셔먼호 사건에 대해 사과를 요구하며 쳐들어 온 미국군함과 군대는 통상체결을 목적으로 강화도를 침공한 것이다. 이로써 대원군은 척화비를 세우게 된다. 척화비란 통상거부이며 친하게 지낼 맘 없다는 대외선언을 담은 비(碑)로서

"서양 오랑캐가 침입하는데 싸우지 않으면 화친하자는 것이고, 화친을 주장함은 나라를 파는 것이다"

라는 내용을 담아 외세와의 상종을 절대 거부한다는 강력한 의사표시를 비석에 담아 세운 것이다. 결국 광성보(강화의진지)에서 이 또한 물리쳐 버린다. 이와 같은 정책을 쇄국(鎖国)이라 하는데 나라를 자물쇠나 쇠사슬로 걸어 잠근다는 뜻이다.

대원군 집권 10년의 사회적 측면은 집권 다음해(1864년) 동학교주 최제우가 사형당하였고, 상재가 죽천의 사가로 온 다음해(1868년)에는 정덕기가 정감록을 빙자하여 난을 일으켜 정권전복을 꾀하다가 잡혀 사형에 처해졌다. 2년 후(1870년)에는 전국 600여개의 서원을 철폐하고 47개 처만 남기기로 하였다. 서원의 유생들이 대원군의 쇄국에 반대기미가 보이자 선비들에게도 철퇴를 내리는 것이다.

그러므로 이상재를 이해하려면 상재의 부친나이에 해당하는 30년 연상의 당시 최고 권력자가 되는 대원군 이하응(1820~1898)을 알아야 한다. 영조의 5대손이며 고종의 아버지이다. 1843년(헌종 9) 흥선군에 봉해지고, 1846년 수릉천장도감(綏陵遷葬都監/동구릉 이장관련 업무책임자)의 대존관(代尊官/대리직)이 된 후 종친부 유사당상(宗親府有司堂上/종친부사무직), 도총관(都摠管/종친부사무직책임자) 등 한직(閑職/낮고 바쁘지 않음)을 지내면서 안동김씨의 세도정치 밑에서 불우한

생활을 하였다.

1863년(철종 14년) 철종이 죽고 조대비(趙大妃/신정왕후/익종 효명세자의 비/ 헌종의 모)에 의해 고종이 즉위하자 홍선 대원군에 봉해지고 어린 고종의 섭정을 하게 되었다. 대권(섭정)을 잡자 안동김씨의 주류를 숙청하고 당파를 초월하여 인재를 등용하였으며, 부패관리를 적발하여 파직시켰다. 47개 서원(書院/당시의 사학/교육기관)을 제외한 전국의 모든 서원을 철폐하고, 국가재정의 낭비와 당쟁의 요인을 없앴으며, 육전조례(六典条例), 대전회통(大典会通) 등을 간행하여 법률제도를 확립함으로써 중앙집권적인 정치 기강을 수립하였다.

[비변사(備邊司/군국기무(軍国機務)를 관장한 문무합의기구(文武合議機構)]를 폐지하고 의정부(議政府)와 삼군부[三軍府/변정(邊政)과 국방(国防)에 관(関)한 일을 맡아보았음]를 두어 행정권과 군사권을 분리시켰으며, 관복(官服)과 서민들의 의복제도를 개량하고 사치와 낭비를 억제하는 한편, 세제(税制)를 개혁하여 귀족과 상민(常民)의 차별 없이 세금을 징수했으며, 조세(租税)의 운반과정에서 조작되는 지방관들의 부정을 뿌리 뽑기 위해 사창(社倉)을 세움으로써 백성들의 부담을 덜어 국민들의 생활이 다소 안정되고 국고(国庫)도 충실해졌다.

이렇게 쇄국정치를 고집함으로써, 국제관계가 악화되고 외래문명의 흡수가 늦어지게 되었다. 또한, 섭정 10년 동안 반대세력이 형성되어, 며느리인 명성황후가 반대파를 포섭하고 고종이 친정(親政)을 계획하게 되자, 1873년 대원군의 실정(失政)에 대한 최익현(崔益鉉, 1833~1906년)의 탄핵을 받았다. 이에 고종이 친정을 선포하자 운현궁(雲峴宮/대원군의 사저)으로 은퇴하였다.

후일 1882년 임오군란(壬午軍乱/추후 설명 함)으로 다시 정권을 잡고 난의 뒷수습에 힘썼으나, 명성황후의 계획으로 청(淸)나라 군사와 출동하고 톈진(天津)에 연행되어 바오딩부(保定府)에 4년간 유폐되었다. 1885년 귀국하여 운현궁에 칩거하면서 재기의 기회를 노리던 중 1887년 청나라의 위안스카이(袁世凱)와 결탁하여 고종을 폐위시키고 장손 준용(埈鎔)을 옹립하여 재집권하려다가 실패하였다.

1894년 동학농민운동으로 청일전쟁(淸日戰爭)이 일어나자 일본에 의해 영립되어 친청파(親淸派)인 사대당(事大党)을 축출하고 갑오개혁이 시작되었으나, 집정(執政)이 어렵게 되자 청나라와 통모(通謀)하다가 쫓겨났다. 청일전쟁에서 승리한 일본의 세력이 강성해졌으나, 3국(독일·프랑스·러시아)의 간섭으로 친러파가 등장하여 민씨 일파가 득세하자, 1895년 일본의 책략으로 다시 정권을 장악하였다. 이때 명성황후가 일본인에게 시해되어 일본 공사 미우라고로(三浦梧楼)가 본국으로 소환된 후 정권을 내놓고 은퇴하였다. 1907년(광무 11) 대원왕(大院王)에 추봉(追封)되었다.

2년간에 걸친 암행어사 박정양

죽천이 왕명을 받고 모처럼 암행어사로 나가는 것은 26살에 과거에 급제한 후 8년만의 첫 걸음으로서 여기에는 이유가 있다. 미관말직이나 안정되지 않은 관직이라면 사양하겠다는 이유는 공부에 방해가 된다는 것이었으나 암행어사로 첫 관직에 나가는 것은 상재와 7년 동안 배운 학문을 통해 웅지를 펴고자 하는데 유익하다는 점 때문이다.

죽천과 상재는 이미 조정이 움직이는 것을 간파하고 있었다. 서양과 일본의 움직임도 간파하고 있었다. 1867년, 그러니까 상재가 죽천의 사가로 들어오던 그 해에 이미 일본은 명치유신을 단행하여 서양의 신문물과 교육제도를 도입하여 장족의 발전을 이룩해 나가는 중이었으나, 조선은 어린 고종이 친정을 선포하게 되는 22세 1873년, 그러니까 죽천이 암행어사로 나가기 전까지 고종의 정권이라 할 수도 없는 상태였다. 위에서 보았듯이 외세는 밀려오고 대원군은 안으로 쇄문을 걸어 잠그는 척화, 쇄국정치를 펼치고 있는 중이다.

아래에 말하겠으나 죽천의 가문은 박지원, 박세채, 박규수, 박제근으로 이어지는 '열하일기'의 저자 집안으로 죽천은 쇄국이 아닌 개방주의의 피가 흐르는 선비다. 물론 현실 죽천이 개혁개방을 주장할 위치에 있지도 않고 아직은 그럴 마음도 없다. 다만 장차 우리나라가 잘 살기위해서 무엇이 필요한가에 대해 상재와 넓고 깊게 공부에 열중하는 중이다.

이런 죽천과 상재의 뜻은 일치하여 웬만한 벼슬자리보다는 사가에서 배우는 것이 더 소중하다고 판단한 것인데 암행어사는 중요한경험이 될 만하기에 나선 것이다.

죽천은 상재를 비롯한 수하를 데리고 암행 길에 나서면서 최측근으로 상재를 앉혔다. 암행어사로 내려간 6개월은 죽천과 상재가 거대한 목적을 향해 가는 길에 엄청난 경험과 지식을 가져다준다. 그리하여 12월13일 암행어사로 다녀온 결과보고서를 임금께 올려 죄과를 물게 하고 상을 줄 사람은 상을 내리게 하는데 그때 올린 보고서는 그때말로는 서계(書啓)라고 부르는데 한번 보자.

"이로써 친정(親政/직접 통치)에 접어든 고종은 서둘러 친정의 일환으로 죽천 박정양을 암행어사로 명하여 경상좌도에 파견하고, 박정양의 보고서에 의거하여 결과를 발표하였다."

"경상좌도 암행결과를 발표한다. 전전 경상관찰사 김세호, 전전 경주부윤 이만운, 전 동래부사 정현덕, 전전 영천군수 이건식, 전 칠곡부사 조규봉, 전 흥해군수 지홍관, 전전 양산군수 손상일은 그 죄를 물어 엄히 처벌할 것이며, 현 영해부사 이정필에게 상을 내리라" 하는 것이다(아래 참조).

[경상좌도 암행어사 박정양의 서계(書啓/임금의 명령(命令)을 받은 관원(官員)의 복명서(复命書). 1874년(甲戌, 1874, 清 穆宗 同治 13年, 日本 明治 7年) 12月 13日(壬午) 올림. 高宗 11年 12月 13日(壬午) 경상좌도(慶尚左道暗行御史, 좌도: 경상도동해안 쪽/ 좌편) 박정양(朴定陽: 죽천)의 서계(書啓: 복명서)에 따라서.

"前前観察使 金世鎬, 前前慶州府尹 李晩運, 前東萊府使 鄭顯德, 前前永川郡守 李建?, 前漆谷府使 蔡圭鳳, 前興海郡守 池弘寬, 前前梁山郡守 孫相馹 등을 治罪하고, 寧海府使 李正弼을 포상승서(褒賞陞?/상급)하게 하라."는 명이 내려져 시행되었다./ 당시 승정원일기 참조]

죽천과 상재의 암행어사 직무는 이듬해 1875년(乙亥, 1875, 清 德宗 光緖 元年, 日本 明治 8年) 2月 27日(乙未)까지도 이어졌다.

"高宗 12年 2月 27日(乙未) 議政府, 全羅左道暗行御史 呂圭益, 右道暗行御史 嚴世永, 慶尚左道暗行御史, 朴定陽, 右道暗行御史 朴履道, 咸鏡道暗行御史 趙秉在, 平安道清北暗行御史 沈東獻 等의 別單을 覆啓하고 三軍府, 慶尚右道暗行御史 朴履道의 書啓를 覆啓하다."

명이 집행되었으므로 상재는 죽천의 수하로서, 어디에 그 이름자가 나타난 역사적 자료가 없는 상태에서 1년여를 보낸 것이며, 이로써 암행어사 직무수행 경비 안에 상재의 품값도 들어있어 한산에서 농사를 짓는 성재와 아버지 희택을 비롯한 월예에게 별도의 돈을 보내어 삼형제를 월예가 기르고 있는 중이다.

승지의 수하가 된 상재

암행어사의 직을 마치고 다시 3년을 수학에 정진하던 중 죽천에게 교지(教旨/정4품 이상이 받는 왕명)가 내려왔다. 때는 상재의 나이 29세이며 죽천의 나이 38살이 되는 1878년(戊寅, 1878, 淸 德宗 光諸 4年, 日本 明治 11年) 1月 27日(丁丑)이다. 박정양, 홍만식, 이호익을 승지에 명한다는 것이며, 박정양은 보덕을 추가하고 정완하는 보덕 겸 사서에 임명한다는 교지다.(朴定陽・洪万植・李鎬翼을 承旨, 朴定陽을 輔德, 鄭完夏를 兼司書에 任命하다/ 承政院日記 高宗 15年 1月 27日/ 日省錄 高宗 15年 1月 27日).

승지(承旨)란 승정원에 속하여 왕명의 출납을 맡아보던 정삼품의 높은 당상관이다. 정원이 6명으로, 도승지・좌승지・우승지・좌부승지・우부승지・동부승지가 있었고, 승정원이란 왕명의 출납을 맡아보던 관아로서 왕이 정사를 보는 편전(便殿/집무실)에서 왕명을 기록하여 쓴 교지, 칙서, 칙명, 칙령을 반포하는 최고 중직의 벼슬이다.

마침내 죽천은 붉은 관복을 입은 당상관이 되어 왕을 곁에서 모시게 되니 고종의 수족으로 임명된 것이다. 따라서 상재는 이제 죽천을 나리라 부르지 않고 딱히 맞지는 않으나 사가에서는 대감이라 불러도 된다.

죽천은 이제 거의 매일 등청해야 한다. 갈 때마다 잊지 않고 자신이 하지 못하는 분야에 대한 수학 과제를 내주고 간다. 더불어 사가를 찾아오는 손님이 언제부턴가 부쩍 늘었다. 혹시나 하여 사가에 계신가 하고 찾아오는 손님들이 오면 자기를 대신하여 예를 갖추고 무슨 용무인지 잘 듣고 전달하는 일을 해야 하는 것이 첫째고, 다음은 공부해야 하는 일이고, 다음은 죽천이 승정원에서 해온 메모를 정서하여 문서를 완성하는 일이다.

어떤 날은 정서해야 할 문서가 수십 장이거나 수백 장이 되는 경우도 있다. 전국 각처의 지방 관아의 수령 이동이 있을 때는 며칠 만에 수십 수백 장의 왕명을 기록하는 교지, 칙서, 칙명, 칙을 반듯한 글씨로 써야 하기에 밤을 새우기도 일쑤다. 그러면 죽천은 그것을 가지고 들어가서 어인을 찍고 문서로 확정하는 것이므로 상재는 긴장을 놓을 수가 없다.

상재의 바쁜 나날은 이루 말할 수가 없다. 찾아오는 손님접대가 많은데 손님 중에는 이미 상재에 대해 이야기를 들었다는 사람이 많다. 이때 만난 인사들은 일일이 손으로 꼽을 수도 없이 많은데, 오는 손님 중에는 조선의 과거와 현재와 미래에 대하여 말 상대를 하기에 벅찬 경우도 있으나 대부분 상재의 박식함에 혀를 내두르며 치하하는 사람이 많아진다.

그러나 상재는 드러내지 않고 지식을 숨기며 여전히 공부에 열중하여 어떤 벼슬아치와 만나도 말에 밀리지 않았다. 죽천을 대단한 사람이라고 칭찬하는 것은 상재 같은 수하를 둔 것에 대한 놀라움이다.

고종의 고뇌

친정에 접어든 고종에게는 말 못할 고민이 누적되어 온 것이 있다. 아버지 대원군의 쇄국정책에 대하여 영특한 중전 민비가 반대 입장을 표명하는 문제였고, 이제 친정을 펼치게 되면서 가장 중대한 문제로 외세의 통상요구에 어찌 대응해야 할지 가늠하기 어려운 현실이 당면 과제였다.

안에서 문을 걸고 왕권을 지키며 백성과 편히 살게 놔두지 않는 외세의 물결은 단순한 침략야욕으로만 보아야 할지, 아니면 그로서 나라의 안정에 도움이 될지에 대하여 판단이 쉽지 않은 문제다. 그러나 때가 되어 서양 각국은 세계를 누비며 임자 없는 땅은 자기네 땅으로 점령하고 조선과 같이 왕이 다스리는 나라에는 피차 문호를 열고 도우며 살자는 경우도 있는데 이에 대해 결단을 내리는 것은 이제 막 친정체제에 접어든 고종으로서는 쉽게 판단하기 어려운 문제일 수밖에 없다. 그리하여 친정선포 3년 후 1876년 6월 일본에 수신사를 파견하기에 이른다. 죽천이 승지가 된 2년 후로서 상재가 29세 된 해이다.

수신사는 일본, 보빙사는 미국, 영선사는 중국, 이렇게 단순화하기에는 무리일수도 있으나 고종은 친정이후 저들 국가가 어떤 나라인가를 살펴보고 오라고 사신을 파견하게 된다. 이는(수신사/修信使) 이전까지 일본에 파견한 사절인 과거의 통신사(通信使)를 근대적 의미에서 고쳐 부른 것이다. 통신사가 주는 입장에서의 외교사절이라면, 수신사는 받는 입장에서의 외교사절이라고 할 수 있다.

1차 수신사 김기수 일본에 파견

홍선대원군의 통상수교거부정책으로 단절되었던 일본과의 외교관계가 그해(1876년)2월 일명 병자수호조약이라 칭하는 강화도조약으로 재개되면서 일본은 초대외교의 형식을 취하여 조선에게 사신의 파견을 요청하였고, 조선정부는 회사(廻謝)의 뜻으로 사행을 결정하고 예조참의 김기수(金綺秀)를 정사(正使)로 한 수신사를 파견하였다. 수신사 일행 76명은 1876년 4월4일 서울을 출발하여 29일 일본 기선 고류마루(黃竜丸)호를 타고 부산을 떠났다. 이튿날 시모노세키(下関)에 도착한 뒤 약 2개월간의 시찰을 마치고 그해 윤 5월7일 부산에 돌아와 6월 1일 도착, 고종에게 복명하였다. 이들은 일본에 머무는 동안 예정에 없던 일왕(日王)과의 접견식을 가지고 태정대신(太政大臣) 산조 사네토미(三条実美)와 이토히로부미(伊藤博文), 이노우에가오루(井上馨) 등 일본 정계의 초대연을 받는 등 융숭한 대접을 받았으며, 원로원/의사당을 비롯하여 육군성/해군성/내무성/문부성/대장성과 경시청/개척사 및 육해군의 군사시설과 훈련 상황, 박물관·소방훈련 등 일본이 자랑하는 근대화된 모든 시설을 관람하는 외교의례상 전례가 없는 환대를 받았다.

수신사 일행이 떠날 때까지 국내 여론은 일본에 대해 경계하는 편이었으나 김기수의 견문기인 일동기유(日東記游)/수신사일기를 보면 그의 일본에 대한 인식이 크게 달라지고 있음을 볼 수 있다. 수신사 김기수 일행의 대 일본관과 왕에게 올린 복명별단(复命別単)은 고종과 명성황후, 그리고 정부로 하여금 근대화에 대한 관심을 가지게 했을 뿐만 아니라 대일관계, 나아가서는 국제정세에 관심을 갖게 된 주요 계기가 되었다.

한편 일본은 수호조약에 이은 세목의 협정에서 조선정부와 난처한 문제에 부딪쳤다. 즉, 일본은 하나부사요시모토(花房義質)를 내세워 부산에 이어 원산, 인천의 개항을 강요하는 한편, 부산의 관세배상, 미곡금수의 해제 등을 강요하였다. 조선정부는 일본 측의 기만적 술책에 의해서 개항 이후 강제되어 온 무관세 무역의 개정을 위한 정세(定稅)와 일본 상인들의 미곡남출(米穀濫出)을 금지하는 방곡, 그리고 인천 개항 요구와 관련된 대안 등을 마련하고, 일본의 물정을 탐색하기 위하여 1880년 1차 파견 4년 후 제2차 수신사로 김홍집(金弘集)을 일본에 파견하였다.

2차 수신사 김홍집 일본에 파견

그러나 이러한 주요 현안은 일본 측의 회피로 성과를 거둘 수 없었다. 그 대신 이들은 일본의 극진한 대접 속에서 일본정부의 각 기관과 근대적 시설을 견학, 일본의 발전상과 세계정세의 동향을 살피고 강력한 개화의식을 가지게 되었다. 특히 김홍집은 일본체류 중 주일 청국 공사관의 참찬관 황준헌(黃遵憲/황쭌셴)과 여섯 차례에 걸친 필담을 통해 세계대세와 개혁정책의 실무적 문제, 조선외교의 진로 등에 대해 논의하였다. 황쭌셴은 회담내용을 조선책략(朝鮮策略)으로 정리하여 김홍집에게 건네주었다.

이 책은 조선이 러시아의 남하를 막으려면 '친중(中) 결일본(結日本) 연미국(聯美国)'의 외교정책을 써야 하며,9) 서양의 여러 나라와 수호

통상하여 산업과 무역의 진흥을 꾀하고 서양의 기술을 배워 부국강
병을 수행해야 한다는 것이었다. 고종은 이러한 김홍집의 보고를 토
대로 대신회의를 거쳐 조선정부는 적극적인 개방외교의 개화정책을
취하기로 하였다.

문제는 이 내용이 알려지면서 반근대적 척사사상에 젖은 양반유생들
로부터 격렬한 반대에 부딪혔다. 1881년 영남 유생 이만손(李晩孫) 등이
소두가 되어 올린 만인소(万人疏)와 그 뒤 강원 유생 홍재학(洪在鶴) 등
의 복합상소 등 척사상소운동을 벌여, 김홍집을 비롯한 척신과 대신들
의 실정을 공격하였다. 이처럼 척사파의 반대에도 불구하고 고종은 개
화정책의 일환으로서 일본의 여러 부문에 걸쳐서 근대화정책을 조사,
연구하기 위하여 1881년 1월 11일 박정양 · 어윤중 등 젊은 양반자제
38명과 수행원 등 62명으로 구성된 신사유람단을 파견하기로 하였다.

요동치는 세월

이와 같은 당대의 기류를 들여다보면 정한론(征韓論)과 조선책략이
라고 하는 두 권의 책과, 2차에 걸친 수신사 파견에서 돌아온 복명서,
그리고 영선사와 보빙사가 올리는 복명서 등등으로 인하여 고종의
조정은 갈피를 잡기 힘들 지경에 이르렀다. 이 참에 고종의 깊은 고
뇌의 산물로 신사유람단 62명을 파견하기로 결정하게 되니 1881년이
며 어느덧 이상재의 나이가 31세이고 죽천의 나이는 40세이다.

여기서 정한론과 조선책략, 그리고 오래전 정조시대의 열하일기와

---

9) 중국과 친하라. 일본과 가까이 하라. 미국과 연대하라.

같은 시기의 북학의에 대하여는 핵심을 짚어야 할 이유가 있다.

정한론은 1867년 명치유신의 결과를 알리기 위해 일본이 1868년 (고종 5년)그들의 명치유신, 즉 왕정복고(王政复古)를 조선정부에 통고하고 양국의 국교회복을 청하는 사신을 보내 왔으나, 척왜정책(斥倭政策)으로 기운 대원군 집정의 조선정부는 서계(書契/外交文書)의 격식이 종전과 같지 않고 도서(図書/符印)도 조선정부가 인각(印刻)한 것이 아니라는 이유를 들어 사신의 접견조차 거부하였다. 이로부터 양국은 외교문서의 수리를 놓고 1년을 논박으로 보내다가 일본은 대조선(対朝鮮) 외교를 전담하여 온 쓰시마도주(対馬島主) 소오씨(宗氏)로부터 그 직임을 회수하고 1869년과 1870년 외무성 관리를 파견하였으나, 조선측의 완강한 거부에 부닥쳐 타결을 보지 못하였다. 1872년에는 외무대승(外務大丞) 하나부사 요시모토(花房義質)가 군함을 이끌고 부산에 내도하였으나, 조선 측은 '왜사(倭使)가 군함을 타고 오다니 상대해 줄 수 없다'고 냉대하여 수개월 동안 체류하다가 돌아갔다.

정한론(征韓論)과 조선책략(朝鮮策略)

이와 같은 과정 속에서 일본의 조야에서는 정한론(征韓論/조선을 정복하자)이 세차게 일고, 1873년에는 이것이 정치 문제화하여 삿슈(薩州) 군벌의 거두이자 메이지(明治) 신정부의 참의(参議)인 사이고 다카모리(西郷隆盛) 및 이다가키다이스케(板垣退助), 외무경(外務卿) 소에지마다네오미(副島種臣)등 강경 정한론 자들은 우대신(右大臣) 이와쿠라도모미(岩倉具視) 등이 해외시찰차 나가 있는 사이에 사이고가 스스로 견한대사(遣韓大使)가 되어 외교적 타결을 시도하고, 여의치 않으면 조선에 파병하여 무력행사를 하기로 결정하였다.

조선책략(朝鮮策略)은 청나라 사람 황준헌(黃遵憲)이 러시아의 남하정책에 대비하기 위해 조선, 일본, 청국 등 동양 3국의 외교정책에 대해 필사본으로 서술한 책이다. 이 책은 러시아를 방어하기 위한 조선의 외교정책이 핵심 내용이다. 즉 황준헌은 러시아가 이리처럼 탐욕하여 유럽에서 아시아까지 정벌에 힘써온 지 300여년 만에 드디어 조선까지 탐낸다고 하면서, 조선이 이를 방어하기 위한 책략은 친중국(親中國), 결일본(結日本), 연미국(聯美国)하여 자체의 자강을 도모해야 한다고 주장하였다.

황준헌은 중국과 친해야 하는 이유로 중국이 물질이나 형국에서 러시아를 능가하고, 조선은 천여 년 동안 중국의 번방(藩邦)으로 지내왔기 때문에 양국이 더욱 우호를 증대한다면 러시아가 중국이 무서워서도 감히 조선을 넘보지 못한다는 것이다. 다음으로 일본은 조선이 중국 이외에 가장 가까운 나라이고, 과거부터 통교해 온 유일한 국가라고 설명한 후 조선과 일본 중 어느 한쪽이 땅을 잃으면 서로 온전하게 유지하지 못하는 보거상의(輔車相依)의 형세이기 때문에 서로 결합해야 한다는 것이다. 미국의 경우에는 비록 조선과는 멀리 떨어져 있지만 남의 토지나 인민을 탐내지 않고, 남의 나라 정사에도 간여하지 않는 민주국가로서 오히려 약소국을 돕고자 하니 미국을 끌어들여 우방으로 해두면 화를 면할 것이라고 했다.

이와 같은 친중국, 결일본, 연미국의 외교정책은 서구의 침략으로부터 무사할 때에 공평한 조약을 맺는 것이 이득이 되는 것이며, 중동과 같이 위세에 눌려 조약을 맺게 되면 자주권과 이익을 탈취당하게 되니 서둘러야 된다는 것도 강조하였다. 이 책이 조선에 유입된 후 조선 조야의 반향은 상당히 컸다. 정부에서는 찬반 논의가 격렬하게 전개되었고, 재야에서는 보수 유생들을 중심으로 거국적인 위정척사운동이 일어났다. 1880년 11월 7일 유원식(劉元植)의 척사상소를 비롯하여 1881년 2월에는 이만손(李晚孫)을 소두(疏頭)로 한 영남만인소(嶺南万人疏)는 전국의 척사 풍조를 자극하여 신사(辛巳) 척사상소운동을 선도하였다. 그럼에도 불구하고 이 책은 당시 고종을 비롯한 집권층에게는 큰 영향을 주어 1880년대 이후 정부가 주도적으로 개방정책의 추진 및 서구문물을 수용하도록 하는 계기를 마련하였다.

열하일기와 북학의

열하일기(熱河日記)는 조선 정조 때의 북학파인 박정양(반남박씨23세손)의 증조부 뻘 되는 박지원(朴趾源, 1737~1805/반남박씨 19세손)이 44세 때인 1780년(정조 5년)에 삼종형(8촌 형) 박명원(朴明源)이 청나라 건륭제의 만수절(万寿節, 칠순 잔치) 사절로 북경(당시의 연경)에 갈 때 따라가서 보고 들은 것을 남긴 견문기이다. 열하(熱河)는 지금의 청더(승덕)이며, 최종 목적지는 열하행궁 또는 피서산장으로 불리는 건륭제의 여름 별궁이었다.

북학의(北学議)는 밀양 박씨 가문인 박제가(朴斉家/1750~1805)가 쓴 책으로 박제가는 박지원과 동시대를 산 인물이며 서로 같은 사고를 가지고 있다 하여 박정양 가문에서도 존중해 온 서적이다.

이는 청나라의 풍속과 제도를 시찰하고 돌아와서 쓴 기행문이다.

1778년(정조 2) 사은사(謝恩使) 채제공(蔡濟恭)의 수행원으로 청나라에 가서 이조원(李調元) 등 청나라 학자들에게 새 학문을 배우고 이여행에서 얻은 지식을 엮은 것이다. 내편은 차선(車船)·성벽(城壁)·궁실(宮室)·도로(道路)·교량·목축(牧畜)·고시(賈市) 등 39항목으로 되어 있고, 일상생활에 필요한 모든 기구와 시설에 대한 개혁론을 제시하여 설명하였다. 외편은 전분(田糞)·상(桑)·농잠총론(農蚕総論)·과거론(科擧論)·관론(官論)·녹제(祿制)·재부론(財賦論) 등 17항목의 논설을 개진하여 농업기술의 개량과 외국 무역의 이점을 설파하였다.

저자 박제가는 국리민복을 위해서는 선진국인 청나라의 문물을 받아들여야 한다는 북학론(北学論)을 주장하면서, 먼저 우리의 생활 주변에서 필요한 것부터 배우고 개량해야 한다고 하였다. 그러기 위해서는 먼저 차제(車制)를 개선하고, 도로를 개량하여 교통을 편리하게 한 후 물자의 거래를 촉진해야 하며, 또 중농(重農)정책을 주장하여 농구의 개량, 농업기술의 개선을 역설하는 한편, 상공업의 발전과 적극적인 무역정책을 권장해야 한다고 역설했다. 이는 당시의 정치·사회 현실로서는 매우 혁신적인 주장이었다.

상재 신사유람단(3차) 박정양 일본 파견 합류결정

이상의 책 4권(조선책략+정한론+열하일기+북학의) 중 1권은 박정양의 선조가 조선의 미래를 위한 밑그림을 그려낸 책이다. 1권은 박제가의 책이고 나머지 2권은 그렇게 그려낸 밑그림을 무시한 결과 지금은 외침 앞에 어쩔 수 없이 다른 방도를 구해야 한다는 강력한 메시지를 담은 책이다. 대원군의 뜻과 같이 무조건 막아서는 결국 누가 입을 벌일지 모르는 위험한 상태에 빠진다는 경고이다. 2번에 걸친 일본 수신사의 보고내용은 잠자던 조선으로서는 상상도 못할 일본의 발전상일뿐더러, 그것이 곧 조선의 안위를 위협하는 수준이 됐다는 것을 깨닫게 해주는 것이다.

고종은 아직도 개화에 반대하는 신료들 가운데서 마침내 승지 박정양을 다시 일본에 보내기로 한다. 정신이 없는 고종은 박정양으로 하여금 탁류를 맑힐 기대를 가지고 비밀리에 결정하여 12명의 분담 책임자를 선임하고 그들에게 동래부 암행어사 칙서를 내리게 된다. 그러므로 승정원일기에는 동래부 암행어사로 나와 있는데 들춰보면, "高宗 18年 8月30日(己丑) 東萊府暗行御史 朴定陽·趙準永·姜文馨·沈相学·李헌永·厳世永 等이 日本国情의 偵探을 复命하다. 그리고 定陽 等은 各己의 見聞別単과 視察記를 올리다."는 내용으로 미뤄 동래부 암행어사로서 일본을 다녀온 것을 알게 된다.

여기서 단장 박정양의 수행원 자격으로 이상재가 대 일본 조선선비일본시찰단(朝士視察団/ 신사유람단의 정식명칭)에 합세하여 떠나게 된다. 이로써 홍순목(대원군 집정시 영의정 2번 함)의 아들 홍영식을 비롯한 역사적인 인물들과 만나게 되고 그들과 황권과 민권의 큰 그림을 그리게 된다.

월남 이상재 선생 일생(年譜)

- 1850년 10월 26일 충청남도 서천군 한산면 종지리 출생.
- 1856년 사숙(글방)에 입학하여 한문 공부를 시작.
- 1861년 봉서암 현만 스님에게서 수학.
- 1864년 15세 때 강릉유씨와 결혼.
- 1865년 혜산 이혜진 스승에게서 수학.
- 1867년 18세에 과거에 응시하나 낙방.
- 1868년 친지 이장직 거창군수의 추천으로 죽천 박정양사가로 감.
- 1880년 12년간 그 집에서 같이 지내면서 지식과 정치 경륜을 쌓음.
- 1881년 13년 만에 죽천 박정양과 신사유람단으로 일본에 감.
- 1884년 우정총국(현 우체국)이 개설되자 홍영식 추천으로 인천 우정국 근무. 갑신정변 실패로 낙향, 박정양에 의해 다시 등용.
- 1887년 박정양이 초대 미국에 전권대사로 파견 되어 1등 서기관으로 수행. 워싱턴D.C.에서 1년 동안 근무.
- 1888년 외교관으로서 미국에서 청의 불간섭과 자주외교를 주장하다 청의 압력에 의해 정부로부터 소환령을 받고 귀국.
- 1892년 전환국(현 조폐공사) 위원이 됨.

- 1894년 갑오개혁 후 우부승지 겸 경연각 참찬이 됨. 학무아문 참의로 학무국장을 겸임. 외국어학교 초대 교장.

- 1895년 학부참사관, 법부참사관을 지냄.

- 1896년 내각총서와 중추원 1등의관으로 국왕을 보필. 7월 서재필, 윤치호등과 독립협회 창립하고 독립문과 독립관을 각각 건립. 독립공원 건립. 관민・만민공동회 개최하여 독립운동.

- 1897년 8월 매주 일요일 오후에 독립협회 토론회에 지명토론자.

- 1898년 2월 23일 자주독립수호의 구국운동선언 상소를 독립 협회를 대표하여 작성. 정부(고종)에 헌의6조 제출하자 고종이 수락 후 중추원을 개정하여 관제 발표. 3월 10일 대중계몽집회인 만민공동회 개최, 만민공동회 의장으로 활동.

- 1902년 개혁당 사건으로 인해 그의 아들(승인)과 함께 구금되어 두 달 동안 가혹한 고문을 당한 후 감옥에 갇힘.

- 1903년 옥고를 치르는 동안 기독교서적과 성경을 읽게 되었으며 54세에 옥중세례 받고 기독교 신자가 됨.

- 1904년 러일전쟁이 일어나자 국사범들과 함께 석방 연동교회에 입교함과 동시 황성기독교청년회(지금의 서울 YMCA)에 가입.

- 1905년 을사조약 체결. 고종의 간청으로 의정부참찬이 됨. YMCA 활동과 청년운동에 헌신. YMCA교육부위원장이 됨.

- 1906년 세계평화회의에 이준, 이위종, 이상설 세 사람을 고종의 밀사로 파견하는 일을 비밀리에 도움. 일제 통감부에 의해 구속되었으나 증거 불충분으로 석방됨. 한국 축구 최초 시축함(대한체육구락부 vs. 황성기독청년회).

- 1907년 정부로부터 법부대신의 자리를 교섭 받았으나 거절함. 헤

이그 밀사사건으로 고종이 강제퇴위를 당하자 일본의 만행을 규탄하는 민중시위를 벌여 이를 진두지휘함.

- 1908년 황성 YMCA의 종교부 총무로 취임. 두 번째 장순재와 재혼.
- 1910년 제1회 전국 기독교학생회 하령회를 조직하여 새로운 학생운동을 일으킴. 기독교회의 백만인 구령운동에 적극 참여 하여 이를 구국운동으로 발전시킴.
- 1911년 기독교지도자들은 탄압하기 위해 데라우치 총독 암살음모사건을 조작하여 '105인 사건'으로 기독교계 지도자들을 대거 검거함. 선생은 셋째 아들의 장례차 귀향하여 화를 면함.
- 1913년 64세에 YMCA 총무로 취임 '105인사건'으로 YMCA를 일제에 예속시키려는 계획을 저지.
- 1914년 조선중앙 YMCA를 비롯 10개 YMCA를 규합하여 조선기독교청년회 연합회를 조직함.
- 1916년 조선중앙기독교청년회의 명예총무로서 청년들에게 민 족정신을 고취시킴.
- 1918년 일제의 무단정치하에서 비밀리에 기독교, 천도교, 불교 지도자들과 만나며 3·1독립운동을 배후에서 지휘함. 일요강화, 강연회 등을 통하여 청년지사들을 규합함.
- 1919년 3·1운동 배후인물로 활약하다 검거되어 옥고를 치름.
- 1920년 조선기독교청년연합회 회장, 조선중앙기독교청년회 고문으로 추대 국권회복을 목적으로 하는 조선교육협회를 창립하고 회장이 됨. 한국 야구 최초 시구함.
- 1922년 북경에서 열린 만국기독교청년연합대회 조선 대표로 참석. 대한여자기독교청년회연합회(YWCA) 창립을 후원. 조선민립

대학기성회 결성을 결의하여 준비위원장이 됨.

- 1923년 3월 민립대학기성회를 발기총회가 YMCA회관에서 열림. 조선민립대학 설립위원장. 조선기독교 청년회 고문.
- 1924년 연합 소년척후단(지금의 한국스카우트연맹) 초대총재로 추대 물산장려운동, 절제운동, 지방전도운동, 창문사운동 등을 진두지휘. 9월 조선일보사 사장으로 취임.
- 1925년 4월 제1회 전국기자대회 사회자로 해산직전의 대회를 수습.
- 1927년 2월 15일 민족적 단결을 목표로 하는 민족단일전선. 신간회의 회장으로 추대. 3월 29일 78세를 일기로 재동 자택에서 별세. 4월 7일 국내 최초의 사회장으로 한산 선영에 모심.
- 1929년 11월 월남사회장의위원회에서 선생의 유고, 행상 등을 모아 사회장의에 관한 각종 자료 등을 모아 월남이상재를 간행함.
- 1957년 이승만 전 대통령 지시로 경기 양주 장흥면 삼하리로 이장.
- 1962년 건국훈장 대통령장 추서.
- 1985년 3월 29일 이상재 선생 58주기 추모회 행사를 가짐. 청소년들을 위하여 월남 선생의 생애와 사상을 정리한 월남 이상재 선생 이야기를 월남 이상재 선생 동상건립위원회가 간행.
- 1986년 4월 월남 이상재 선생 동상 제막식(종묘시민공원) 개최.
- 1992년 7월 이달의 독립운동가(대한민국 국가보훈처).
- 2002년 3월 이달의 문화인물 지정(문화관광부).
- 위의 본 저서에 공지된 연보는 월남 선생을 연구한 연구자에 따라(고증자료채증문제로) 각각 경미한 차이가 있을 수도 있으며 채증 된 다른 자료가 있으신 분은 본 저자에게 알려주시면 감사하겠습니다. (kclc1000@naver.com)

창덕궁 비원

천광노 ————————————————

한국정신문화(더 잘 세움)연구원장
현) Q · R News(구 충청시대) 주필
　　토요신문(민주일보) 논설 고문
　　대전 제일장로교회 집사
　　장로교 신학교 졸업

歷史다큐小說『민족의 스승 月南 李商在』(전 5권)
『基督教 讚揚學』
『敬歎讚詩』(전 5권)
『생각學』
『言語學』
『裸位學』
『잃어버린 세월』(전 5권)
『江華旅記』
『場生草』
『逆說 사랑學 槪論』

찬양(성가)집 레코드 & 카세트테이프 제1집~제11집까지 출반
　　(작사 및 작곡 약 150여 곡)
고신 · 합동 · 통합 · 합동보수, 전국 총회 및 노회 특별출연 찬양선교
1984년 한국기독교100주년 선교대회(100만 성도 회집) 특별출연 2회
　　(여의도 광장 빌리 그레이엄 목사 설교 전 특별 찬양)
일본선교여행 2개월 20여 교회순회 찬양 선교(일본어판 찬양집 출반)
전국도시, 농촌 · 어촌, 섬, 기도원 등 1,500여 교회 순회 찬양선교

기독교 청주방송 찬양학 방송강의
기독교 부산방송 찬양학 방송강의
대전 극동방송 찬양학 강의
대전 극동방송 장애우를 위한 교양칼럼 방송강의
대전 극동방송 크리스천 교양칼럼 방송강의
울산 극동방송 크리스천 교양칼럼 방송강의

E-mail: kclc1000@naver.com
HP: 011-401-3639

월남 이상재

민족의 스승

1권

초 판 인 쇄 | 2011년 11월 18일
초 판 발 행 | 2011년 11월 18일

지 은 이 | 천광노
펴 낸 이 | 채종준
기 획 | 권성용
편집 디자인 | 김매화
표지 디자인 | 박능원

펴 낸 곳 | 한국학술정보㈜
주 소 | 경기도 파주시 문발동 파주출판문화정보산업단지 513-5
전 화 | 031) 908-3181(대표)
팩 스 | 031) 908-3189
홈 페 이 지 | http://ebook.kstudy.com
E - m a i l | 출판사업부 publish@kstudy.com
등 록 | 제일산-115호(2000. 6. 19)

ISBN   978-89-268-2792-5 94910 (Paper Book)
        978-89-268-2791-8 94910 (Paper Book Set)